Christjan Ladurner

SEILBAHNWANDERN in Südtirol

40 Seilbahnfahrten zu traumhaften Panoramawanderungen

TAPPEINER.

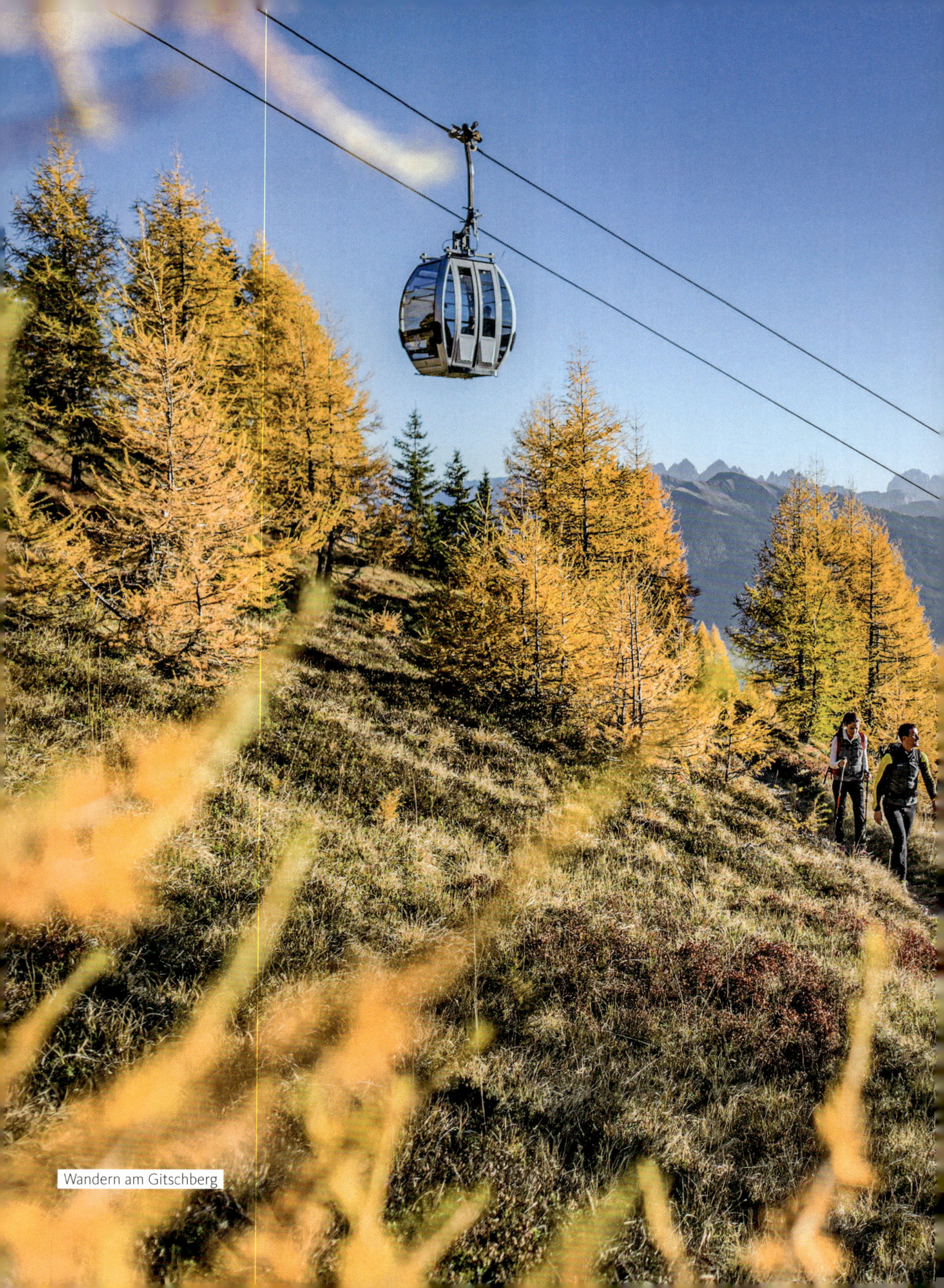

Wandern am Gitschberg

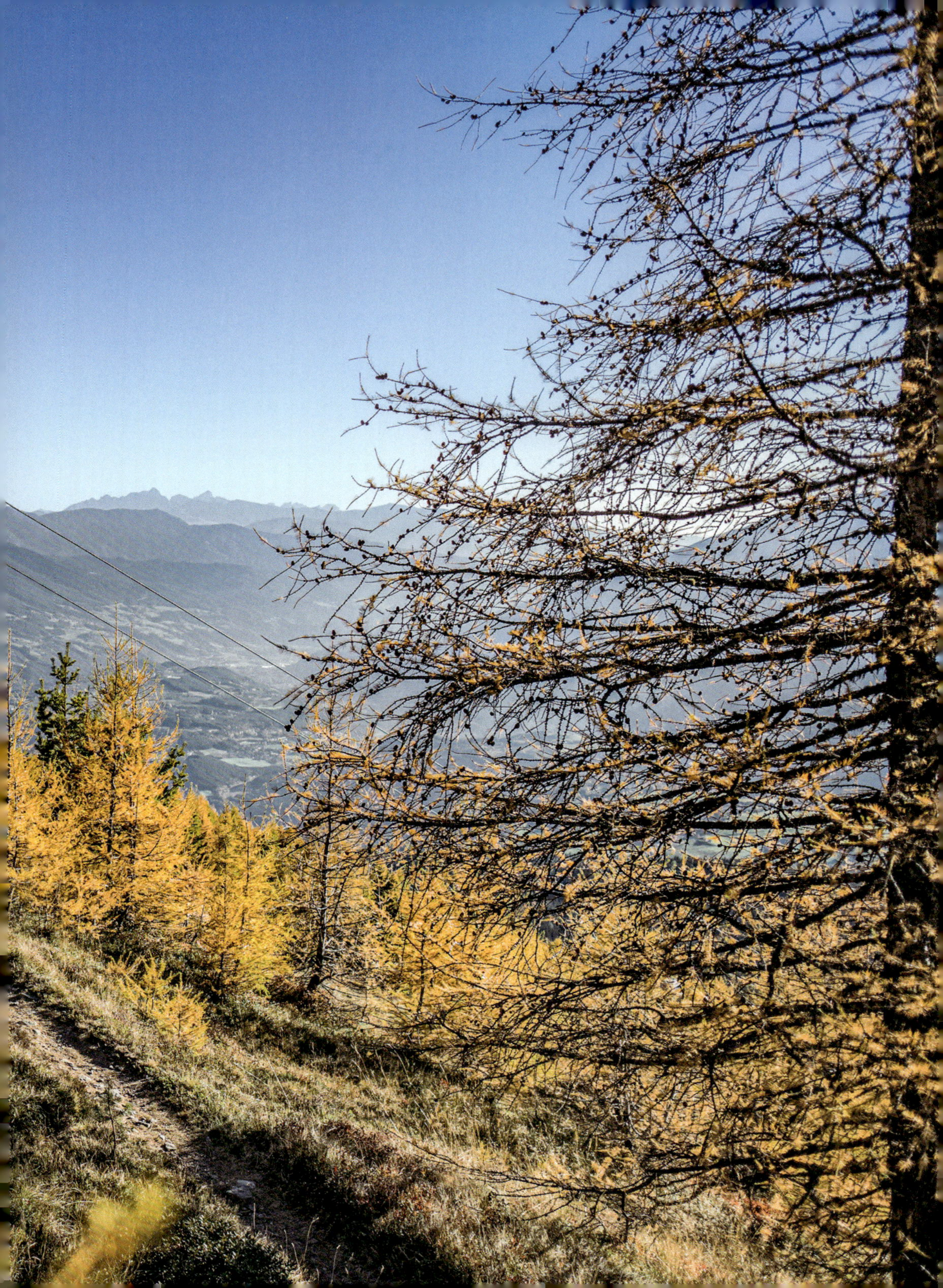

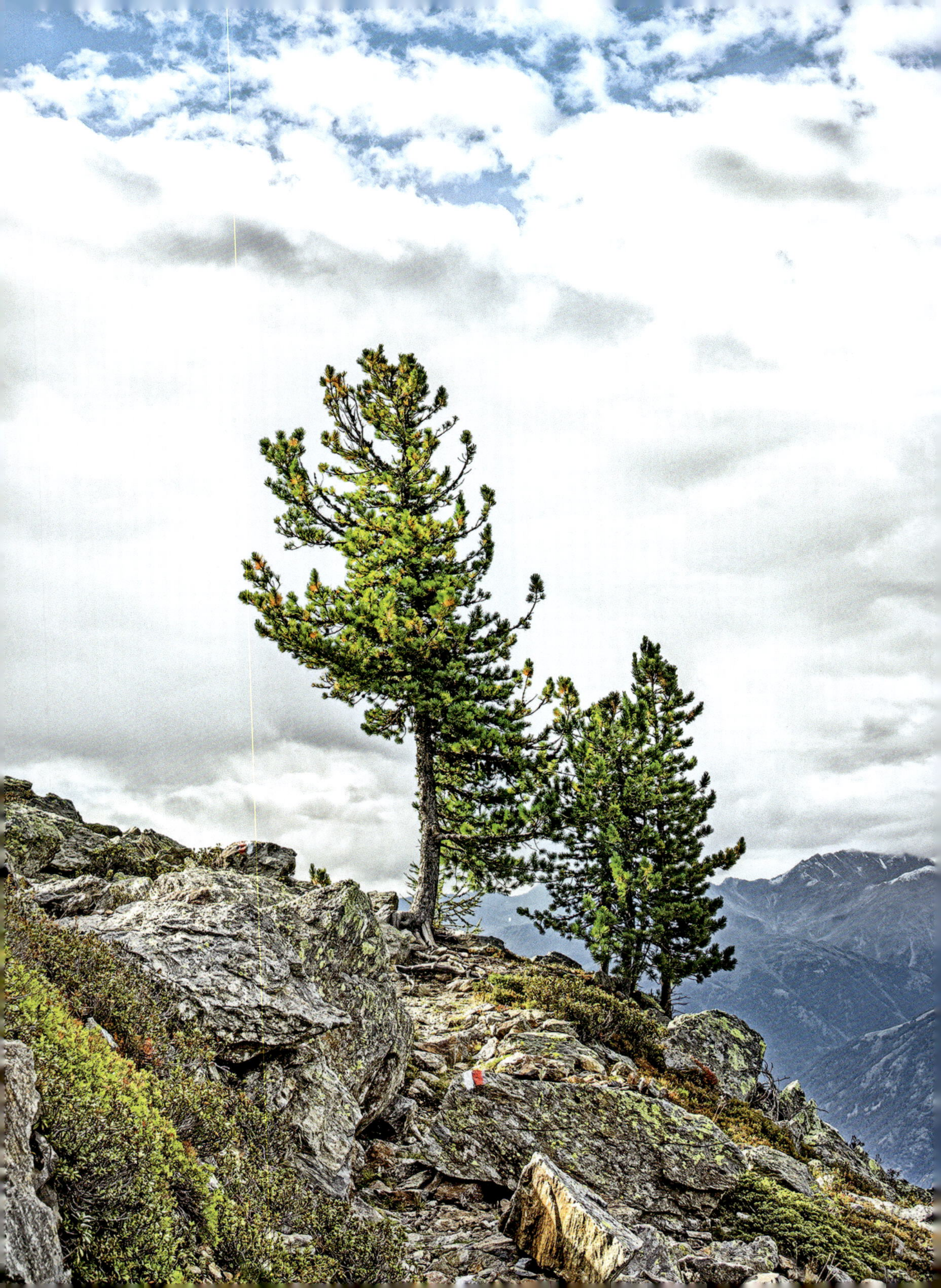

Inhalt

BOZEN & UMGEBUNG

EISACKTAL & DOLOMITEN

PUSTERTAL & DOLOMITEN

Einleitung

Südtirol ist ein kleines Land, das auf seiner Fläche ein ungemein interessantes und vielseitiges Landschaftsbild zusammenfasst. Von den steilen Wänden der Dolomiten über die sanften Hochflächen des Mittelgebirges bis hin zu den hohen, vergletscherten Bergen der Ortlergruppe bietet Südtirol so ziemlich alles, was der Wanderer und Bergsteiger als ein perfektes, alpines Umfeld bezeichnet.

Allerdings ist die Fortbewegung in einer Bergregion, in der nur auf knapp einem Drittel der Gesamtfläche „ebene Verhältnisse" herrschen, nicht immer ganz einfach. Die Anfahrt mit dem Auto ist oft lange und mühsam, zudem limitiert das eigene Transportmittel die Routenwahl erheblich.

In Südtirol gibt es ein ausgezeichnet funktionierendes Netz von öffentlichen Verkehrsmitteln, das nahezu jede Ortschaft im Land bedient. Seil- und Gondelbahnen bringen den Wanderer schnell in die Höhe und zum gewünschten Ausgangspunkt. Der Wanderer, der diese Transportmittel in Anspruch nimmt, ist ungebunden. Er kann von einer Bahn zur nächsten wandern, Pässe und Jöcher überschreiten und den Tag ohne Sorge vor einer Verkehrskontrolle in einer urigen Einkehr ausklingen lassen.

Tourenlänge
Die Tourenlänge entspricht der Gesamtlänge der jeweiligen Bergtour.

Gehzeiten
In diesem Buch wird jeweils die Gesamtgehzeit ohne Pausen der einzelnen Touren angegeben, wobei für den Aufstieg ca. 300 Höhenmeter pro Stunde veranschlagt werden. Das Trainingsniveau des einzelnen Bergwanderers kann diese Zeiten natürlich in beide Richtungen verschieben.

Anfahrt
Die Anfahrten sind immer mit öffentlichen Verkehrsmitteln (Zug oder Bus) beschrieben. Die detaillierten Zeitpläne und Anschlüsse erfahren Sie auf der Südtirolmobilseite **www.suedtirolmobil.info**. Die Öffnungszeiten der Seil- und Gondelbahnen finden Sie auf der jeweiligen Homepage.

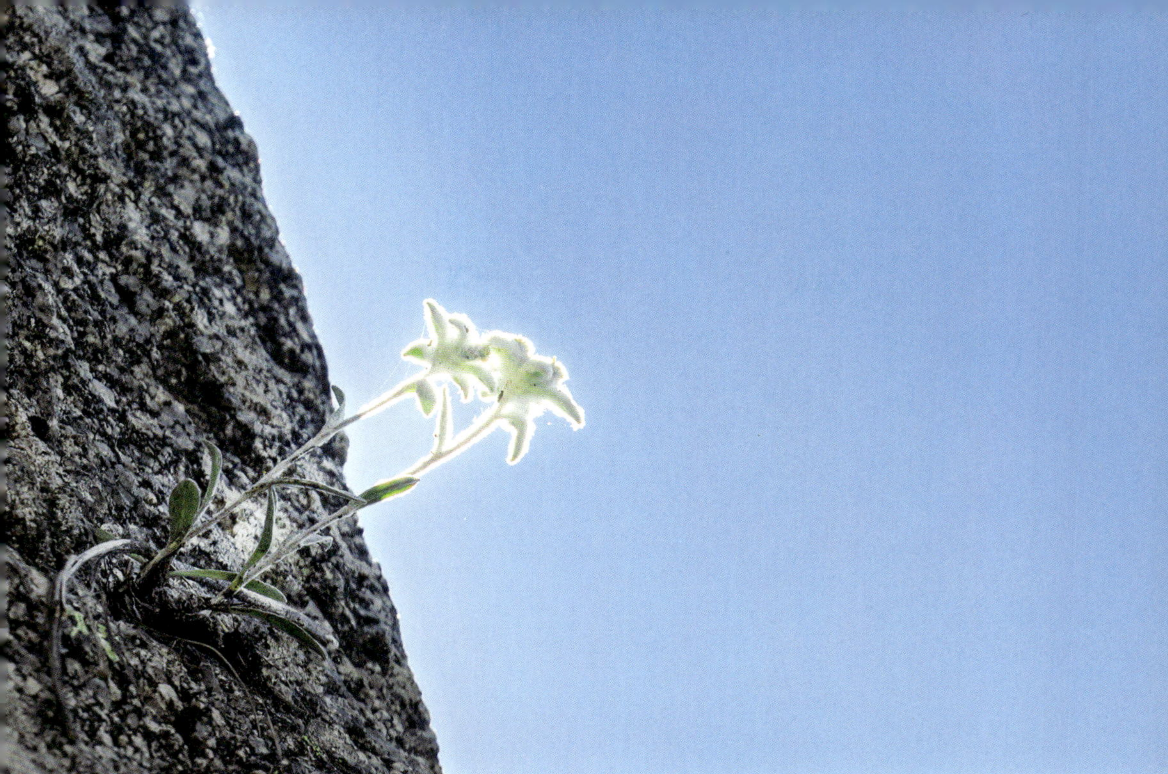

Ausrüstung

Eine perfekte Tourenplanung ist für eine Wanderung bzw. Bergtour unerlässlich und trägt maßgeblich zum guten Gelingen bei. Für die im Buch beschriebenen Touren, die teilweise auch durch Hochgebirge führen, werden in jedem Fall gute Bergschuhe benötigt sowie eine adäquate Bergbekleidung, die Schutz vor Regen, Wind und Kälte garantiert.

Wetter

Für ein gutes und sicheres Gelingen einer Bergtour ist der Wetterbericht unabkömmlich. Wettervorhersage für Südtirol: **www.provinz.bz.it/wetter.**

Notruf

Im Falle eines Notfalles über die Notrufnummer Hilfe anfordern. In Südtirol gilt die internationale Notrufnummer **112**.

Planung und Kartenmmaterial

Für die Planung und Durchführung aller im Buch beschriebenen Routen wurden spezielle topografische Kartenausschnitte erstellt. Es empfiehlt sich jedoch bei allen Touren die Mitnahme einer zusätzlichen Wanderkarte des jeweiligen Gebietes, um detailliertere Infos zur Route und Umgebung zu erhalten.

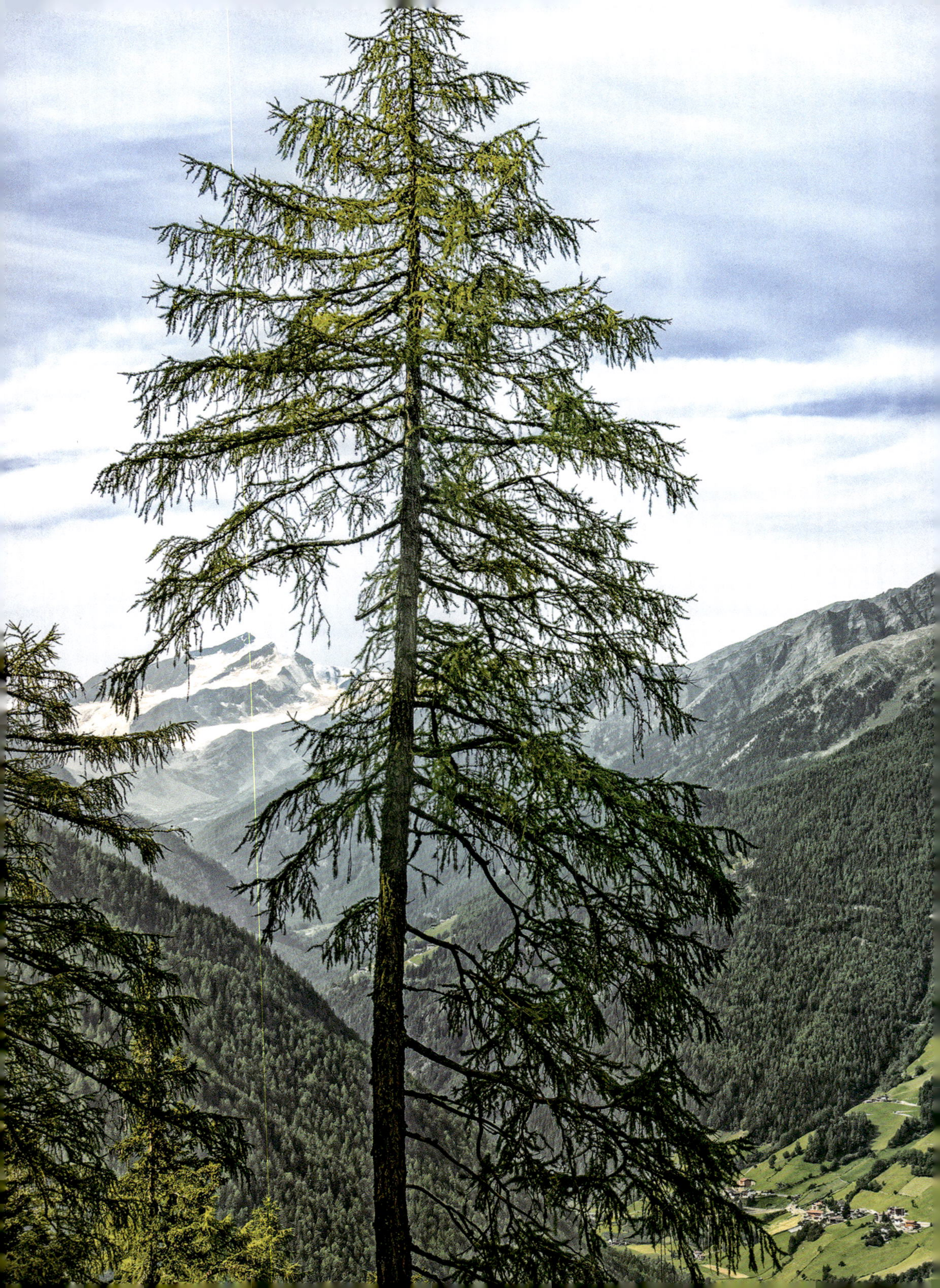

VINSCHGAU

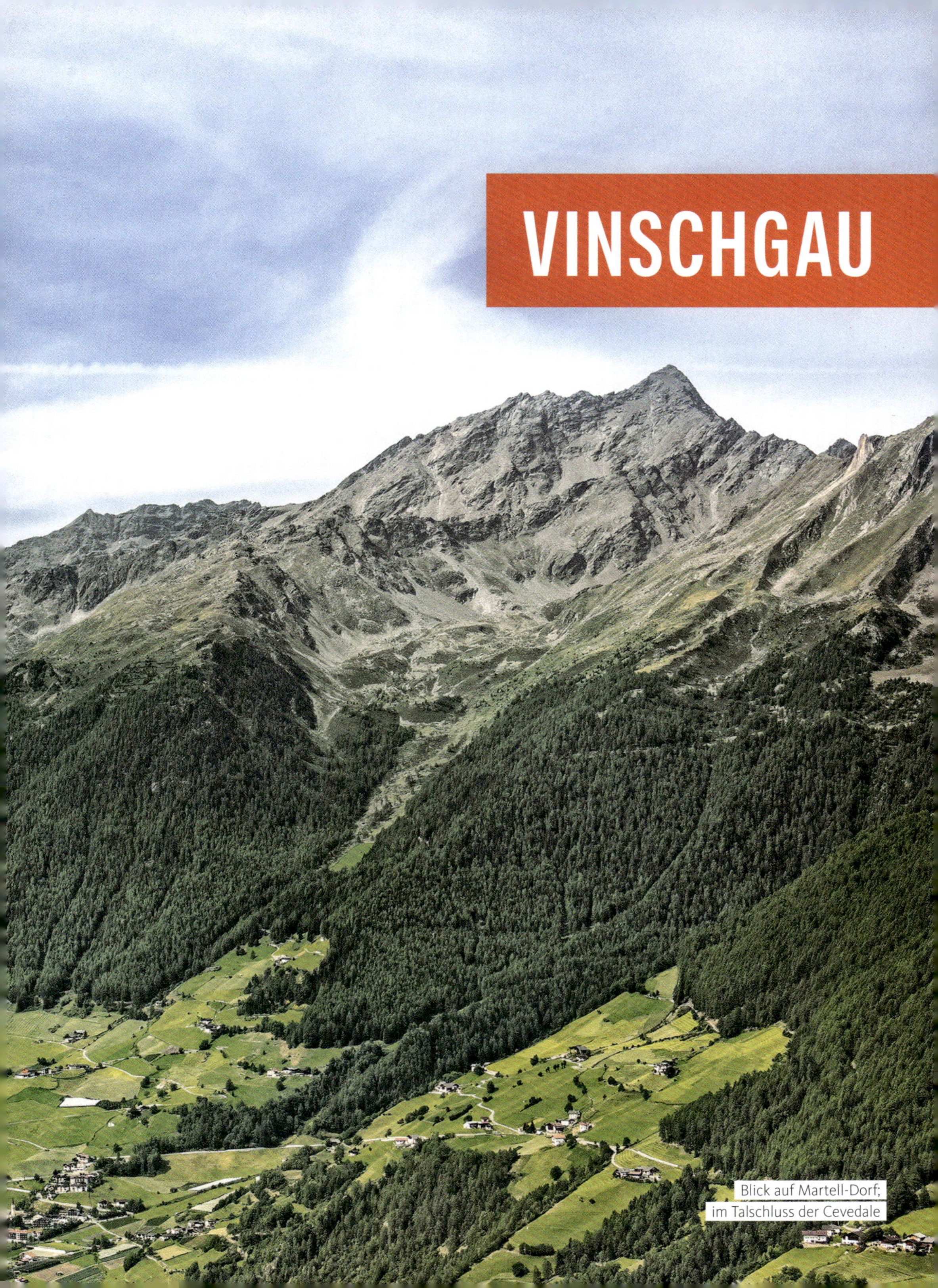

Blick auf Martell-Dorf;
im Talschluss der Cevedale

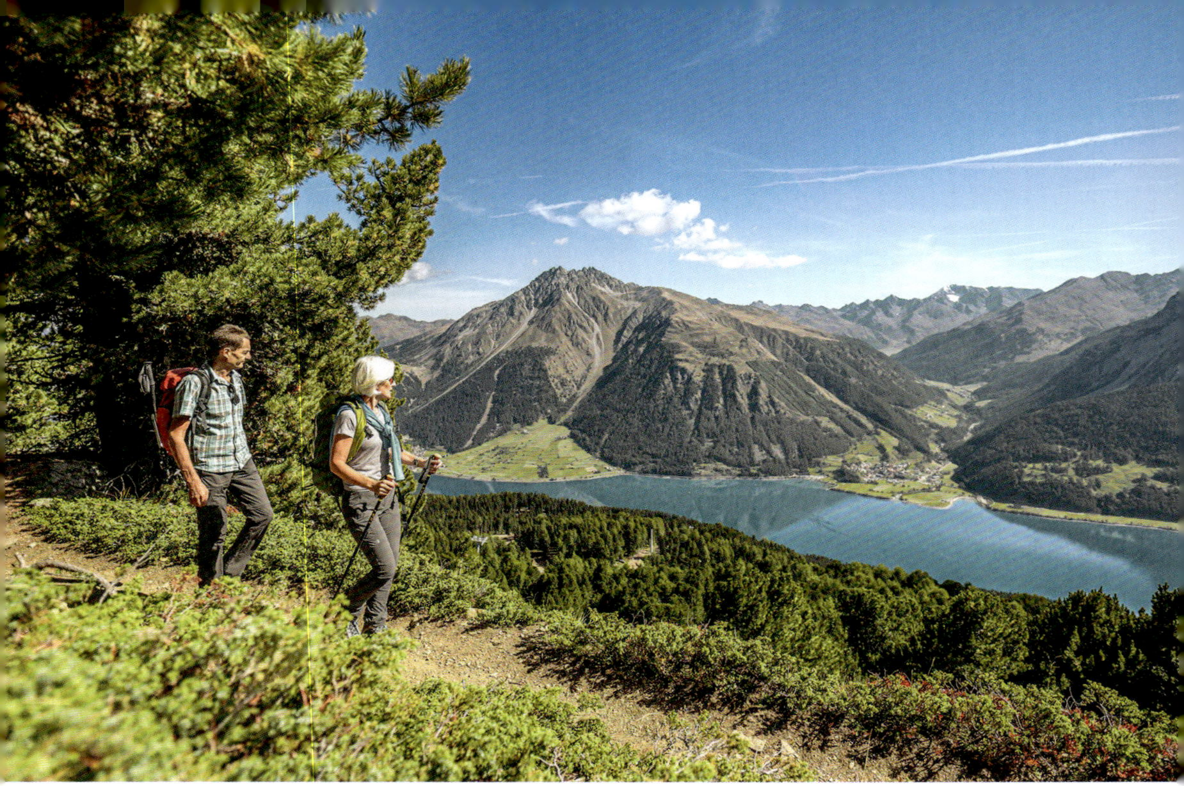

Der Reschensee mit Graun, im Hintergrund das Langtauferer Tal

DER PANORAMAWEG VON SCHÖNEBEN ZUR HAIDER ALM

Tourenlänge
ca. 6 km

Gehzeit
ca. 2–2 ½ Stunden

Höhenunterschied
ca. 230 m im Aufstieg

Höhenunterschied
ca. 200 m im Abstieg

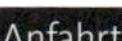

Die Talstation der Gondelumlaufbahn nach Schöneben liegt ca. 15 Gehminuten von der Bushaltestelle in der Ortschaft Reschen-Altreschen entfernt.

Info Bahn

Einfache Höhenwanderung, bei der kein allzu großer Höhenunterschied bewältigt werden muss. Dieser Ausflug, der einen großartigen Blick auf die Bergwelt des Obervinschgaus bietet, eignet sich auch bestens für Spätaufsteher als Halbtagestour. Im Hochsommer ist besonders auf das Wetter und eventuelle Gewitter zu achten.

Routenverlauf: Bergstation Gondelumlaufbahn Schöneben – Panoramaweg – Bergstation Gondelumlaufbahn Haideralm

Wegverlauf: Von der Bergstation der Gondelumlaufbahn Schöneben (2126 m) über die Naturstraße Richtung Süden (Beschilderung und Markierung Nr. 14). Bei der ersten Weggabelung die Straße verlassen und über die Hochalmen weiter (Markierung Nr. 14, dann Nr. 9). Der Höhenweg führt an der Waldgrenze

entlang über weitläufige Almenlandschaft hinüber zur Haider Alm (2150 m).
Abfahrt mit der Gondelumlaufbahn und Rückfahrt zum Ausgangspunkt mit dem Linienbus.

(TIPP!) Familien mit Kindern können den Rest des Tages im Bogenparcours Talaiwald mit seinen dreidimensionalen Tierattrappen verbringen. Der Parcours liegt oberhalb des Dorfes St. Valentin auf der Haide.

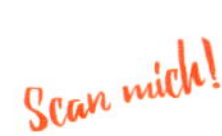

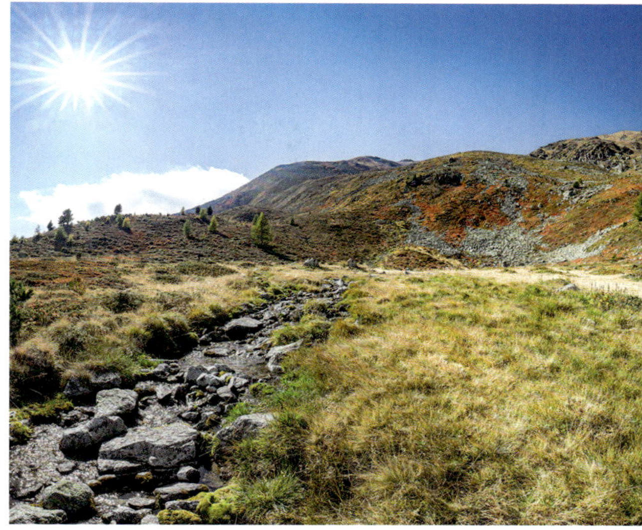

Der Panoramaweg von Schöneben zur Haider Alm

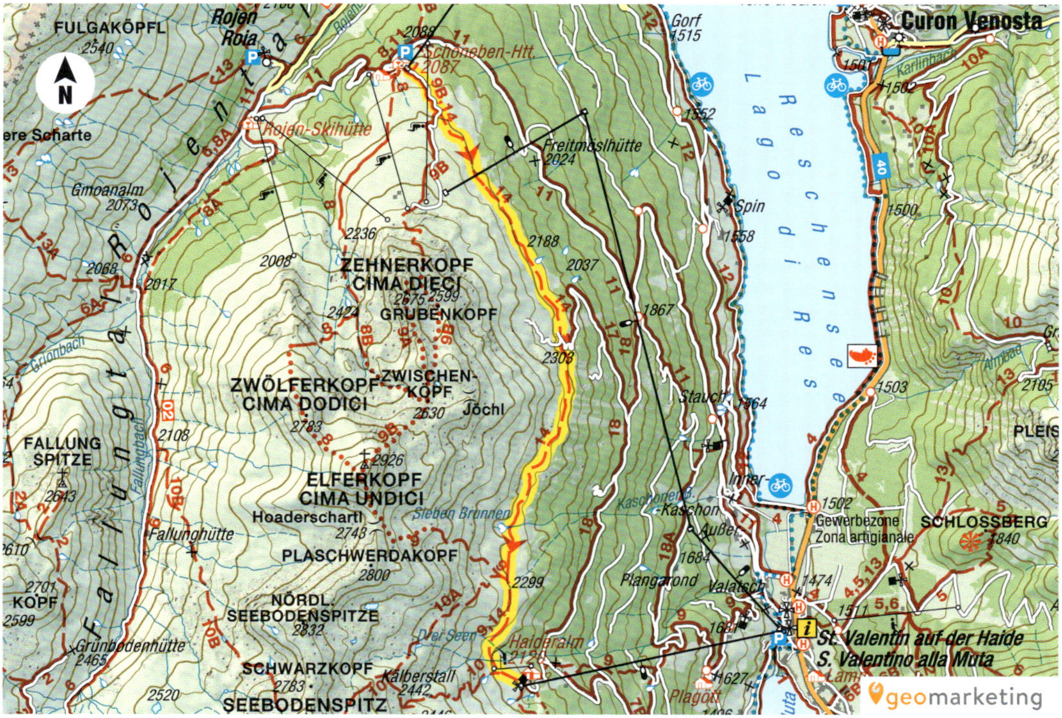

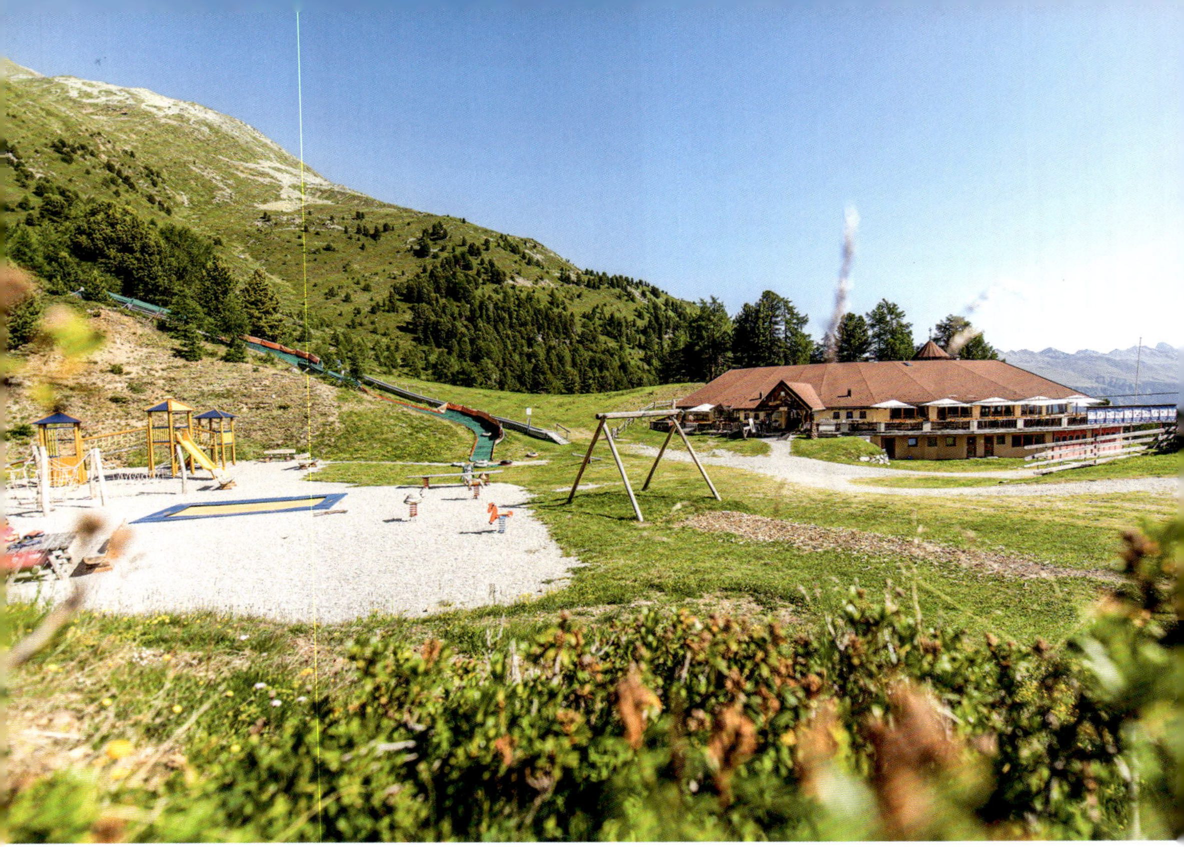

Die Plantapatschhütte an der Bergstation Haideralm

2

VON DER HAIDER ALM ZUM GROSSEN PFAFFENSEE

Tourenlänge
ca. 11 km

Gehzeit
ca. 4–4 ½ Stunden

Höhenunterschied
ca. 630 m im Aufstieg

Höhenunterschied
ca. 350 m im Abstieg

Anfahrt

Mit dem Linienbus nach St. Valentin auf der Haide zur Talstation der Gondelumlaufbahn Haideralm

Info Bahn

Diese etwas längere Wanderung führt durch das Zerzertal, eines der schönsten und unberührtesten Täler im Obervinschgau. Die Wanderung ist hat keine großen Höhenunterschiede zu überwinden und führt direkt an zwei Almen vorbei: der Bruggeralm und der Oberdörfer Alm liegt.

Routenverlauf: Bergstation Umlaufbahn Haideralm – Bruggeralm – Zerzertal – Oberdörfer Alm – Großer Pfaffensee – Plantapatschhütte – Bergstation Prämajur Sessellift

Wegverlauf: Von der Bergstation der Gondelumlaufbahn Haideralm (2150 m) dem Weg Nr. 16A zur Bruggeralm (1914 m) folgen. Der anfangs noch recht flache Weg führt am Plandelinaira-See vorbei, und dann etwas steiler bis zur Alm. Dort hält man sich rechts und wandert über den Almweg Nr. 8 durch das Zerzer Tal aufwärts bis zur Oberdörfer Alm (2055 m). Gerade weiter durch das Oberdörfer Tal (Weg Nr. 8) bis zur ersten Abzweigung. Dort nach links. Über den Weg Nr. 4 aufwärts Richtung Schafberg. Mehr oder weniger am höchsten Punkt erreicht man eine Abzweigung. Man geht geradeaus weiter über den Weg Nr. 4 abwärts bis zum Großen Pfaffensee (2222 m). Weiter zur Plantapatschhütte (2150 m) bzw. zur Bergstation des Prämajur-Sesselliftes. Abfahrt mit dem Sessellift und Rückfahrt mit dem Linienbus.

(TIPP!) Abfahrt von der Bergstation zur Talstation mit den Mountaincarts, dem „Watles Rider".

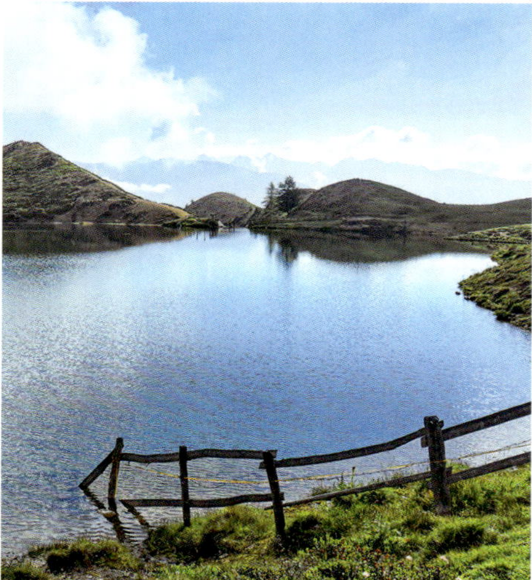

Der große Pfaffensee

geomarketing

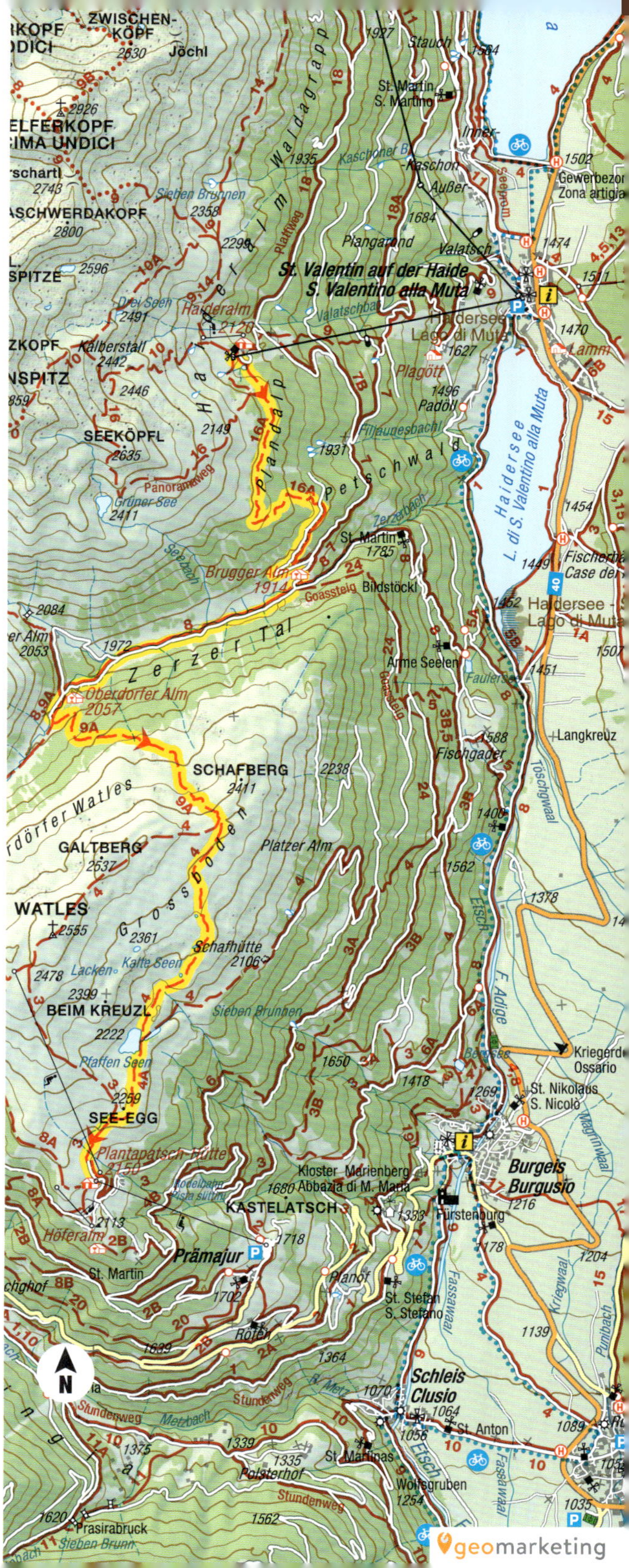

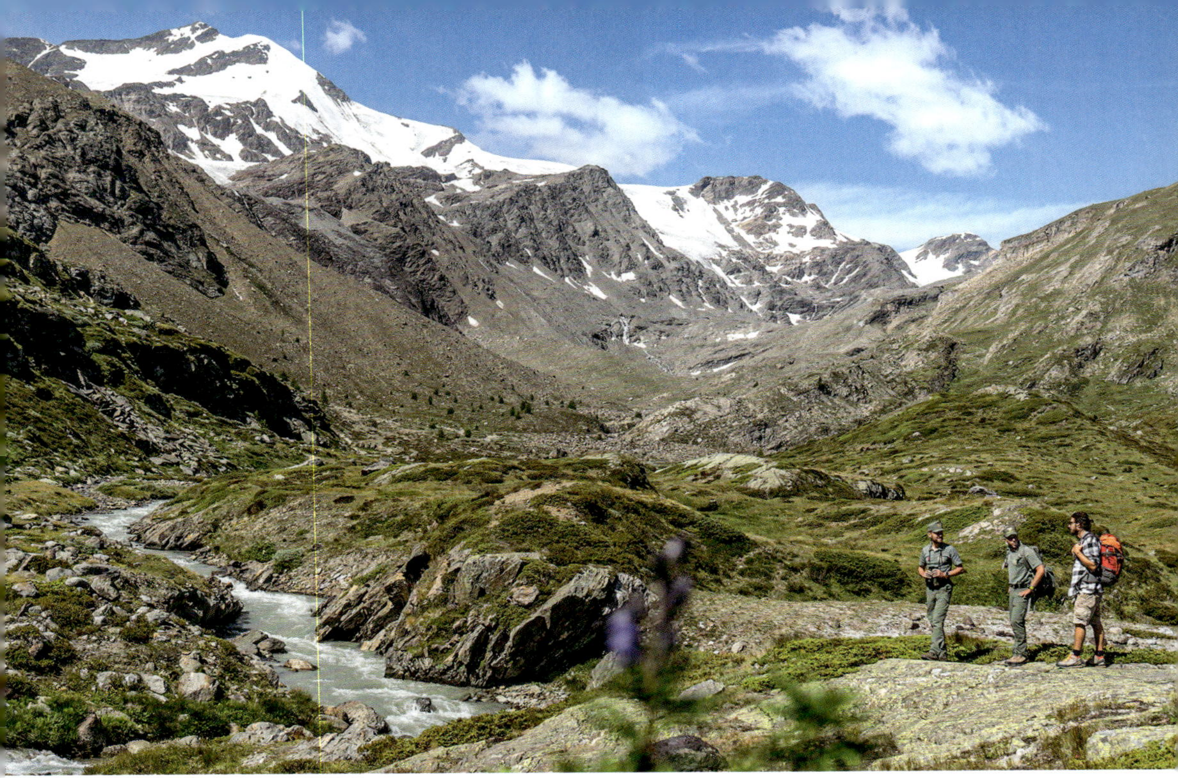

Das urige Martelltal ist bei Wanderern sehr beliebt.

3

HOCHALPINE TOUR VON SULDEN INS MARTELLTAL MIT GIPFELBESTEIGUNG

Überschreitung von Sulden ins Martelltal mit sehr langem Abstieg durch das Madritschtal. Die Hintere Schöntaufspitze kann man zusätzlich besteigen und ist ein klassischer Gipfel in der Nähe des Überganges ins Martelltal. Der Ausblick über einen großen Teil der Ortlergruppe, der sich beim Aufstieg zum Madritschjoch und vom Gipfel der Hinteren Schöntaufspitze bietet, ist sicherlich einer der eindrucksvollsten im ganzen Alpenraum!

Tourenlänge
ca. 11,2 km

Gehzeit
ca. 5–5 ½ Stunden

Höhenunterschied
ca. 720 m im Aufstieg

Höhenunterschied
ca. 1280 m im Abstieg

Info Bahn

Anfahrt
Mit dem Linienbus nach Sulden zur Talstation der Seilbahn

Routenverlauf: Bergstation Seilbahn Sulden – Madritschhütte – Madritschjoch – Hintere Schöntaufspitze – Zufallhütte – Enzianhütte (Bushaltestelle)

Wegverlauf: Von der Bergstation der Seilbahn Sulden (2612 m) über den Weg Nr. 151 zur Madritschhütte (2824 m) aufsteigen und weiter (Nr. 151) bis zum 3122 Meter hoch gelegenen

Madritschjoch, dem Übergang ins Martelltal. Der Aufstieg zur Hinteren Schöntaufspitze (3324 m) beginnt direkt am Joch und ist ebenfalls mit der Nr. 151 markiert.

Abstieg vom Gipfel zurück zum Madritschjoch über denselben Weg (ohne Gipfelbesteigung bis zu 1½ Stunden weniger). Am Madritschjoch beginnt der lange Abstieg durch das Madritschtal zur Zufallhütte (2276 m, Weg Nr. 151). Anstatt zur Zufallhütte zu wandern, kann man den Abstieg ins Tal ein klein wenig verkürzen, indem man kurz vor der Hütte links abzweigt (Wegmarkierung) und direkt zur Enzianhütte weitergeht. Die Bushaltestelle des Linienbusses befindet sich am Eingang zum großen Parkplatz.

(TIPP!) Der Aufstieg zur Hinteren Schöntaufspitze erfordert Trittsicherheit!

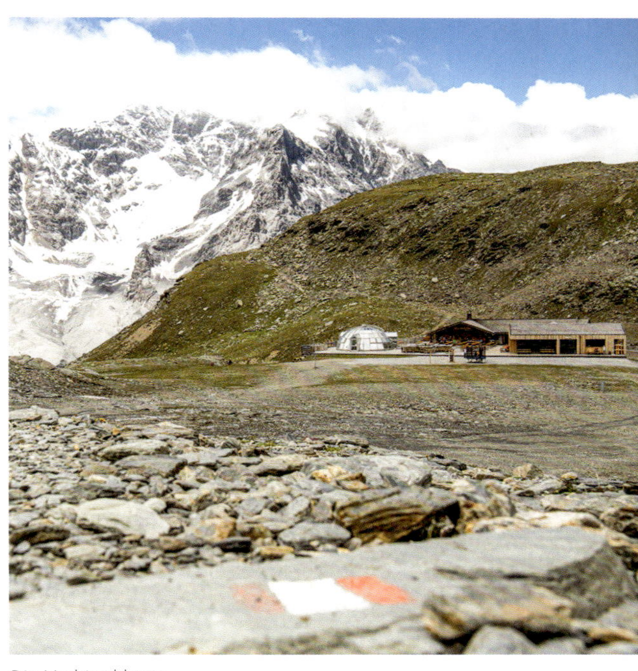

Die Madritschhütte

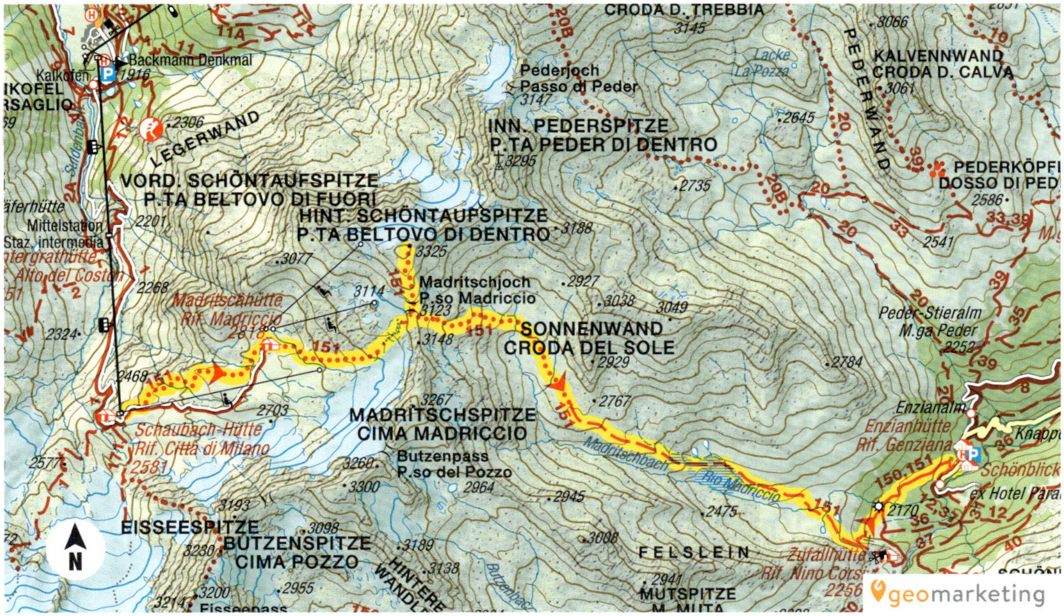

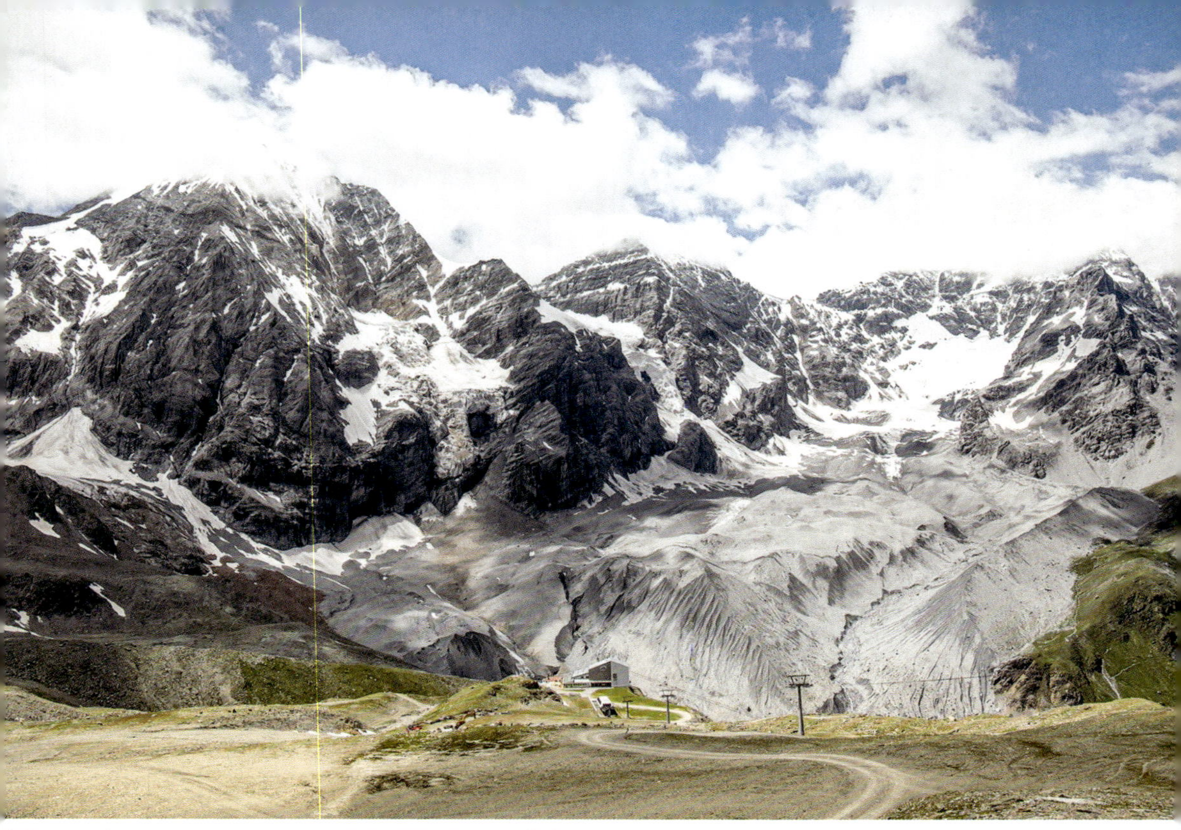

SULDEN AM ORTLER (1900 m)

Eingebettet in eine majestätische Bergwelt und am Fuße des höchsten Berges Südtirols, dem Ortler mit seinen 3905 m, befindet sich ein Wanderparadies der hochalpinen Extraklasse. Im Sommer genießen Sie die Bergwelt rund um Ortler, Königspitze und Cevedale inmitten des Nationalparks Stilfserjoch bei unvergesslichen Wander- und Klettertouren.

Die Ortler-Cevedale Gruppe beherbergt einige der höchsten Gipfel der Ostalpen und bietet eine Vielzahl von Herausforderungen für Wanderer und Bergsteiger. Von gemäßigten bis zu anspruchsvollen Wanderungen durch die alpine Umgebung gibt es Touren aller Schwierigkeitsgrade. Mehrere Alpen und Hütten entlang der Routen bieten Übernachtungsmöglichkeiten und Erfrischungen für Wanderer und Bergsteiger. Für erfahrene Bergsteiger gibt es auch die Möglichkeit, mehrtägige Bergtouren, welche bis zu den Gletschern und Gipfeln auf über 3900 m Seehöhe führen können, mit der Alpinschule Ortler zu unternehmen.

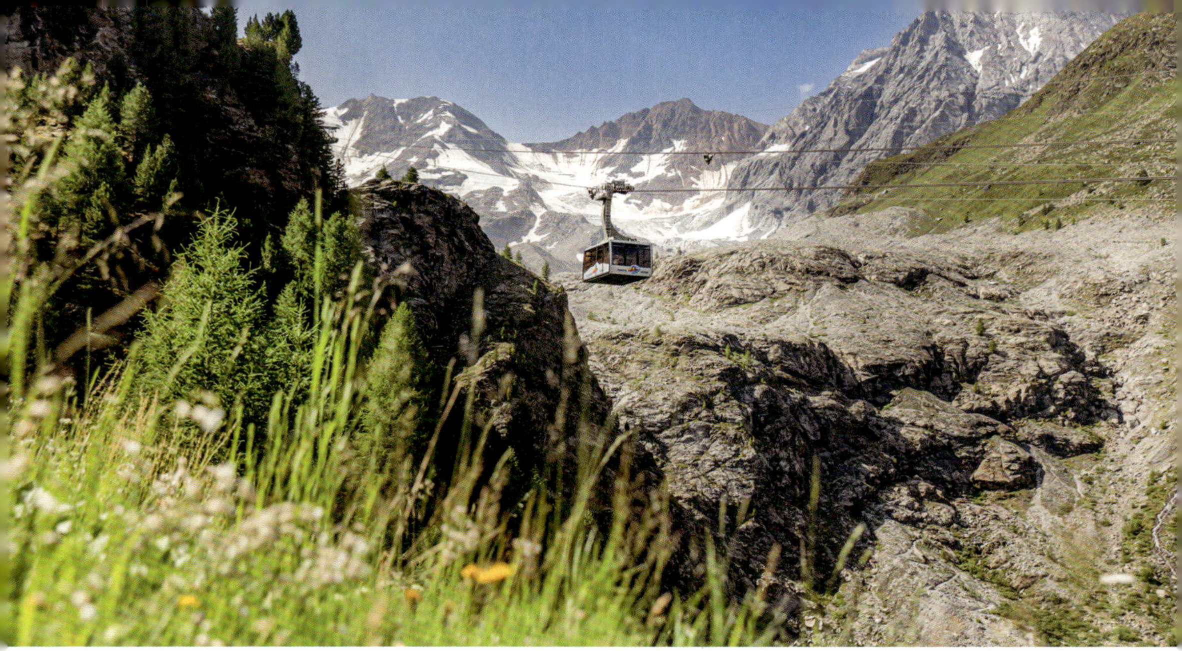

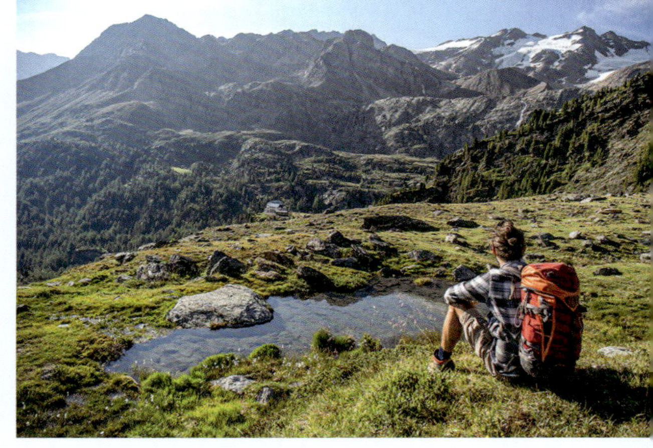

Highlights:

Sulden, Wanderparadies, Seilbahn Sulden, Ortler, Yaks, Madritschhütte, Madritschjoch, Martell ...

Ortler -3905m
Vinschgau · Val Venosta

FERIENREGION ORTLERGEBIET
IM NATIONALPARK STILFSERJOCH
Hauptstraße 23, 39029 Sulden
T +39 0473 613015
info@ortlergebiet.it
www.ortler.it

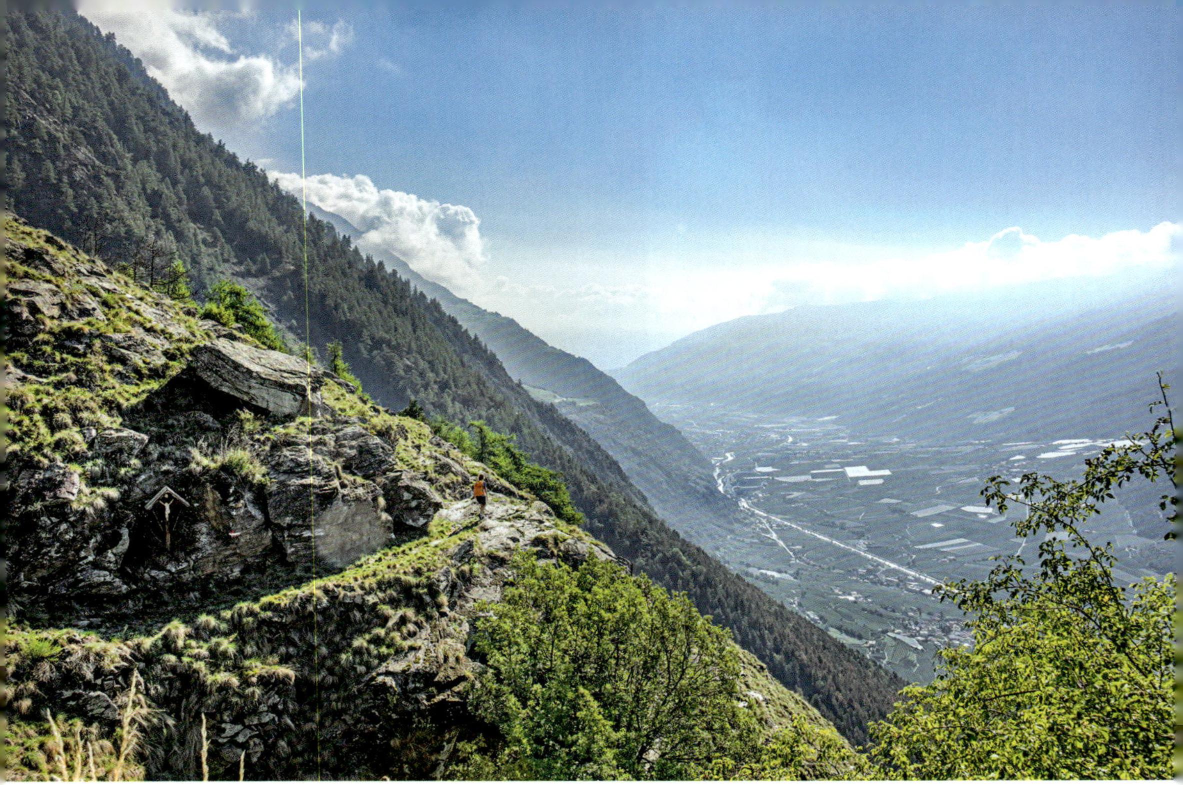

Hoch oben am Sonnenhang Richtung Staben

VON ST. MARTIN IM KOFEL ÜBER DEN VINSCHGER HÖHENWEG NACH STABEN

Tourenlänge
ca. 12,9 km

Gehzeit
ca. 4–4 ½ Stunden

Höhenunterschied
ca. 290 m im Aufstieg

Höhenunterschied
ca. 1400 m im Abstieg

Mit der Seilbahn von Latsch nach St. Martin im Kofel. Der Linienbus hält direkt bei der Talstation. Der Bahnhof der Vinschger Bahn liegt im Zentrum von Latsch, ca. 15 Gehminuten von der Talstation der Seilbahn entfernt.

Info Bahn

Diese Wanderung entlang des Vinschger Sonnenberges entspricht der fünften und letzten Etappe des einsamen und urigen Vinschger Höhenweges, ein Weitwanderweg, der am Reschen beginnt und auf der gesamten Länge mit einem eigenen Logo bestens beschildert ist.

Routenverlauf: Bergstation Seilbahn St. Martin im Kofel – Platztair – Trumsberg – Sonnenhof – Staben

Wegverlauf: Im kleinen Bergweiler St. Martin im Kofel (1740 m) ist der Vinschger Höhenweg beschildert. Vorbei am „runden Haus" und mit herrlicher Aussicht entlang der Bergwiesen bis zum Beginn des schütteren Waldes, den man durchquert. Oberhalb des Hofes Platztair (1655 m) erreicht man wieder freies Gelände. Der Weg führt an der kleinen Hofstelle Greit (1639 m) vorbei und abwärts zum Vermoibach. Man wandert durch den Wald bis zu den Höfen in der Örtlichkeit Trumsberg. Bald schon beginnt der lange und einsame Abstieg hinunter Richtung Tschars. Im kurzen Gegenanstieg gelangt man zum Schnalser Waal. Man folgt dem Weg bis zum Sonnenhof (830 m), wo der Abstieg hinunter nach Staben (556 m) und zur Bushaltestelle beginnt. Rückfahrt mit dem Linienbus.

(TIPP!) Kurzer Abstecher (ca. 20 Min.) hinauf zu MMM Schloss Juval, der Sommerresidenz von Reinhold Messner.

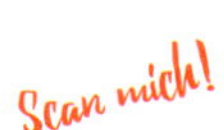

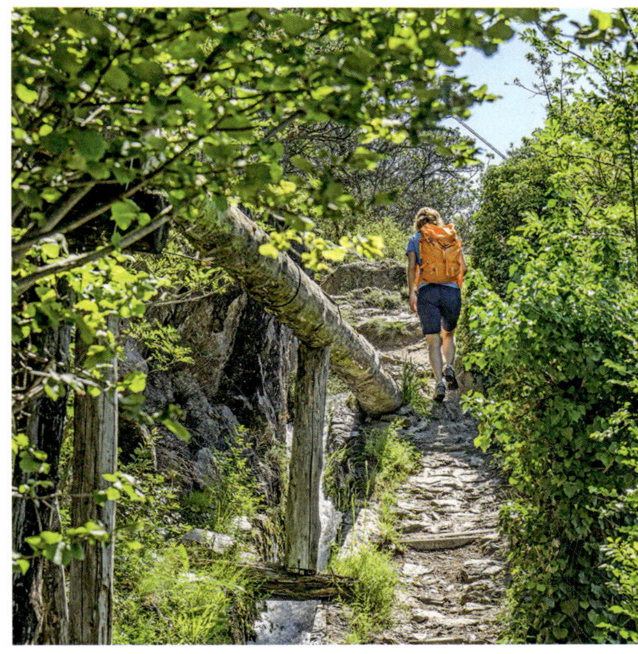

Der Schnalser Waal

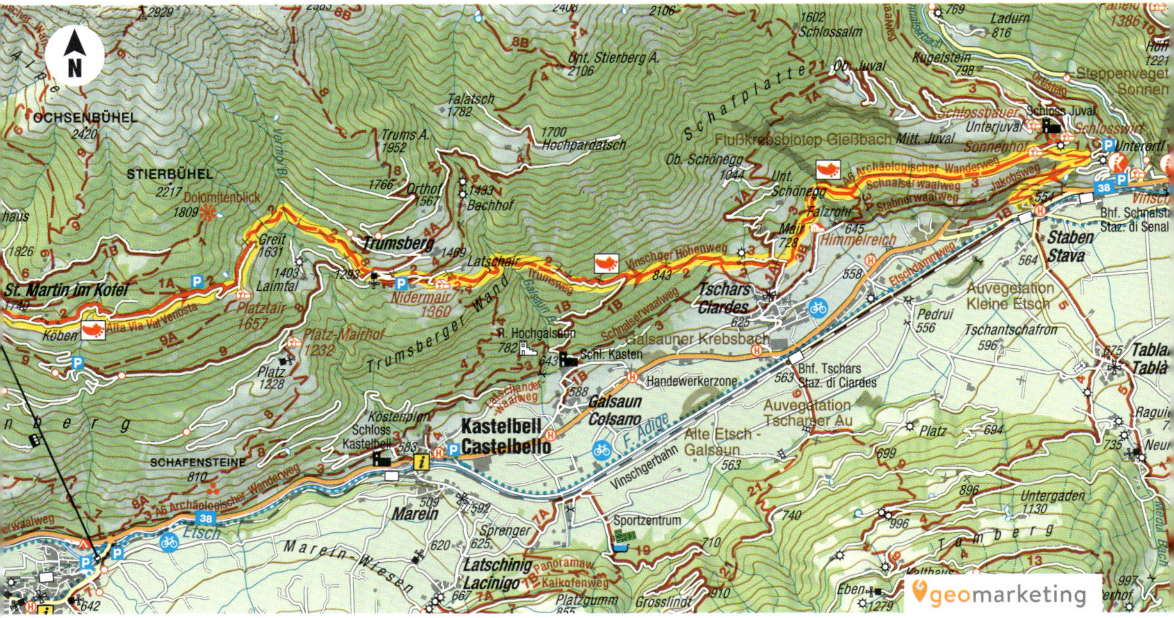

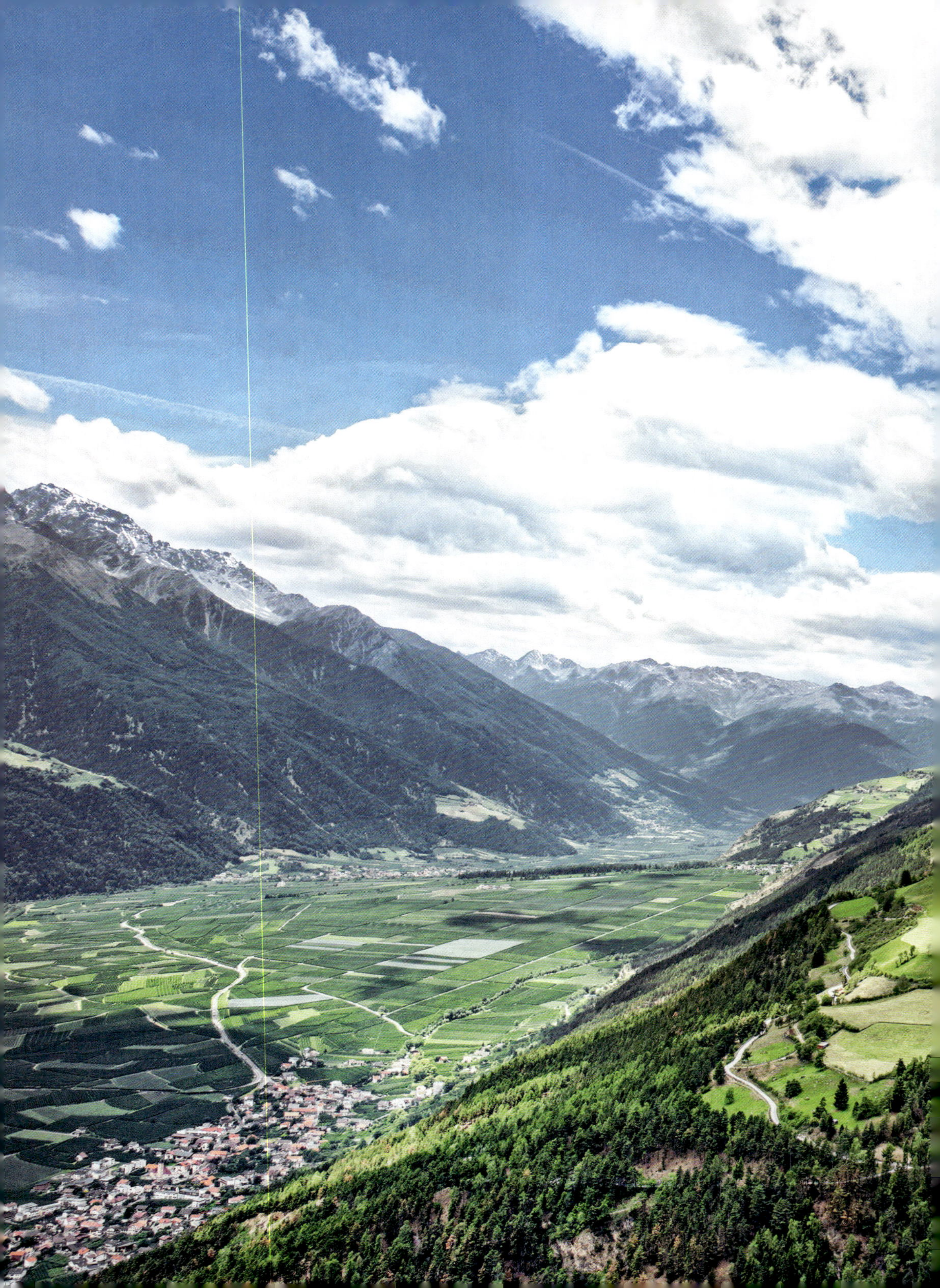

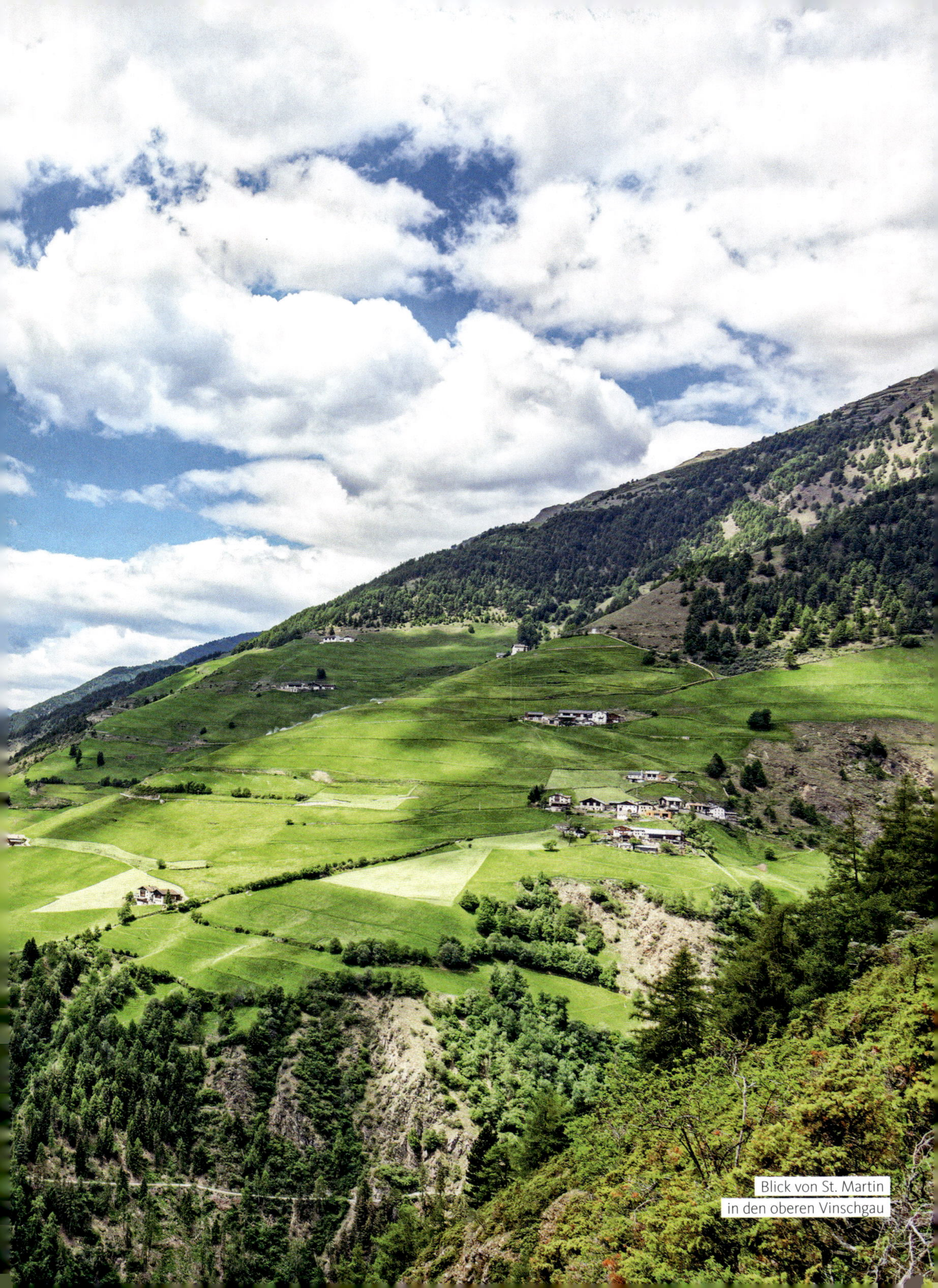
Blick von St. Martin
in den oberen Vinschgau

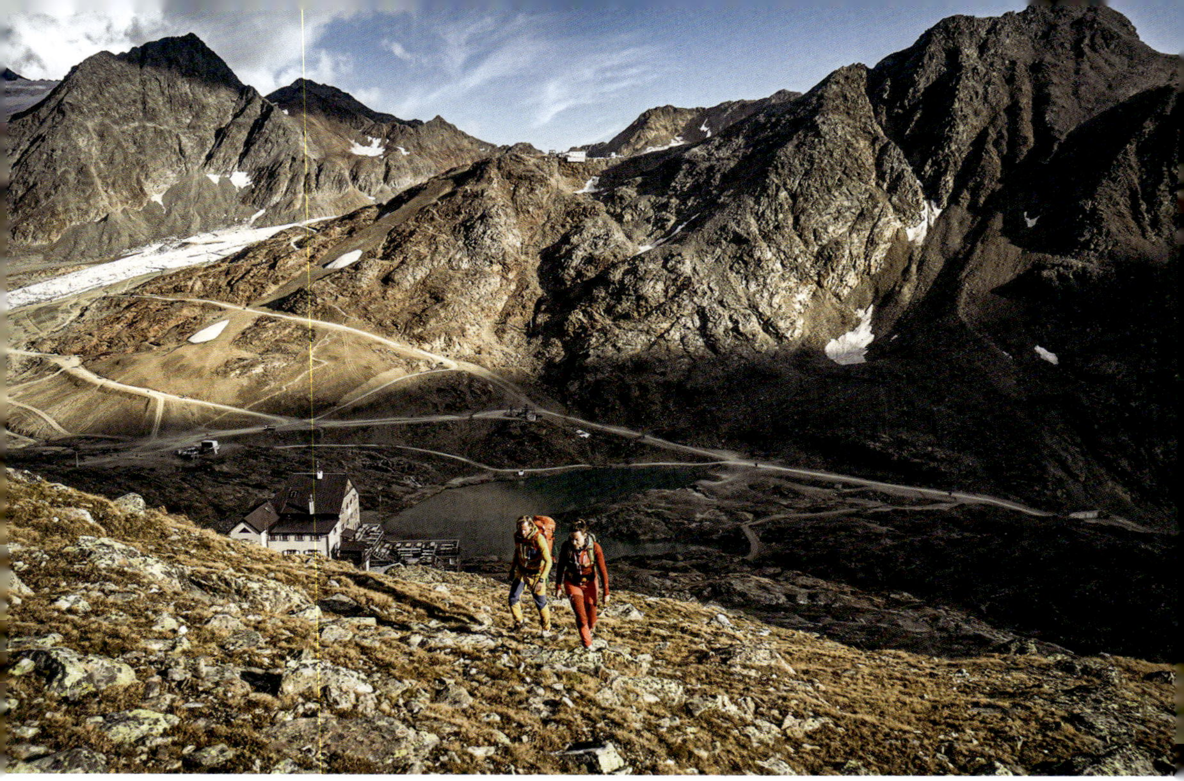

Von der Schönen-Aussicht-Hütte zum Hinteren Eis

5

BESTEIGUNG DES GIPFELS „IM HINTEREN EIS“

Tourenlänge
ca. 10,9 km

Gehzeit
ca. 5–5 ½ Stunden

Höhenunterschied
ca. 530 m im Aufstieg

Höhenunterschied
ca. 1730 m im Abstieg

Info Bahn

Anfahrt

Mit dem Linienbus nach Kurzras. Auffahrt mit der Gletscherbahn zur Bergstation

Der einfach zu besteigende Gipfel „Im Hinteren Eis“ liegt direkt an der österreichisch-italienischen Grenze und bietet großartige Ausblicke sowohl auf die Ötztaler Berge und Gletscher, als auch auf die Südtiroler Hochgebirgslandschaft.

Routenverlauf: Bergstation Grawand – Schutzhütte Schöne Aussicht – Im Hinteren Eis – Schöne-Aussicht-Hütte – Kurzras

Wegverlauf: Von der Bergstation der Gletscherbahn folgt man im Abstieg dem gut gekennzeichneten Weg zur Schutzhütte Schöne Aussicht (2845 m), wobei man kurz vor der Hütte noch einen kurzen Gegenanstieg überwinden muss. Direkt bei der Schutzhütte genau hinter den Saunafässern beginnt der beschilderte und gut markierte Weg (3A) zum Gipfel „Im Hinteren Eis“. Immer entlang des markierten, mit einer Vielzahl an Steinmännchen gekennzeichneten Weges bis in eine weite Mulde, in der sich meist ein kleiner See befindet. Kurz flacher zum Gipfelaufbau, zuletzt wiederum etwas steiler über den breiten Gipfelhang und rechts zum Gipfel „Im Hinteren Eis" (3269 m) mit einer Stange als Gipfelzeichen. Der Abstieg zurück zur Schutzhütte Schöne Aussicht erfolgt über den Aufstiegsweg. Von dort wandert man über den wunderschön angelegten Hüttenzustiegsweg Nr. 3 hinunter nach Kurzras zur Bushaltestelle.

(TIPP!) Kurze Erholung auf der „Schönen-Aussicht" im „Spazio Ave" (Aussicht, Weitsicht, Einsicht). Ein minimalistischer Holzbau gibt im Inneren einen beeindruckenden Blick auf die umliegende Gletscherwelt frei.

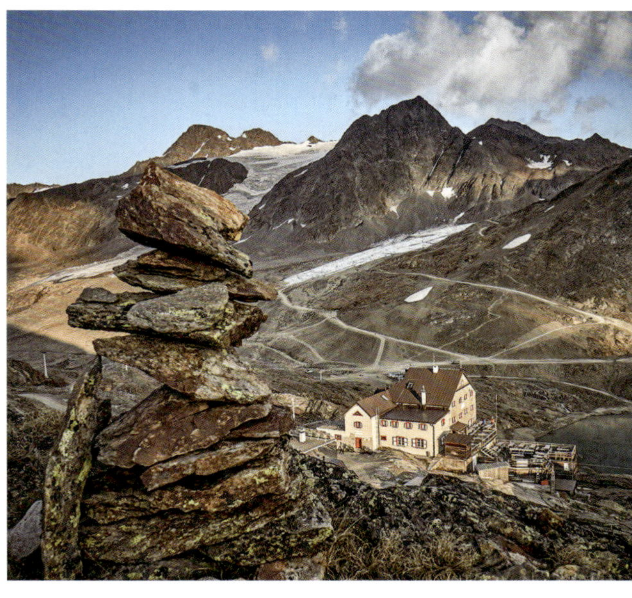

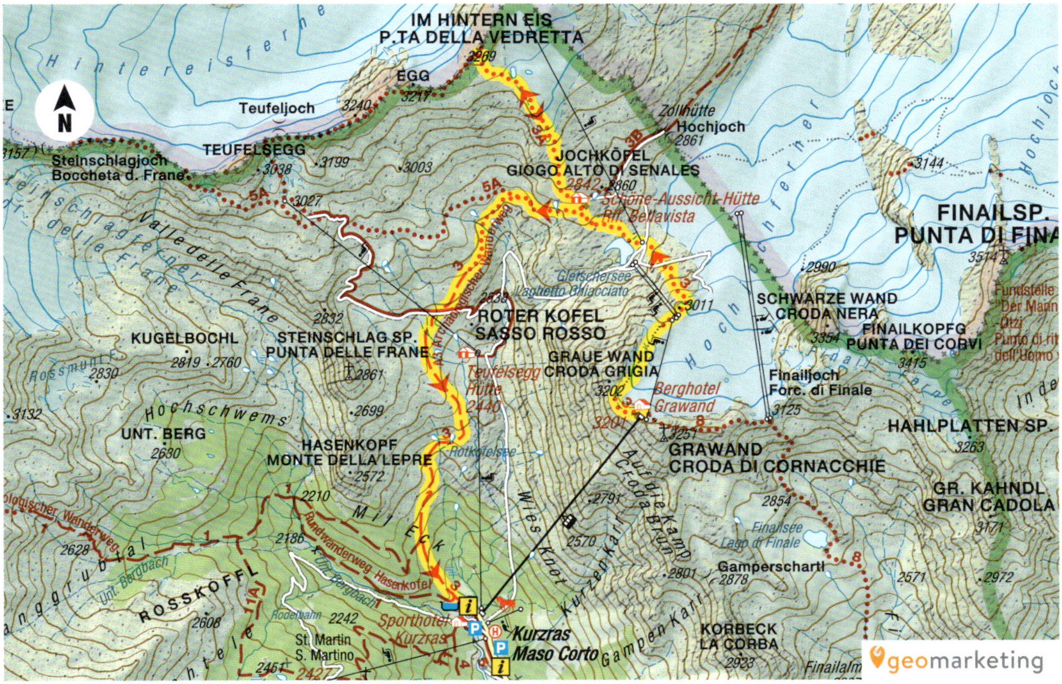

Die Schutzhütte „Schöne Aussicht"

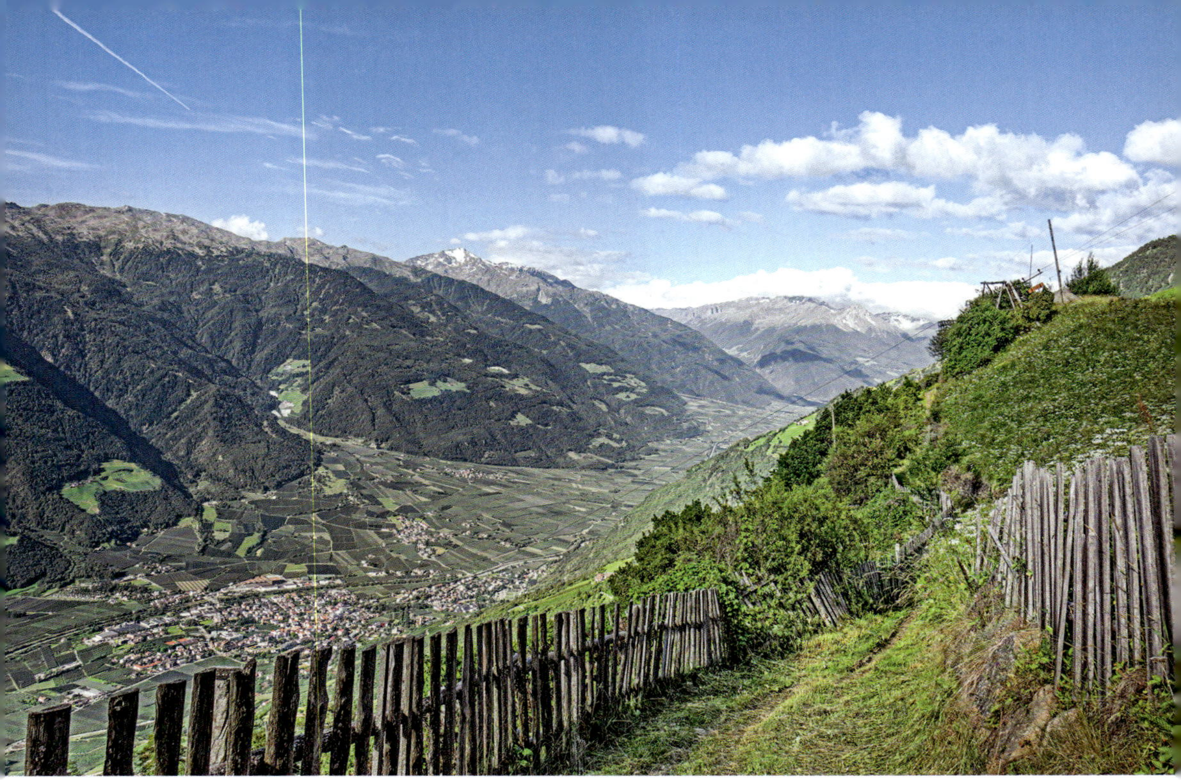

Von der Bergstation Unterstell Richtung Hochforch

ENTLANG DES MERANER HÖHENWEGES NACH GIGGELBERG

Tourenlänge
ca. 8,4 km

Gehzeit
ca. 3 ½–4 Stunden

Höhenunterschied
ca. 610 m im Aufstieg

Höhenunterschied
ca. 360 m im Abstieg

Anfahrt

Naturns (Ortsteil Kompatsch) wird mit dem Linienbus erreicht. Die Haltestelle liegt direkt an der Talstation der Seilbahn Unterstell.

Info Bahn

Der Meraner Höhenweg umrundet auf einer Länge von ungefähr 100 Kilometern und auf relativ gleichbleibender Höhe die gesamte Texelgruppe. Die gesamte Umrundung nimmt bis zu fünf Tage in Anspruch, wobei alle Etappen auch einzeln als Tagestouren erwandert werden können. Aussicht und Gegensätze in Landschaft und Klima sind am Meraner Höhenweg wohl einzigartig! Diese Wanderung befindet sich auf einem Teilabschnitt des Meraner Höhenweges.

Routenverlauf: Bergstation Seilbahn Unterstell – Galmein – Grubhof – Pirchhof – Hochforch – Bergstation Texelbahn

Wegverlauf: Um den Meraner Höhenweg zu erreichen, der durchgehend mit der Markierungsnummer 24 gekennzeichnet ist, steigt man von der Bergstation der Seilbahn Unterstell

(1300 m) über den Weg Nr. 24B auf. Bei der ersten Weggabelung weiterhin der Nr. 24B Richtung Galmein folgen. Kurz vor dem Gehöft Galmein trifft der Weg auf den Meraner Höhenweg, Nr. 24. Entlang der Bergwiesen zum Grubhof (1380 m) und an diesem vorbei zum Pirchhof (1445 m). Der Weg führt nun, den Lahnbach-Graben und das Brunnental querend (1000 Stufen-Schlucht), hinüber zum Gasthof Hochforch (1555 m). Zuerst in leichtem Abstieg und dann hinauf zum Gasthof Giggelberg (1572 m). Mit der Texelbahn geht es ins Tal und mit dem Linienbus wieder zurück zum Ausgangspunkt.

(TIPP!) Auf Unterstell gibt es einen Übungs- und Familienklettersteig, der frei zugänglich ist. Klettersteigausrüstung muss man selbst mitbringen.

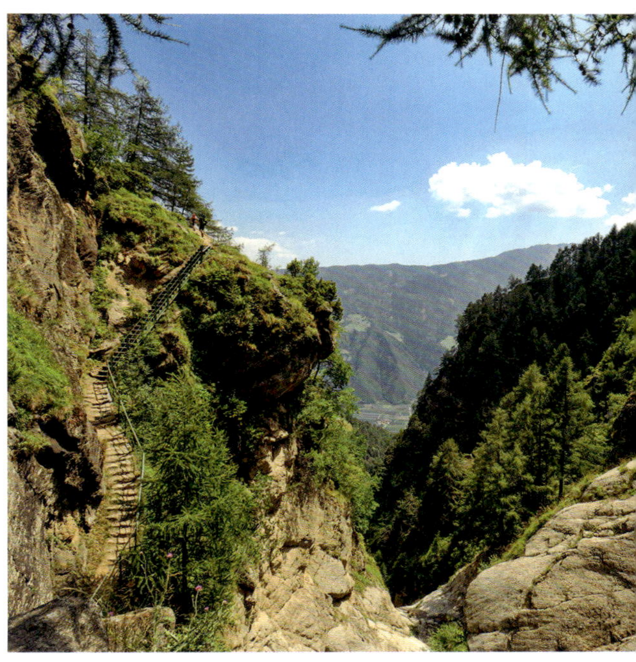

Der abenteuerliche Weg durch die 1000-Stufen-Schlucht

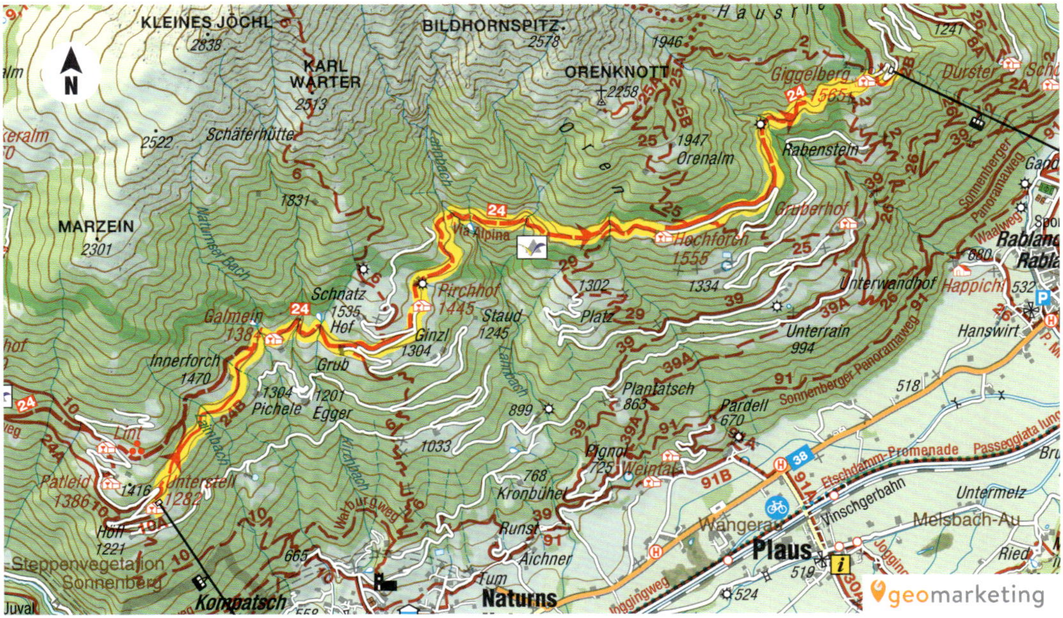

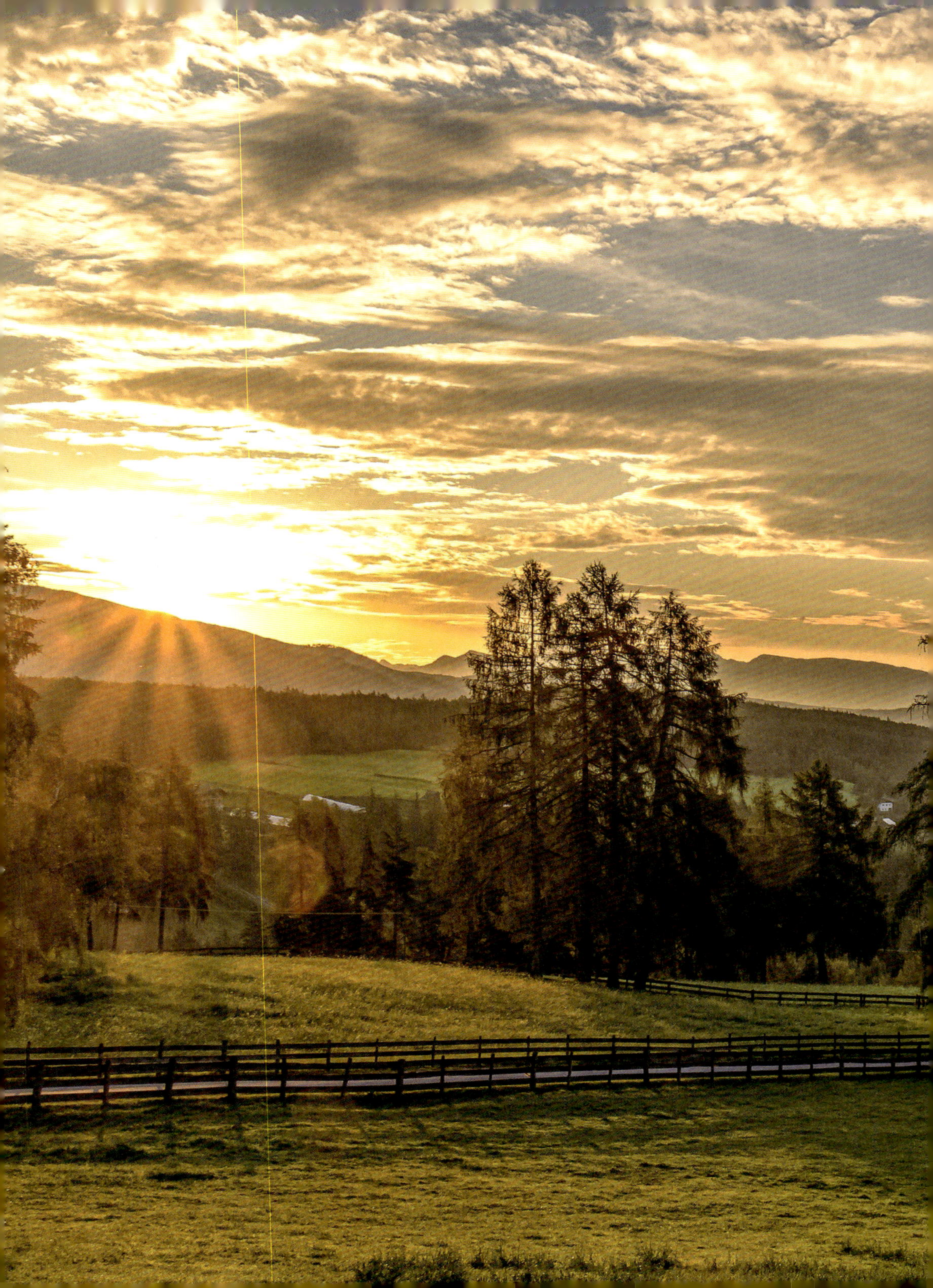

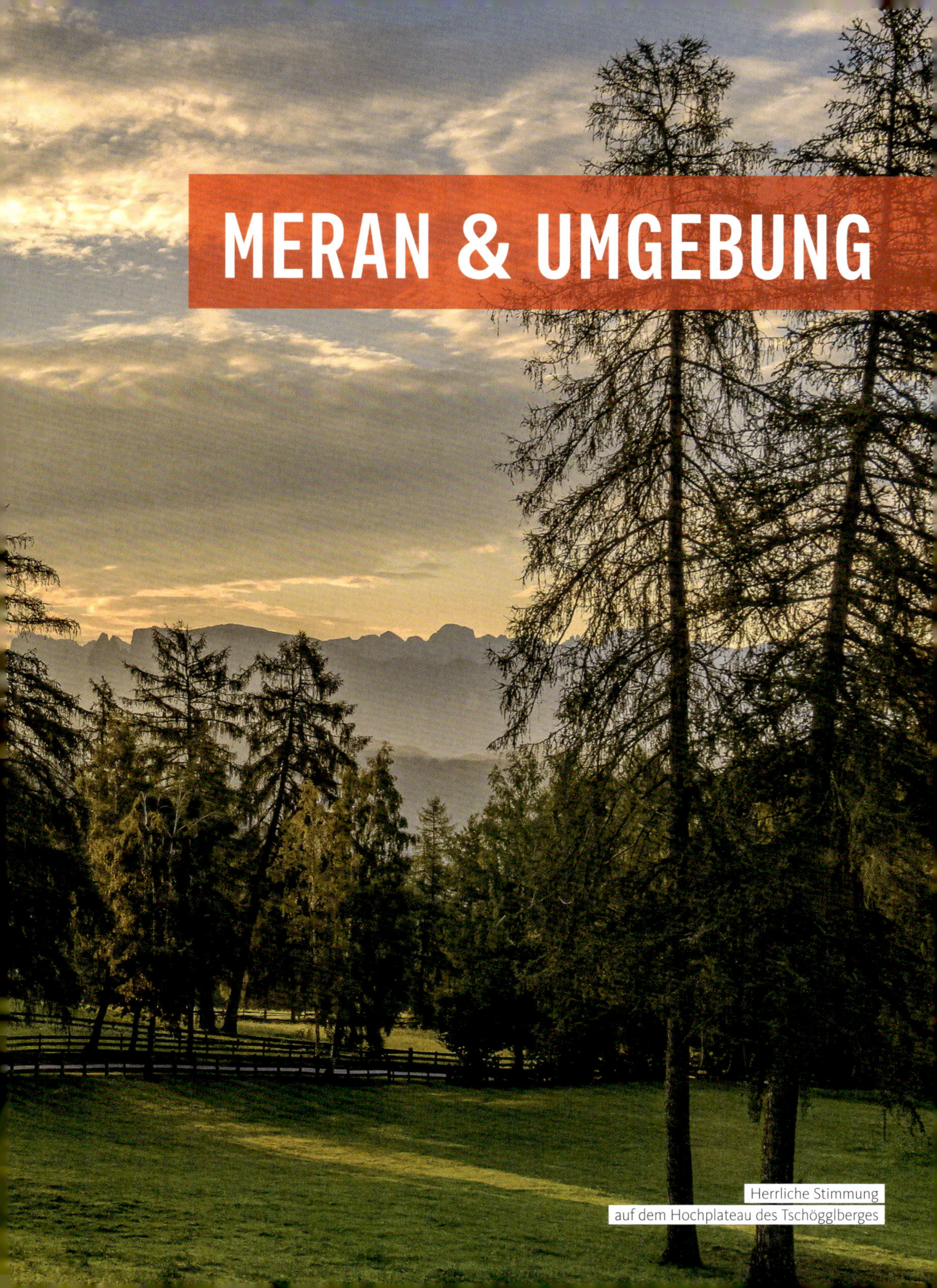

MERAN & UMGEBUNG

Herrliche Stimmung
auf dem Hochplateau des Tschögglberges

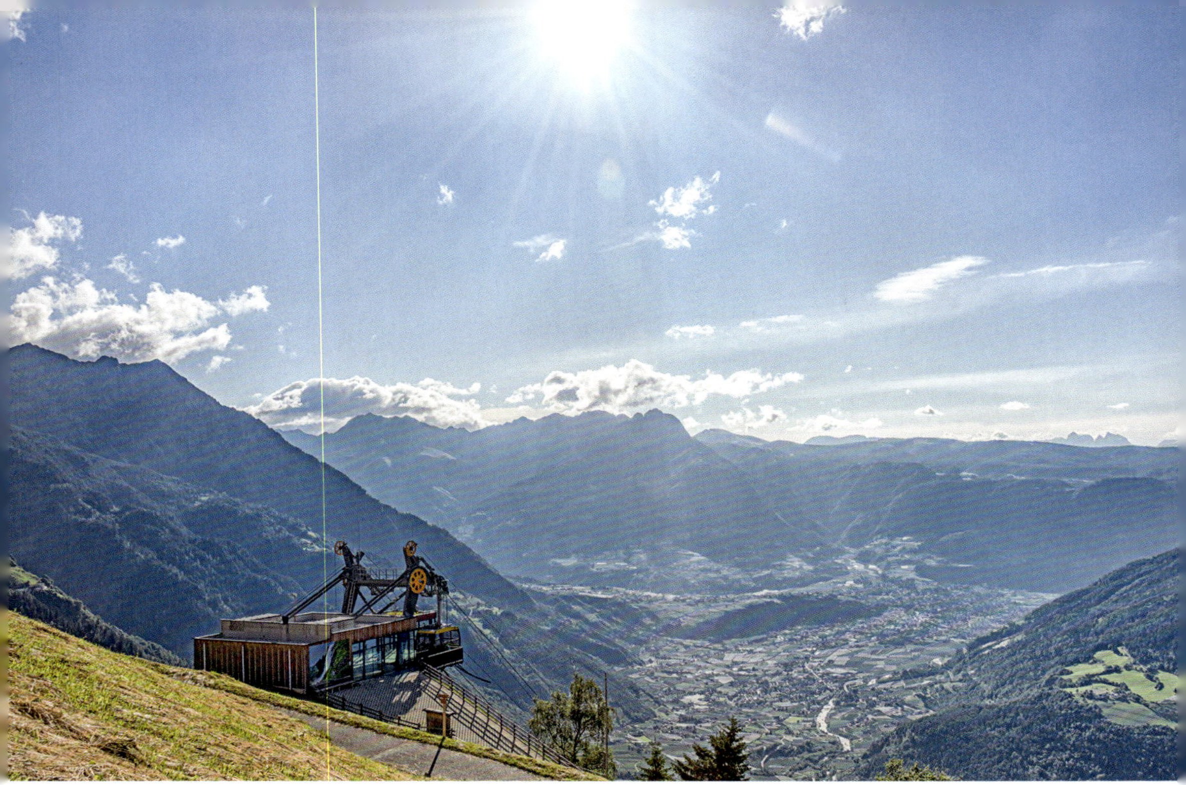

Blick von der Bergstation der Texelbahn auf den Meraner Talkessel

VON GIGGELBERG ÜBER DAS HOCHGANGHAUS ZUR LEITERALM

Auch diese Wanderung folgt einem Teilstück des bekannten Meraner Höhenweges, wobei man immer wieder auf Aussichtspunkte trifft, die einen großartigen Blick über den Meraner Talkessel bieten. Entlang der Route, die an einem der wenigen noch existierenden Korblifte endet, gibt es mehrere Einkehrmöglichkeiten.

Tourenlänge
ca. 11,2 km

Gehzeit
ca. 5–5 ½ Stunden

Höhenunterschied
ca. 540 m im Aufstieg

Höhenunterschied
ca. 570 m im Abstieg

Anfahrt

Zur Talstation der Texelbahn gibt es eine Busverbindung vom Ortszentrum Rabland oder vom Bahnhof in Rabland.

Info Bahn

Routenverlauf: Bergstation Texelbahn – Nasereithütte – Tablander Alm – Hochganghaus – Leiteralm

Wegverlauf: Von der Bergstation hinauf zum Gasthof Giggelberg (1570 m). Der Beschilderung nach Nasereit, Meraner Höhenweg Nr. 24 folgen. Durch den Wald in leichtem Auf und Ab zur Nasereithütte (1525 m). Weiter über den Meraner Höhenweg zur bewirtschafteten Tablander Alm (1778 m) und zum Aussichtspunkt „Hohe Wiege" (1809 m). Der Weg führt an der Goidner Alm vorbei zum schön gelegenen Hochganghaus (1839 m). Relativ gemütlich wandert man vom Schutzhaus hinüber zur Leiteralm (1550 m). In ein paar Minuten erreicht man im „Retro-Korblift" Vellau (Bushaltestelle), wo man mit dem Bus wieder zum Ausgangspunkt zurückkehren kann.

(TIPP!) Nicht weit von der Nasereithütte liegt der Ziel-Klettersteig, den man für einen eigenen Ausflugstag einplanen kann.

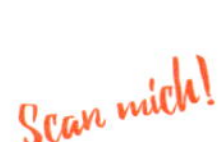

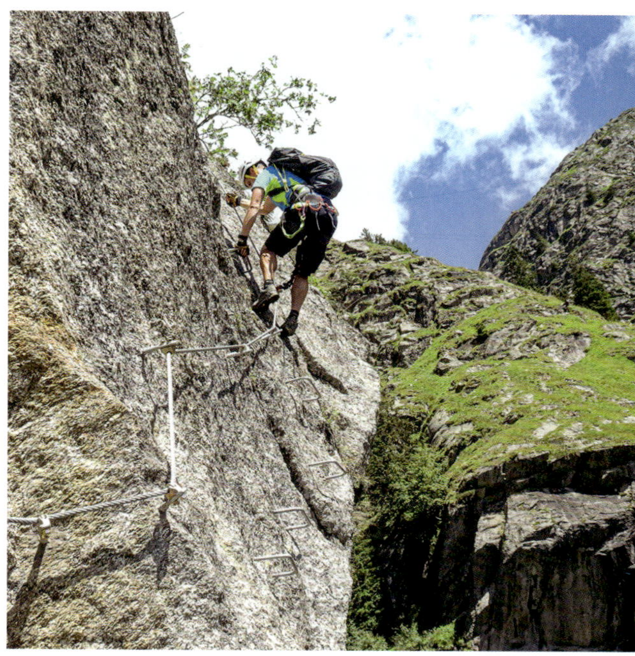

Der Ziel-Klettersteig

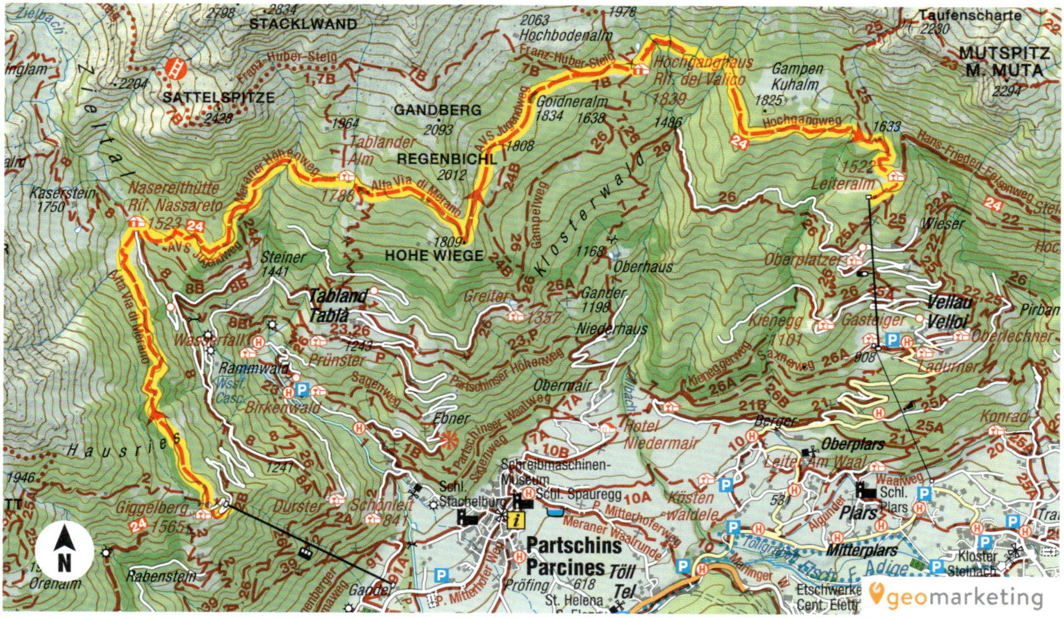

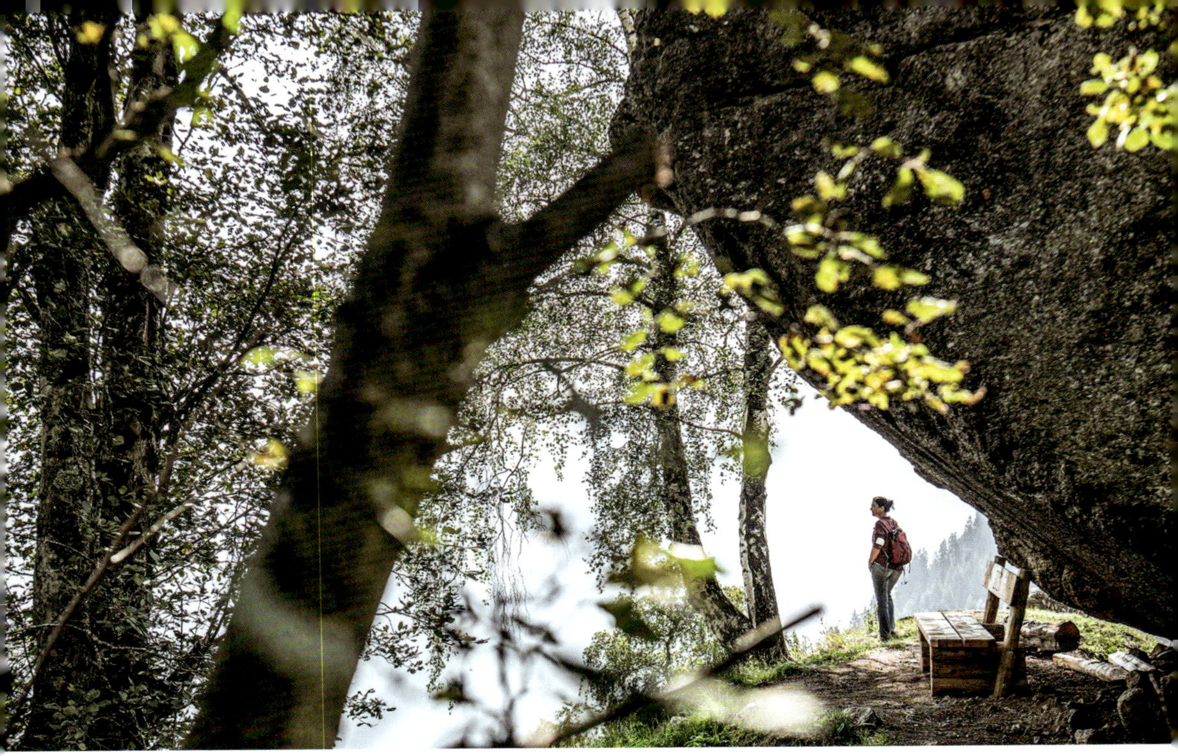

Herrlicher Rastplatz am Alpinsteig

8

ZUR NASEREITHÜTTE UND ÜBER DEN ALPINSTEIG ZUM PARTSCHINSER WASSERFALL

Tourenlänge
ca. 4,4 km

Gehzeit
ca. 2–2 ½ Stunden

Höhenunterschied
ca. 140 m im Aufstieg

Höhenunterschied
ca. 600 m im Abstieg

Anfahrt

Zur Talstation der Texelbahn gibt es eine Busverbindung vom Ortszentrum Rabland oder vom Bahnhof in Rabland

Info Bahn

Diese Wanderung, die sich entlang der Sonnenhänge der Texelgruppe schlängelt, kann schon relativ früh im Jahr und bis weit hinein in den Herbst gemacht werden. Der angenehm zu begehende Alpinsteig, der erst vor kurzer Zeit im Auftrag des Tourismusvereins Partschins von den Männern der Forststation Meran gebaut wurde, endet direkt beim beeindruckenden Partschinser Wasserfall.

Routenverlauf: Bergstation Texelbahn – Nasereithütte – Alpinsteig Wasserfall – Gasthaus Wasserfall

Wegverlauf: Von der Bergstation Texelbahn der Beschilderung (Meraner Höhenweg Nr. 24) folgend Richtung Schutzhütte Nasereit (1525 m). Über den Forstweg zur Nasereithütte abwärts, bis links der beschilderte Weg Nr. 8 nach Partschins abzweigt, dort weiter zur Steinerbrücke. Kurz über die Teerstraße abwärts, dann links abbiegen und dem Alpinsteig Wasserfall (Beschilderung) hinunter zum Gasthof Wasserfall folgen. Von dort gelangt man zum Partschinser Wasserfall und weiter nach Partschins, wo es mit dem Linienbus zurück zur Talstation der Texelbahn geht.

(TIPP!) Jeden Dienstag gibt es die Möglichkeit, mit einem Bergführer direkt neben dem tosenden Wasserfall abzuseilen.

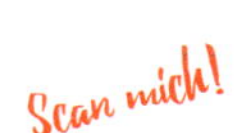

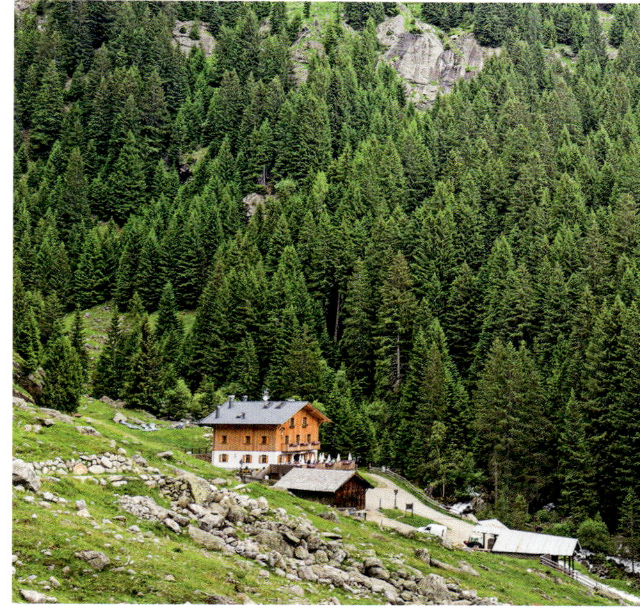

Die Nasereithütte

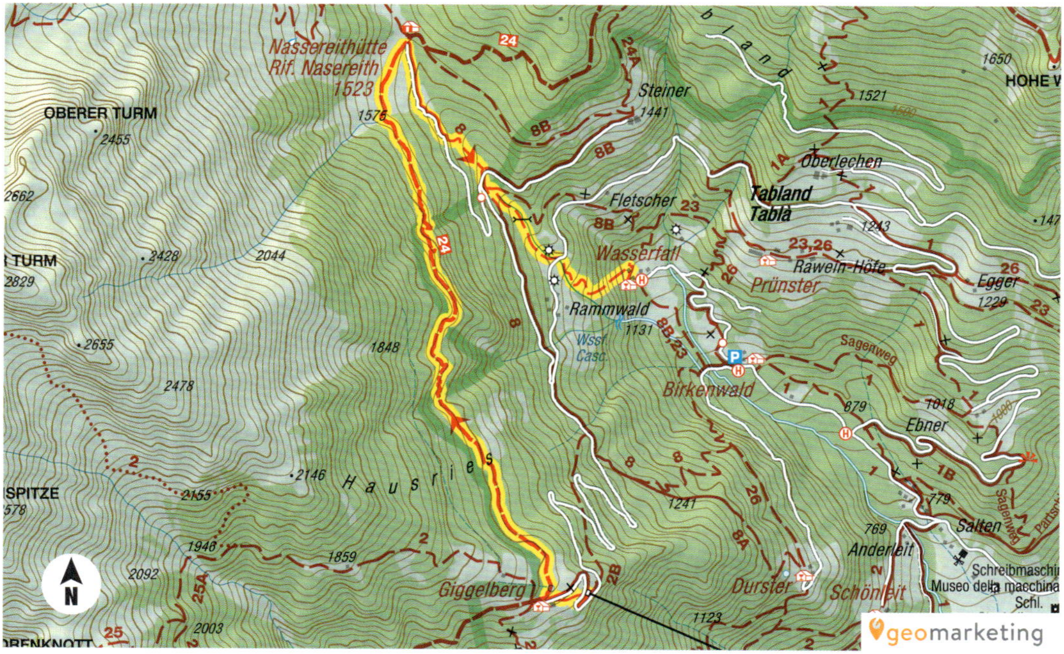

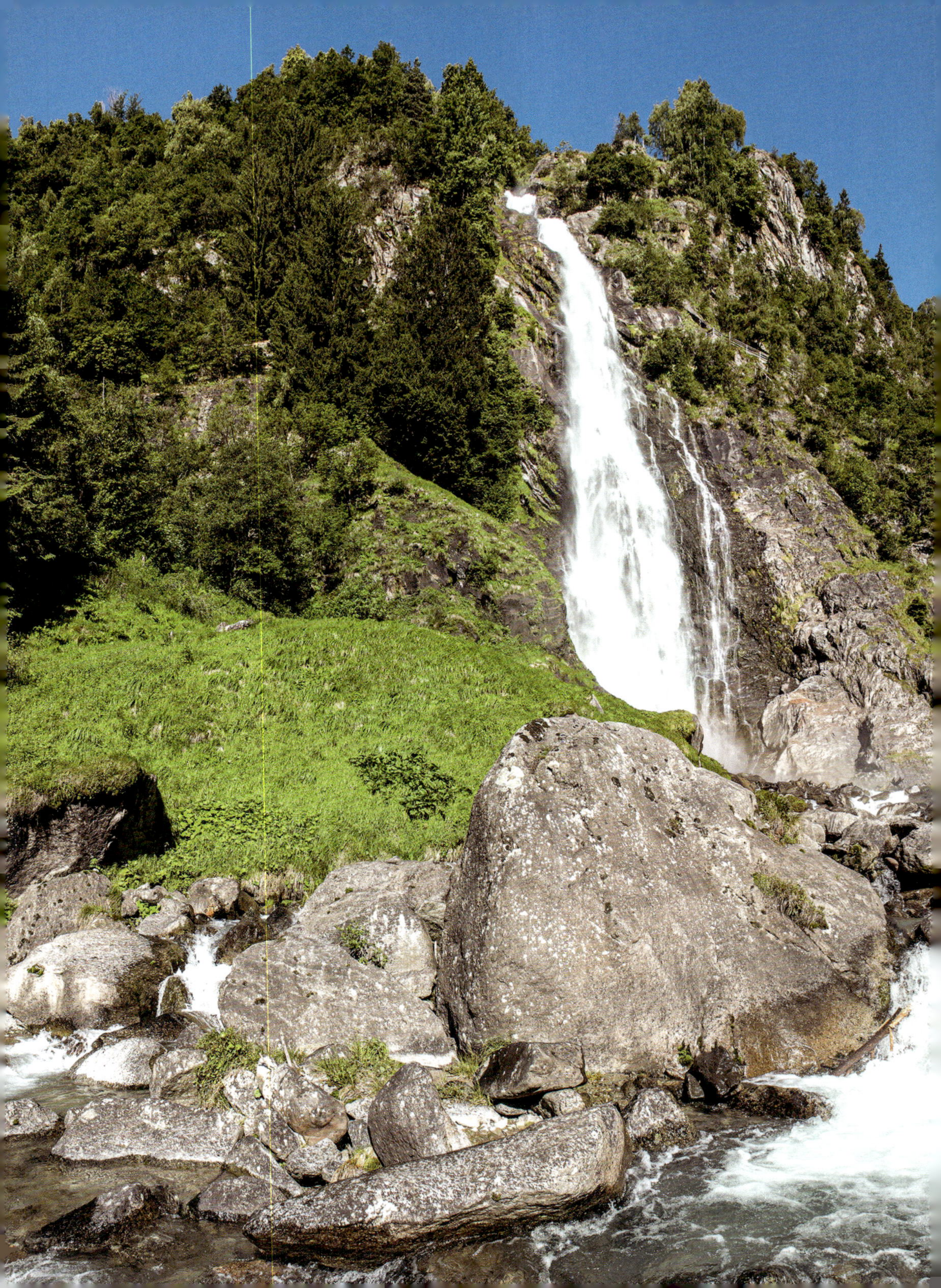

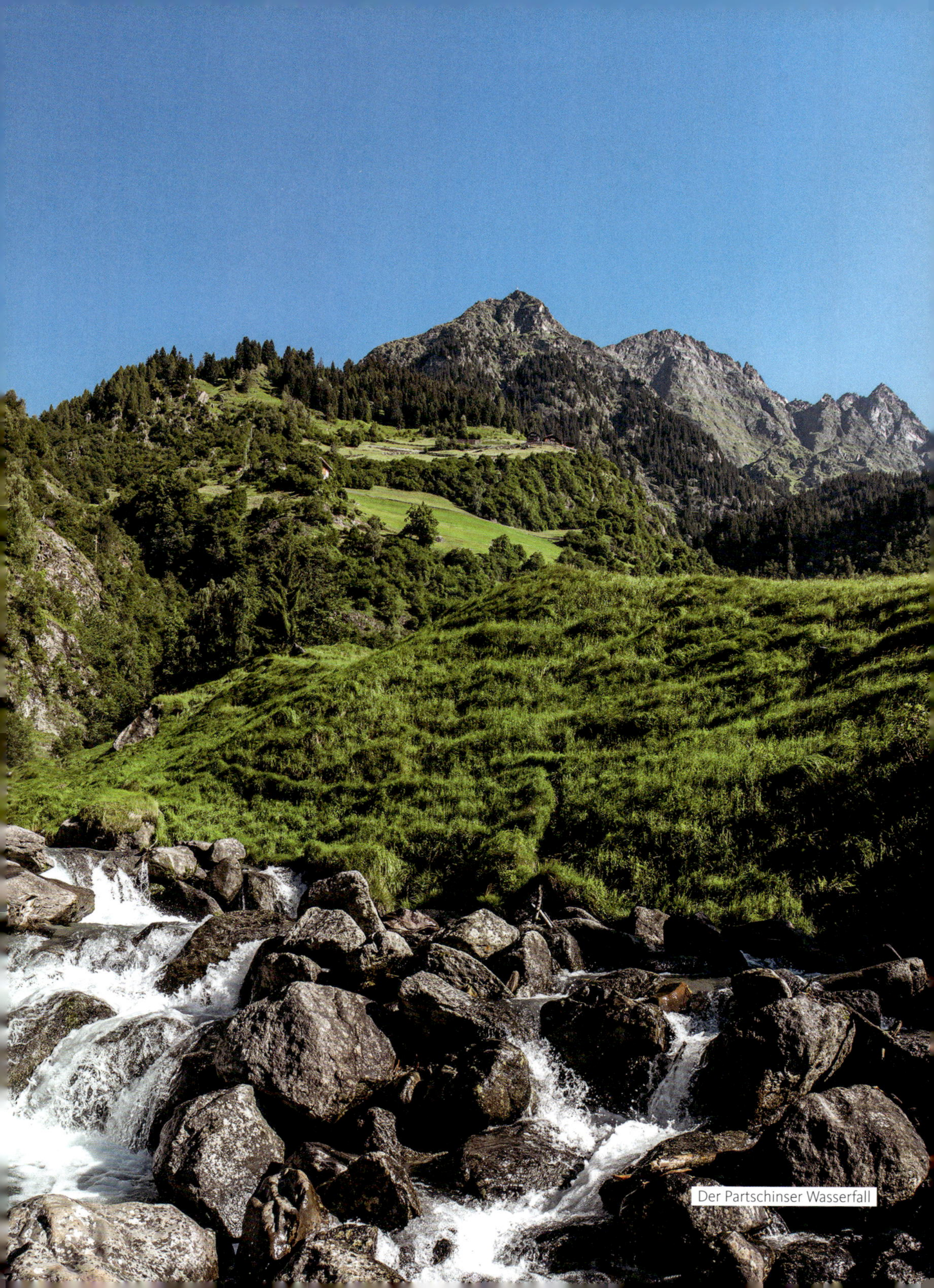

Der Partschinser Wasserfall

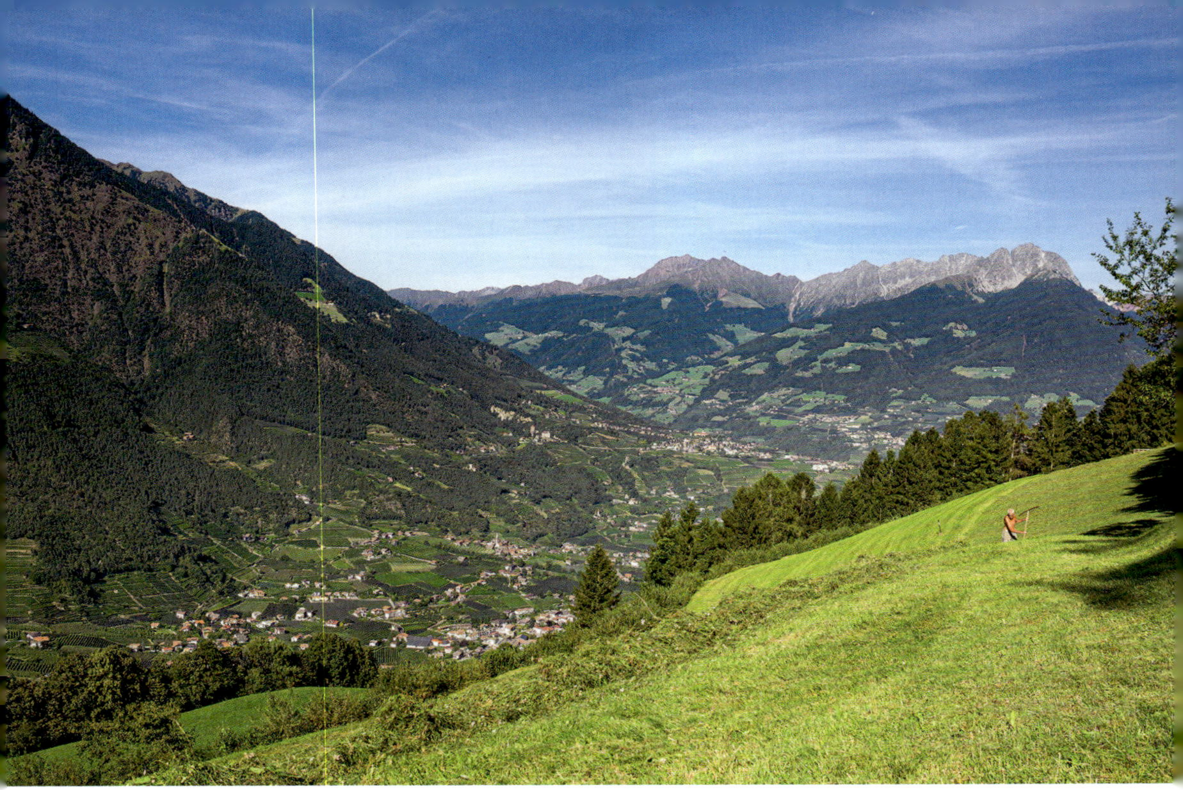

Blick von Aschbach auf Algund

VON ASCHBACH ZUM VIGILJOCH

Diese einfache Wanderung eignet sich besonders für Familien mit gehfreudigen Kindern. Die autofreie Hochfläche des Vigiljochs – man hat das Gefühl, dass hier oben die Zeit ein wenig stehen geblieben ist – ist immer einen Ausflug wert. Die schwarze Lacke, ein kleiner idyllisch gelegener See, ist der ideale Rastplatz nach dem Aufstieg von Aschbach.

Tourenlänge
ca. 7,3 km

Gehzeit
ca. 3 Stunden

Höhenunterschied
ca. 500 m im Aufstieg

Höhenunterschied
ca. 350 m im Abstieg

Info Bahn

Anfahrt
Mit dem Zug oder dem Linienbus nach Rabland direkt zur Talstation der Seilbahn Aschbach

Routenverlauf: Bergstation Seilbahn Aschbach – Schwarze Lacke – St. Vigilius – Bergstation Seilbahn Vigiljoch

Wegverlauf: Bei der Bergstation der Seilbahn Aschbach (1340 m) wird zuerst der Weg Nr. 28 eingeschlagen, der oberhalb des Weilers vorbeiführt. Bei der zweiten Weggabelung weiter auf Weg Nr. 28 A und durch den Wald hinauf zur „Schwarzen Lacke" (1747 m) direkt neben dem Gasthof Seespitz. Nach einer Einkehr führt der Weg Nr. 9 weiter zum Kirchlein St. Vigilius

(1796 m) und zum Gasthof Jocher. Von dort erfolgt der Abstieg zur Bergstation der Seilbahn Vigiljoch (1489 m) zuerst über den Weg Nr. 3, der schließlich in den Weg Nr. 34 mündet.
Abfahrt nach Lana mit der Seilbahn Vigiljoch (www.vigiljoch.com) – ca. 5 Gehminuten von der Talstation entfernt gibt es einen Busbahnhof.

(TIPP!) Abstecher zum Glaubensweg (Beginn an der Bergstation des Sesselliftes am Vigiljoch). Der Weg mit sechs Besinnungsstationen zu Werten und Themen des Lebens lädt einfach dazu ein, über sich selbst ein wenig nachzudenken.

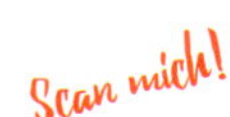

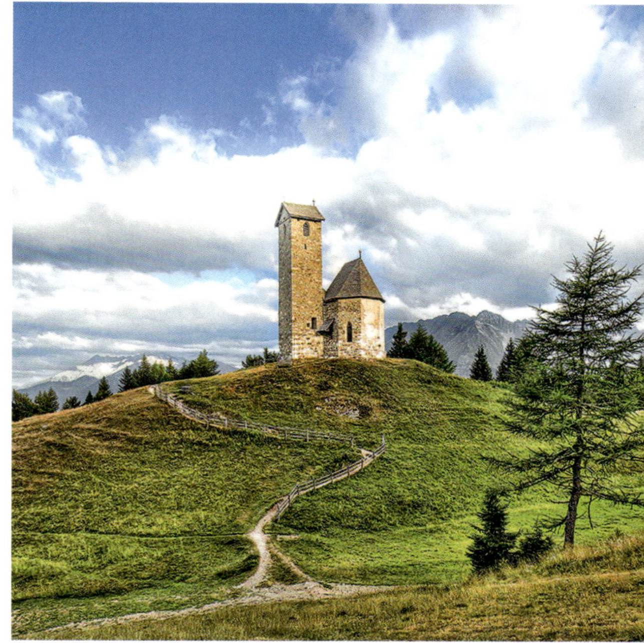

Das Kirchlein St. Vigilius

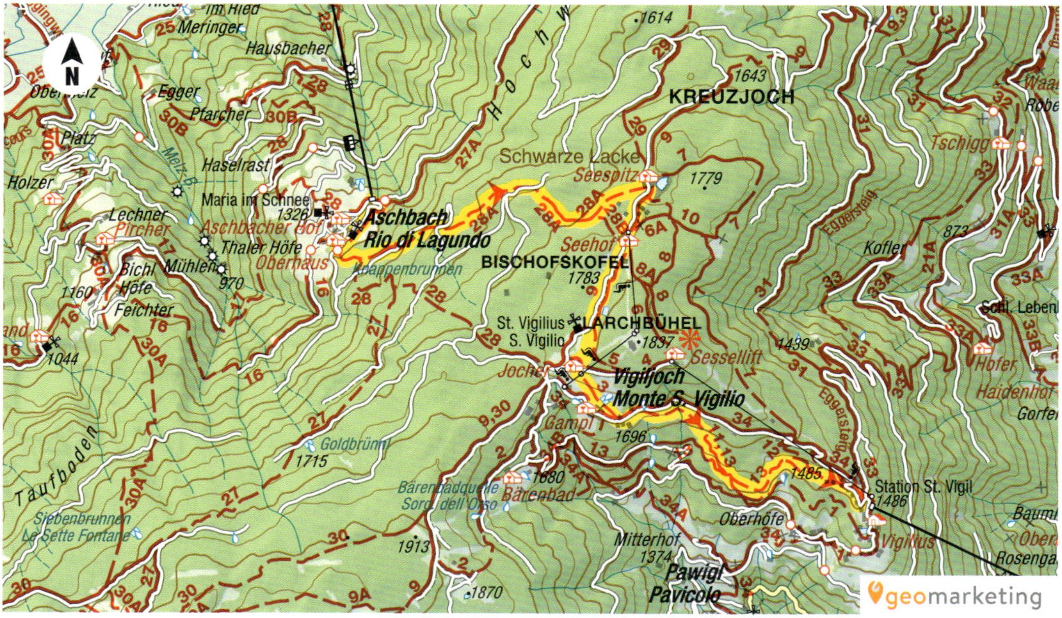

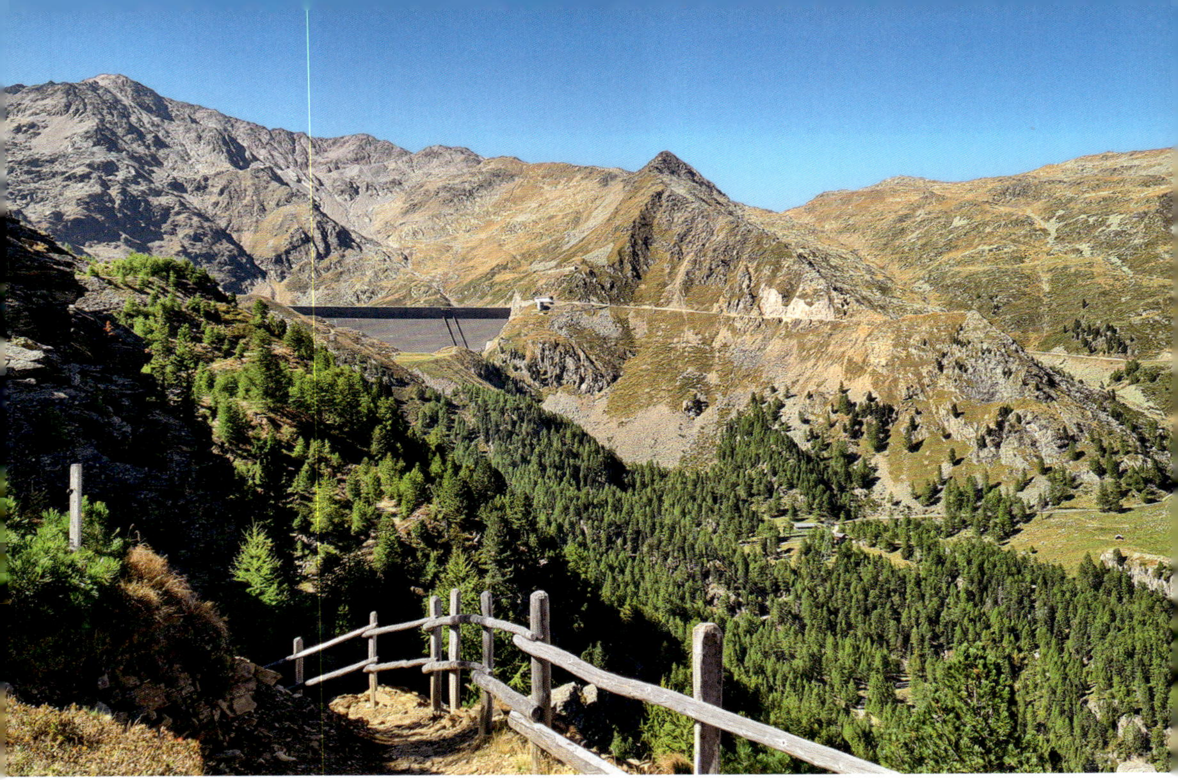

Blick auf die Kuppelwieser Alm und das Tarscher Jöchl

10

ÜBER DAS TARSCHER JÖCHL IN DEN VINSCHGAU

Tourenlänge
ca. 9,2 km

Gehzeit
ca. 4–4 ½ Stunden

Höhenunterschied
ca. 620 m im Aufstieg

Höhenunterschied
ca. 850 m im Abstieg

Anfahrt

Die Talstation der Gondelumlaufbahn zur Schwemmalm liegt direkt neben der Hauptstraße in Kuppelwies, kurz nach St. Walburg, und wird mit dem Linienbus erreicht.

Info Bahn

Diese abwechslungsreiche und relativ einfache Wanderung bei der das Tarscher Jöchl überschritten wird, wartet mit grandiosen Ausblicken über das Ultental und auf die Bergwelt des Vinschgau auf. Nach der sehr beliebten Wanderstrecke von der Bergstation Schwemmalm zur Kuppelwieser Alm wird es bis zur Tarscher Alm ziemlich ruhig am Berg.

Routenverlauf: Bergstation Schwemmalm – Kuppelwieser Alm – Tarscher Jöchl – Tarscher Alm

Wegverlauf: Von der Bergstation Schwemmalm (2169 m) der Beschilderung und Wegmarkierung Nr 6, 5 und 5B zur Kuppelwieser Alm folgen, ohne an den Weggabelungen abzuzweigen. Von der Kuppelweiser Alm wandert man über die Zufahrtsstraße zum Arzkar-Stausee aufwärts, bis links der Weg Nr. 11

abzweigt. Die Zufahrtsstraße wird nochmals überquert. Wegschilder weisen den Weg (Markierung 11) hinauf zum Tarscher Jöchl (2517 m). Der beschilderte Abstieg mit der Wegnummer 1 führt direkt hinunter zur Tarscher Alm (1940 m) und zur Bergstation des Tarscher Sesselliftes. Abfahrt mit dem Sessellift zur Talstation und von dort Rückfahrt mit dem Linienbus bis Latsch.

(TIPP!) Hochalpiner Bogenparcours „Almenrausch" mit 28 Zielen auf der Tarscher Alm.

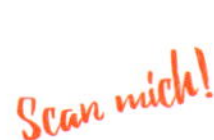

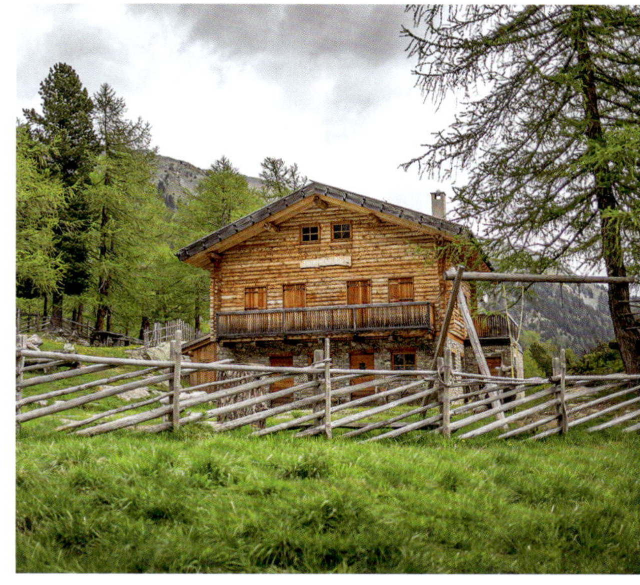

Die Kuppelwieser Alm

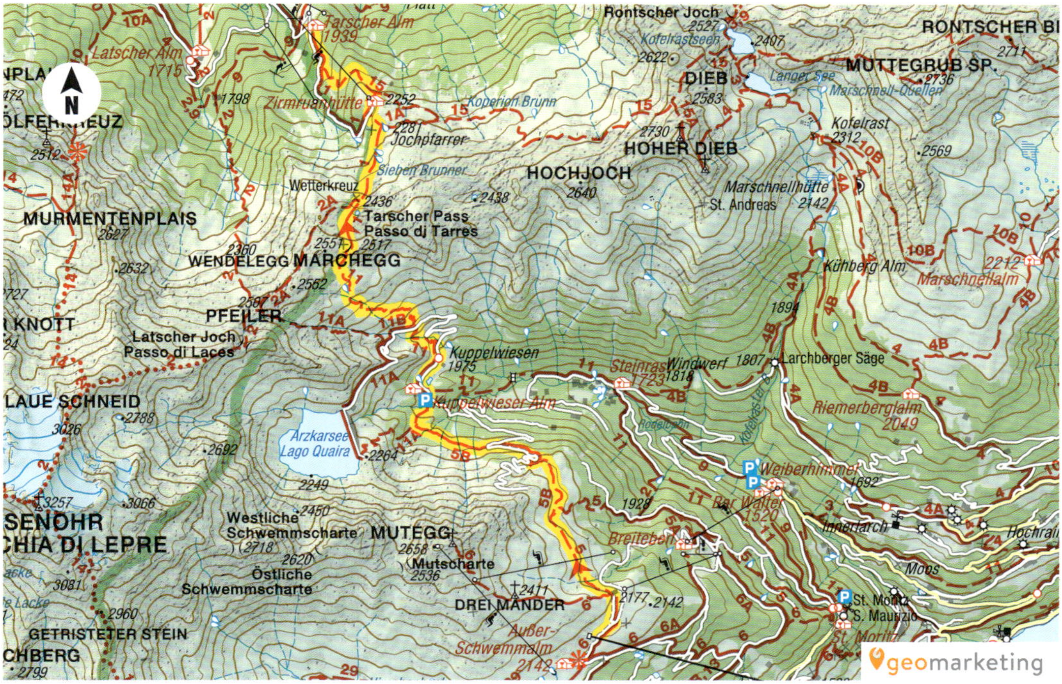

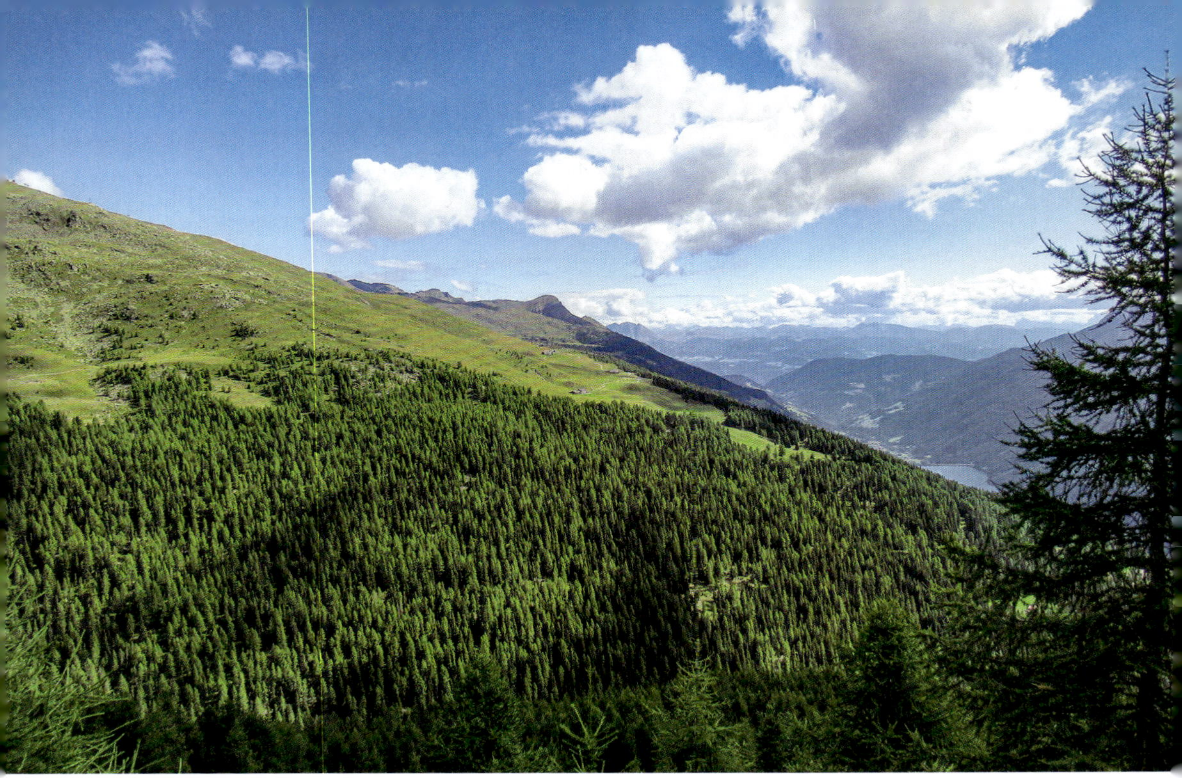

Das Wandergebiet Schwemmalm

11

VON DER SCHWEMMALM BIS WEISSBRUNN

Tourenlänge
ca. 16,4 km

Gehzeit
ca. 5 ½ Stunden

Höhenunterschied
ca. 400 m im Aufstieg

Höhenunterschied
ca. 670 m im Abstieg

Anfahrt

Die Talstation der Gondelumlaufbahn zur Schwemmalm liegt direkt neben der Hauptstraße in Kuppelwies, kurz nach St. Walburg, und wird mit dem Linienbus erreicht.

Info Bahn

Eine sehr lange, jedoch angenehme, da weitestgehend eben verlaufende Tour, führt von der Bergstation der Schwemmalm hoch über Kuppelwies bis nach Weißbrunn zum Talschluss des Ultentals.

Routenverlauf: Bergstation Schwemmalm – Schusterhütte – Hintere Flatschbergalm – Tuferalm – Äußere Pilsbergalm – Hintere Pilsbergalm – Weißbrunn

Wegverlauf: Von der Bergstation Schwemmalm (2169 m) geht es der breiten Forststraße entlang zur bewirtschafteten Äußeren Schwemmalm (2149 m). Hier folgt man Weg Nr. 29 Richtung Schusterhütte. Der Weg geht in die Nr. 12A über und nach rund 2½ Stunden im angenehmen Auf und Ab gelangt man zur urigen, bewirtschafteten Schusterhütte (2310 m). Auf Weg Nr. 12, der

Richtung Flatschbergalm führt, liegt das sogenannte Burgstallegg. Von dieser Anhöhe kann man ein atemberaubendes 360-Grad-Panorama über das Ultental genießen. Nach rund 50 Minuten erreicht man die Hintere Flatschbergalm (2110 m, bewirtschaftet). Etwas unterhalb führt der Ultner Höhenweg (Nr. 12) zur Tuferalm, weiter zur Äußeren (2132 m, bewirtschaftet) und zur Hinteren Pilsbergalm. Hier geht es nun auf dem Weg Nr. 12 und 102 bis zum Weißbrunner See, wo man mit den öffentlichen Verkehrsmitteln zum Ausgangspunkt zurückkehren kann.

(TIPP!) Besuch im Nationalparkhaus „Lahnersäge" in St. Gertraud.

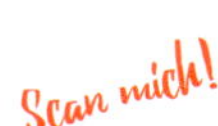

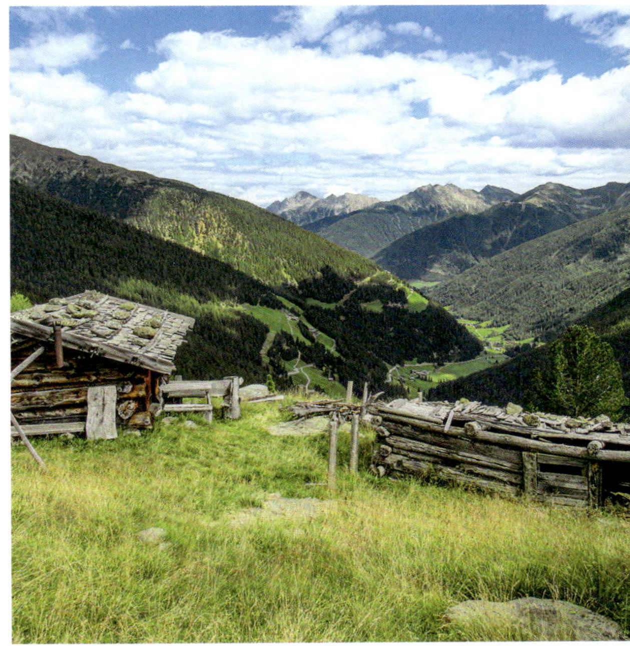

Blick von der Hinteren Pilsbergalm auf St. Gertraud

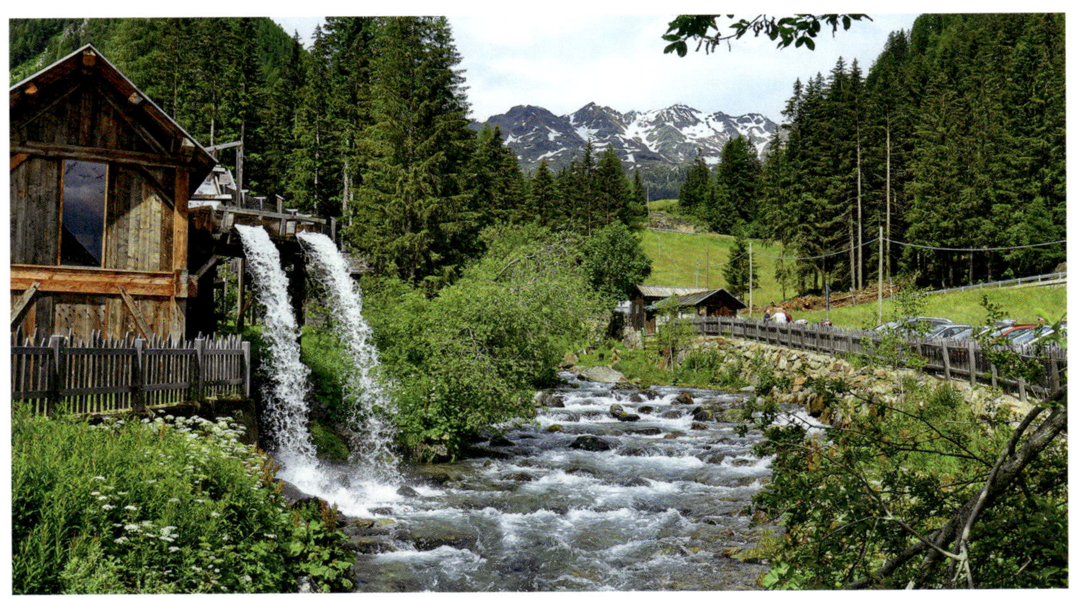

Nationalparkhaus Lahnersäge

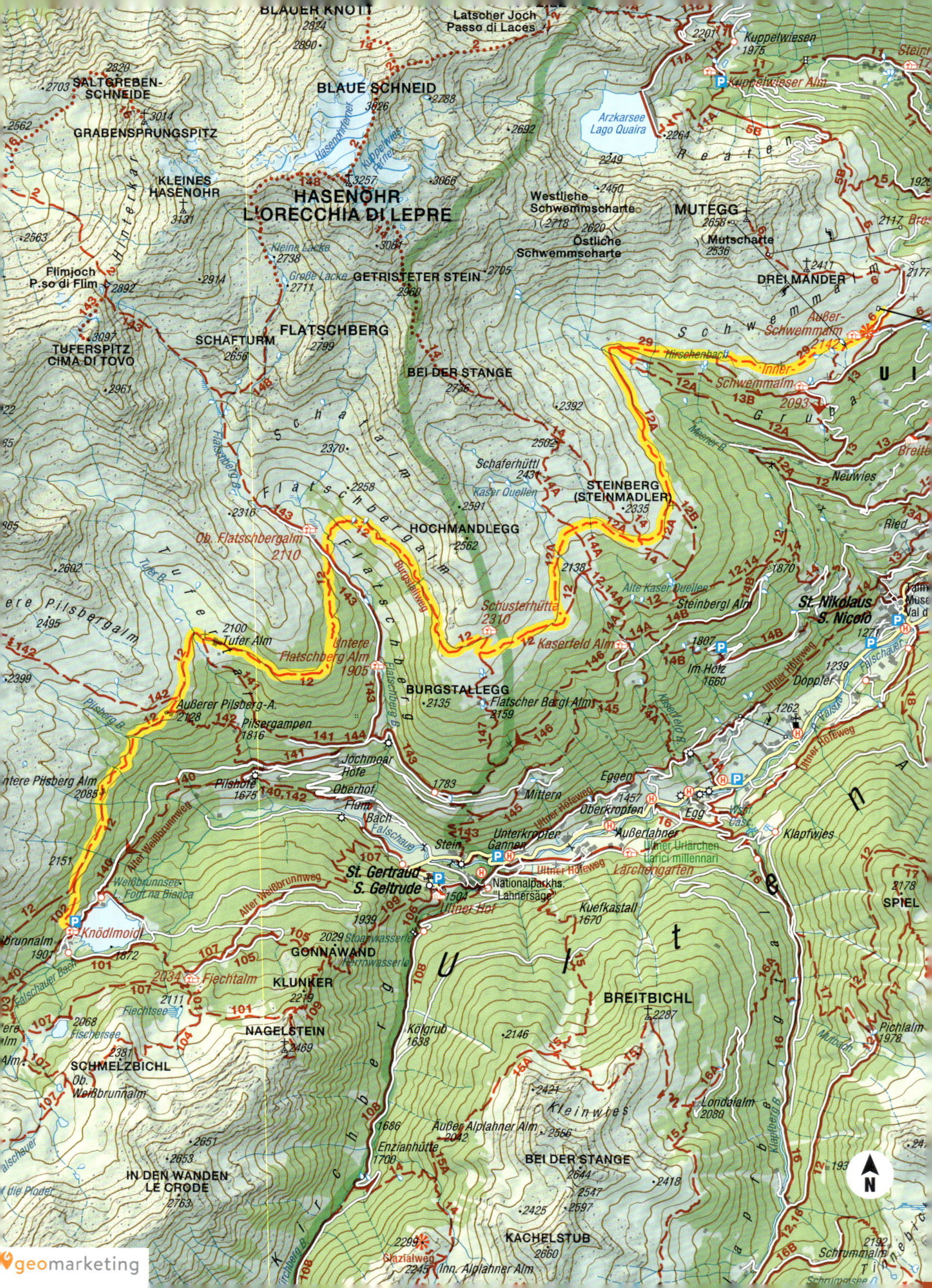
HASENOHR
L'ORECCHIA DI LEPRE
BLAUE SCHNEID
SALTGREBEN-SCHNEIDE
GRABENSPRUNGSPITZ
KLEINES HASENOHR
Latscher Joch
Passo di Laces
Kuppelwiesen
Kuppelwieser Alm
Arzkarsee
Lago Quaira
Westliche Schwemmscharte
Östliche Schwemmscharte
MUTEGG
Mutscharte
DREI MANDER
Außer-Schwemmalm
Inner-Schwemmalm
Hirschenbach
GETRISTETER STEIN
Flimjoch
P.so di Flim
TUFERSPITZ
CIMA DI TOVO
SCHAFTURM
FLATSCHBERG
BEI DER STANGE
Schaferhüttl
Kaser Quellen
STEINBERG (STEINMADLER)
HOCHMANDLEGG
Ob. Flatschbergalm
Tufer Alm
Untere Flatschberg Alm
Schusterhütte
Kaserfeld Alm
Steinbergl Alm
Alte Kaser Quellen
St. Nikolaus
S. Nicolò
Neuwies
Ried
Im Holz
Döppler
BURGSTALLEGG
Flatscher Bergl Alm
Außerer Pilsberg-A.
Pilsergampen
Untere Pilsberg Alm
Pilshöfe
Jochmoar Höfe
Oberhof
Flum
Bach
Stein
Mittern
Eggen
Oberkropfen
Egg
Unterkropfen
Gannen
Außerlahner
Ultner Urlärchen
Larici millenari
Lärchengarten
Klapfwies
St. Gertraud
S. Geltrude
Nationalparkhs. "Lahnersäge"
Ultner Hof
Weißbrunnsee
Fontana Bianca
Knödlmoidl
Fiechtalm
Fiechtsee
Fischersee
GONNAWAND
Stoanwasserle
KLUNKER
NAGELSTEIN
SCHMELZBICHL
Ob. Weißbrunnalm
Kuefkastall
BREITBICHL
SPIEL
Pichlalm
Kölgrub
Kleinwies
Londalalm
Außer Alplahner Alm
Enzianhütte
BEI DER STANGE
IN DEN WANDEN
LE CRODE
KACHELSTUB
Glazialweg
Inn. Alplahner Alm
Schrummalm
Ultner Höfeweg
geomarketing

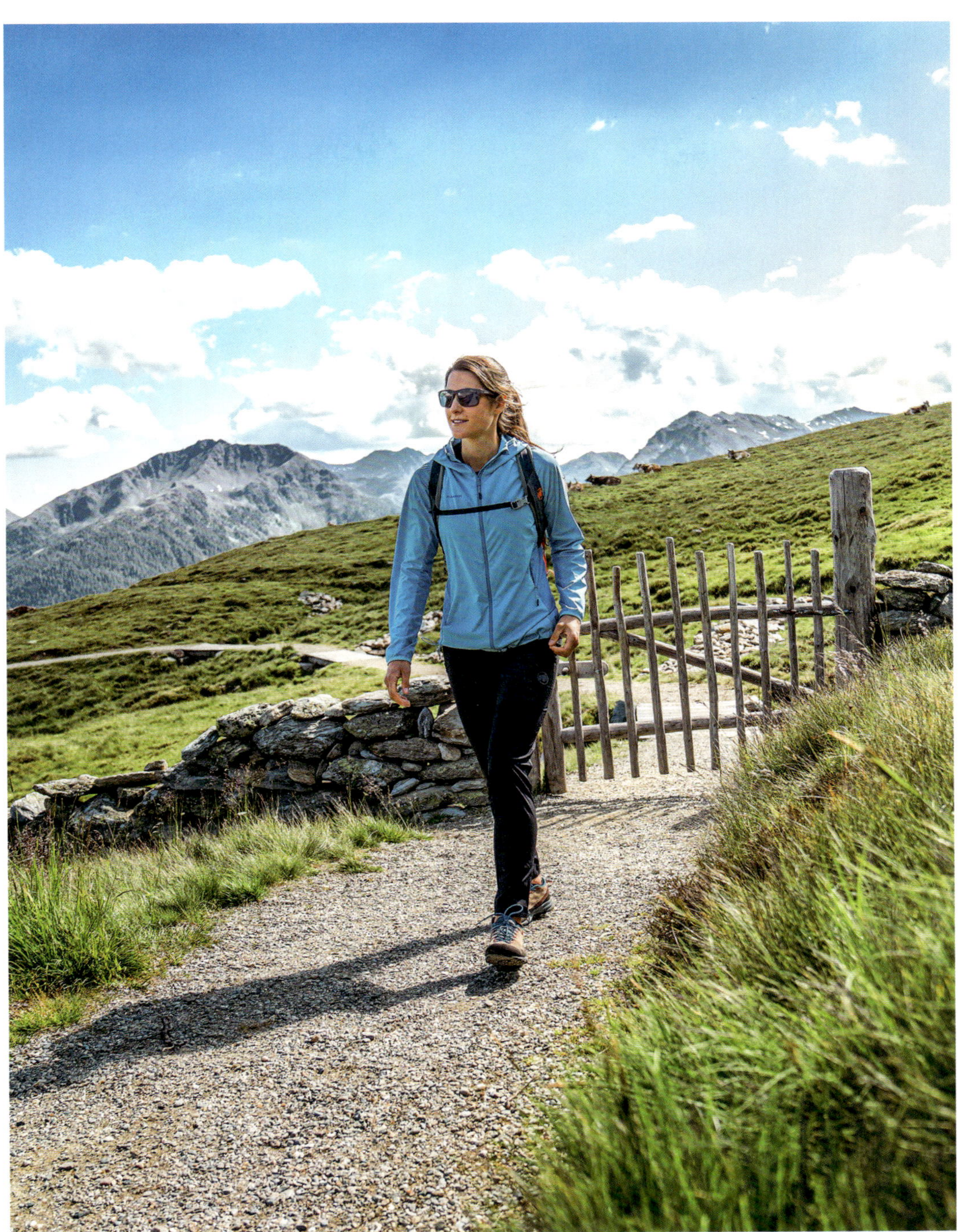

An der Bergstation Schwemmalm

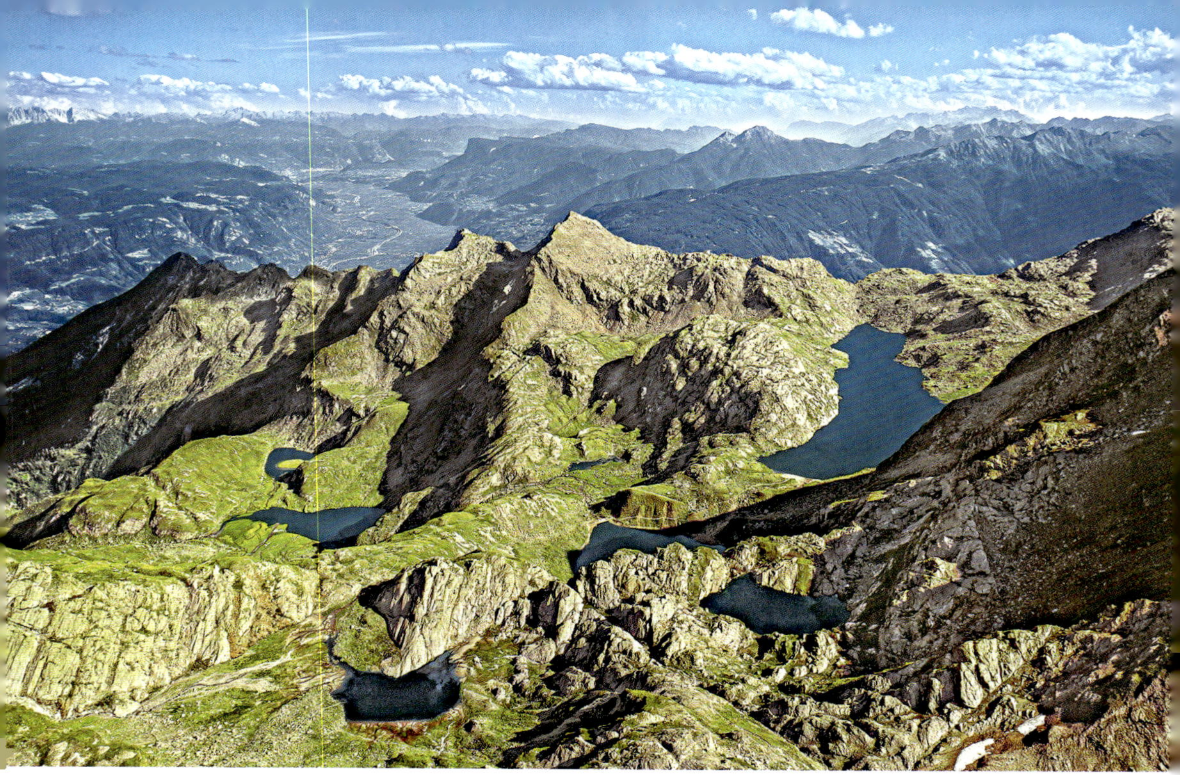

Die Spronser-Seen-Platte

12

HOCHALPINE ÜBERSCHREITUNG VON DORF TIROL NACH PFELDERS IM PASSEIERTAL

Tourenlänge
ca. 17,3 km

Gehzeit
ca. 7–7 ½ Stunden

Höhenunterschied
ca. 1300 m im Aufstieg

Höhenunterschied
ca. 1050 m im Abstieg

Anfahrt
Mit dem Linienbus nach Dorf Tirol, dort auf den Gästebus zur Seilbahn Hochmuth umsteigen

Info Bahn

Diese hochalpine Überschreitung führt mitten hinein in die Spronser Seenplatte, wobei sich die Texelgruppe dem Wanderer von ihrer wilden Seite zeigt. Die einzigartigen Spronser Seen sind ein beliebtes Ausflugsziel, hat man diese hinter sich gelassen, wird es ruhig auf den Wegen und Steigen bis nach Pfelders.

Routenverlauf: Bergstation Seilbahn Hochmuth – Mutkopf – Oberkaser – Spronser Joch – Faltschnaljoch – Faltschnalalm – Pfelders

Wegverlauf: Von Hochmuth (1362 m) aufwärts bis zum Gasthaus Steinegg und über den Weg Nr. 22 zum Mutkopf (1664 m).

Weiter bergauf bis zur ersten Weggabelung und immer auf dem Weg Nr. 22 weiterwandernd hinein ins Spronser Tal. An den Seen Pfitscher- und Kaserlacke vorbei bis zum Oberkaser (2134 m). Über den Weg Nr. 22 hinauf zum Grünsee, wo sich der Weg verzweigt. Man biegt rechts auf den Weg Nr. 6 ab und wandert an der Schieferlacke vorbei zum Spronser Joch (2589 m). Bei der darauffolgenden Weggabelung auf dem Weg Nr. 6 bleiben und so hinüber zum Faltschnaljoch (2423 m).

Nun beginnt der lange Abstieg durch das Faltschnaltal hinunter zur Faltschnalalm (1875 m) und weiter zur Bushaltestelle in Pfelders (1620 m).

Die Rückfahrt erfolgt mit dem Linienbus.

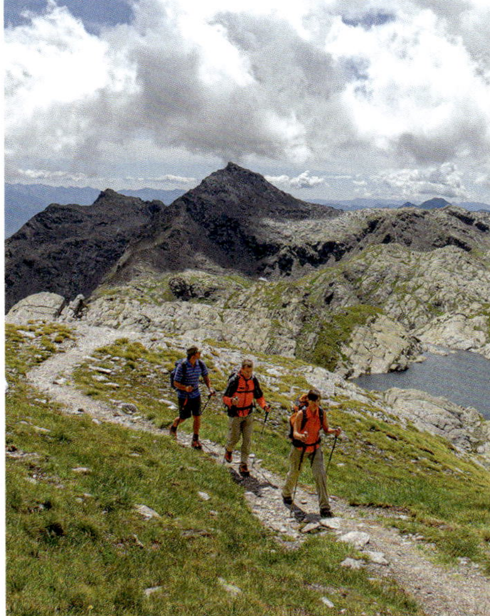

Wanderweg oberhalb der hochalpinen Bergseen

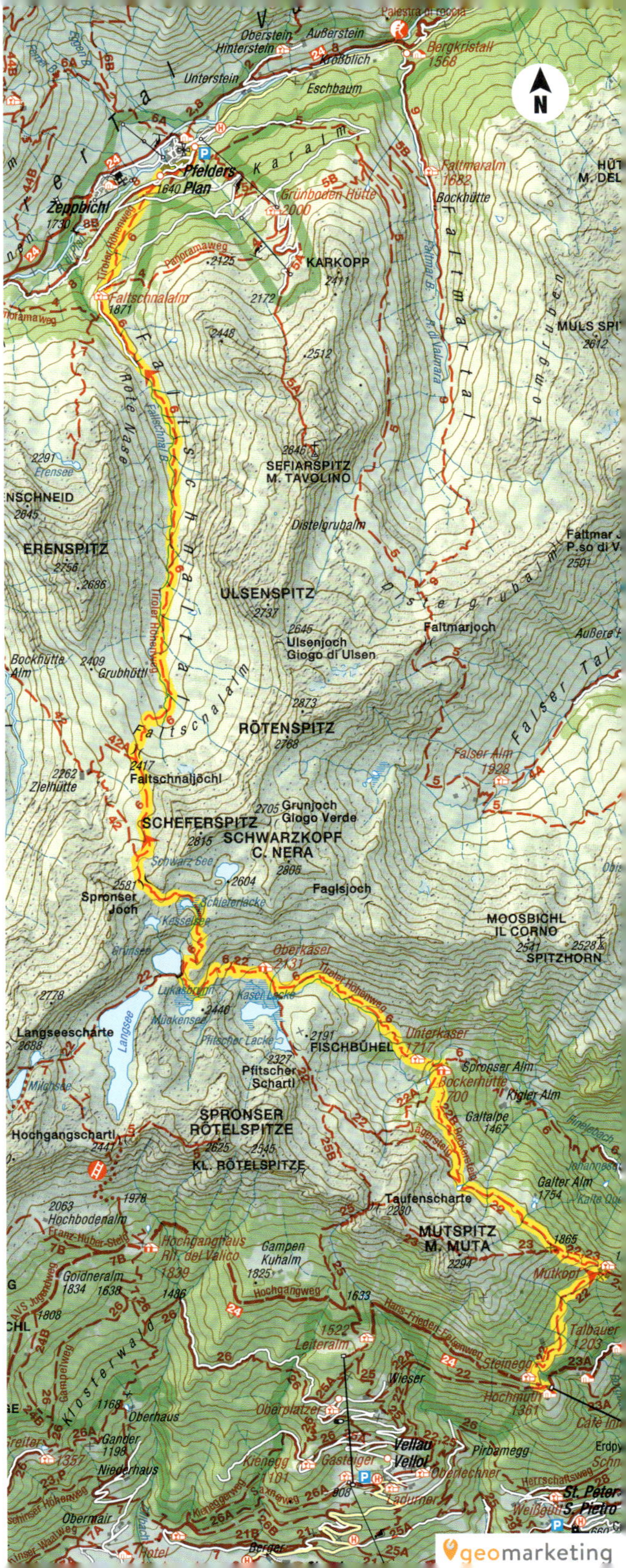

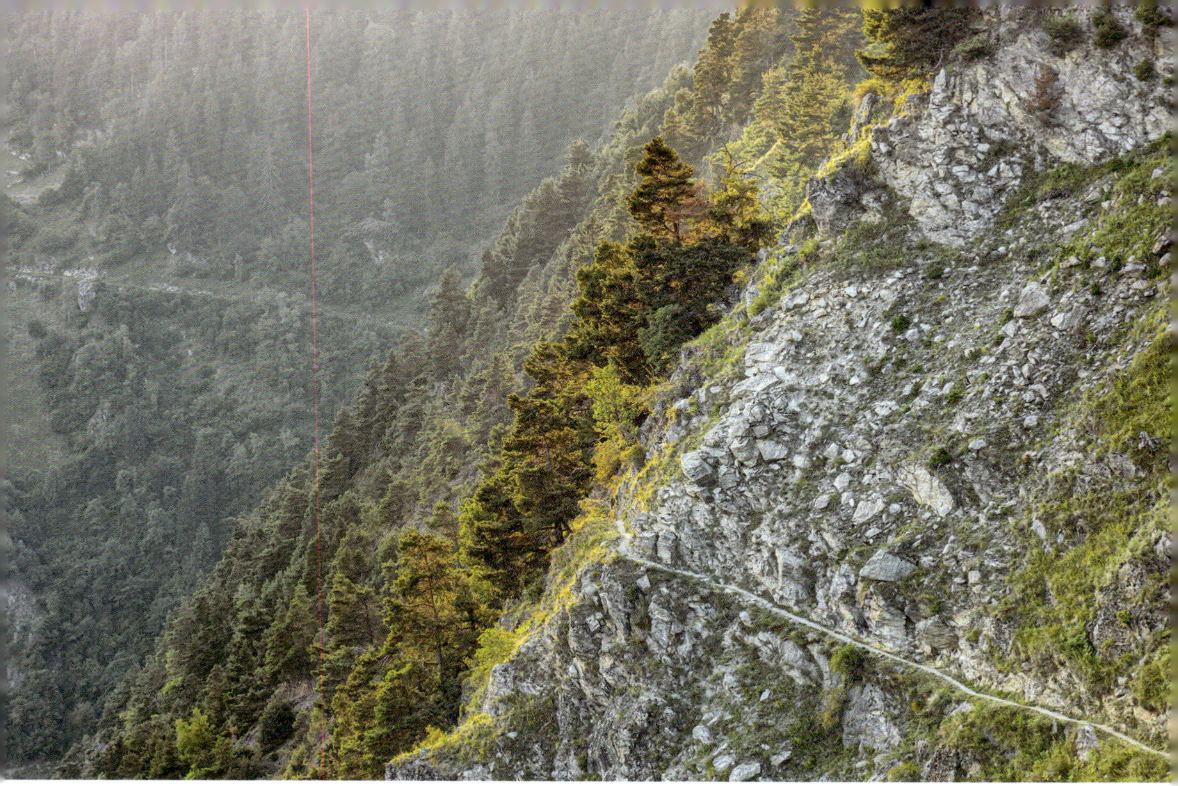

Auf dem Hans-Frieden-Weg Richtung Leiteralm

13

ÜBER DEN HANS-FRIEDEN-WEG ZUR LEITERALM UND NACH VELLAU

Dieser Wander-Klassiker bietet atemberaubende Ausblicke über den Meraner Talkessel bis nach Bozen. Der technisch einfache Hans-Frieden-Weg ist auf kurzen Abschnitten gesichert, Schwindelfreiheit ist jedoch Voraussetzung.

Tourenlänge
ca. 9,3 km

Gehzeit
ca. 4 Stunden

Höhenunterschied
ca. 190 m im Aufstieg

Höhenunterschied
ca. 950 m im Abstieg

Anfahrt
Mit dem Linienbus nach Dorf Tirol, dort auf den Gästebus zur Seilbahn Hochmuth umsteigen

Info Bahn

Routenverlauf: Bergstation Seilbahn Hochmuth – Gasthaus Steinegg – Hans-Frieden-Weg – Leiteralm – Vellau – Dorf Tirol

Wegverlauf: Von der Bergstation der Seilbahn Hochmuth (1362 m) hinauf zum Gasthaus Steinegg. Über den Hans-Frieden-Weg (auf kurzen Strecken Seilsicherungen) zur Leiteralm (1550 m). Kurz abwärts Richtung Korblift, dann links abbiegen und dem Weg Nr. 25 nach Vellau folgen. Bei der Kirche (965 m) geht man nach links, vorbei am Gasthaus Oberlechner und geradeaus weiter (Weg Nr. 25) zum Pirbamegg. Gleich nach dem

Gehöft trifft man auf eine Weggabelung. Links weiter (Nr. 26), bis der Weg in die „Meraner Waalrunde“ mündet. Geradeaus und bei der nächsten Wegverzweigung wiederum geradeaus über den Weg Nr. 26 zum Gasthof Schneeweiß. An diesem vorbei, hinunter zum Mutbach und der Beschilderung nach Tirol folgen.
Zu Fuß oder mit dem Linienbus zurück zum Ausgangspunkt.

(TIPP!) Besuch einer Greifvogel-Flugschau im Pflegezentrum für Vogelfauna Schloss Tirol.

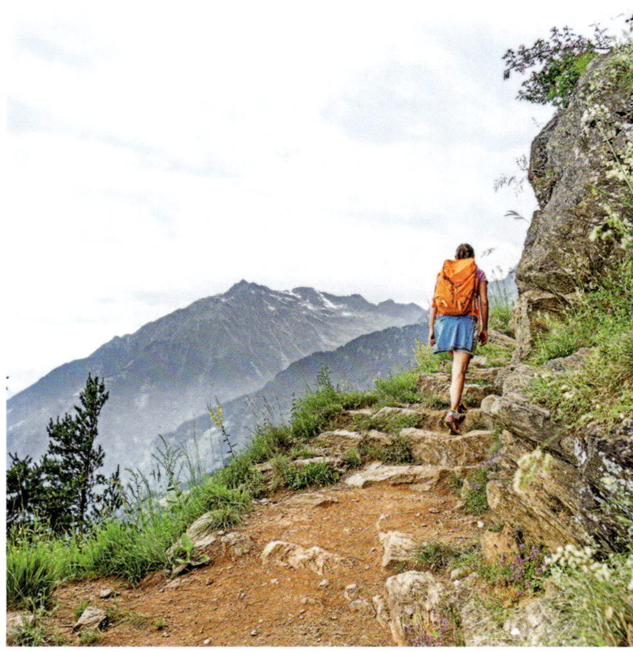

Der gut begehbare Hans-Frieden-Weg

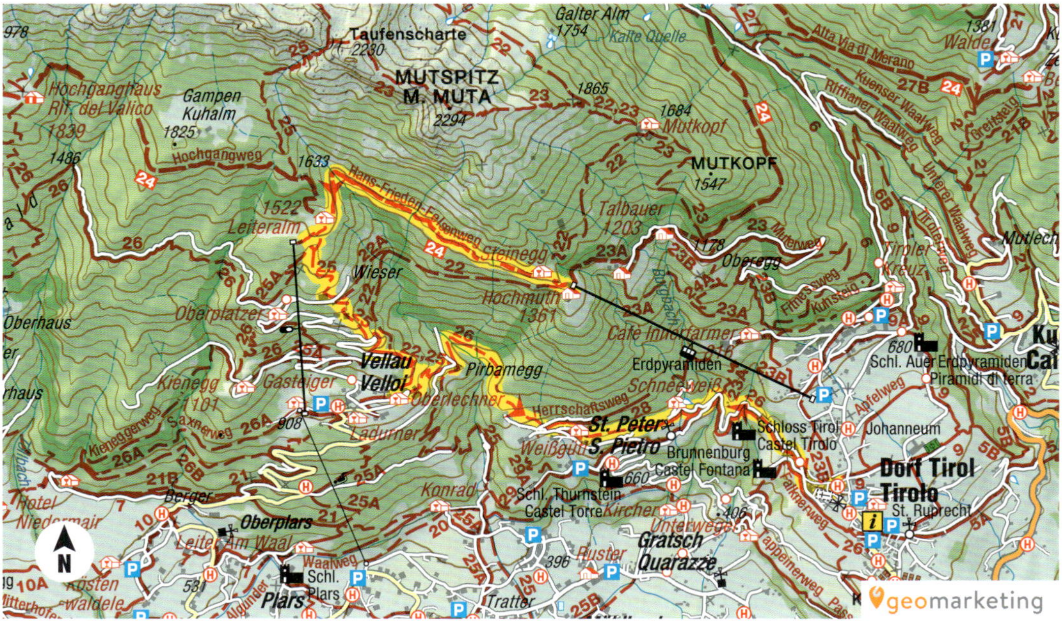

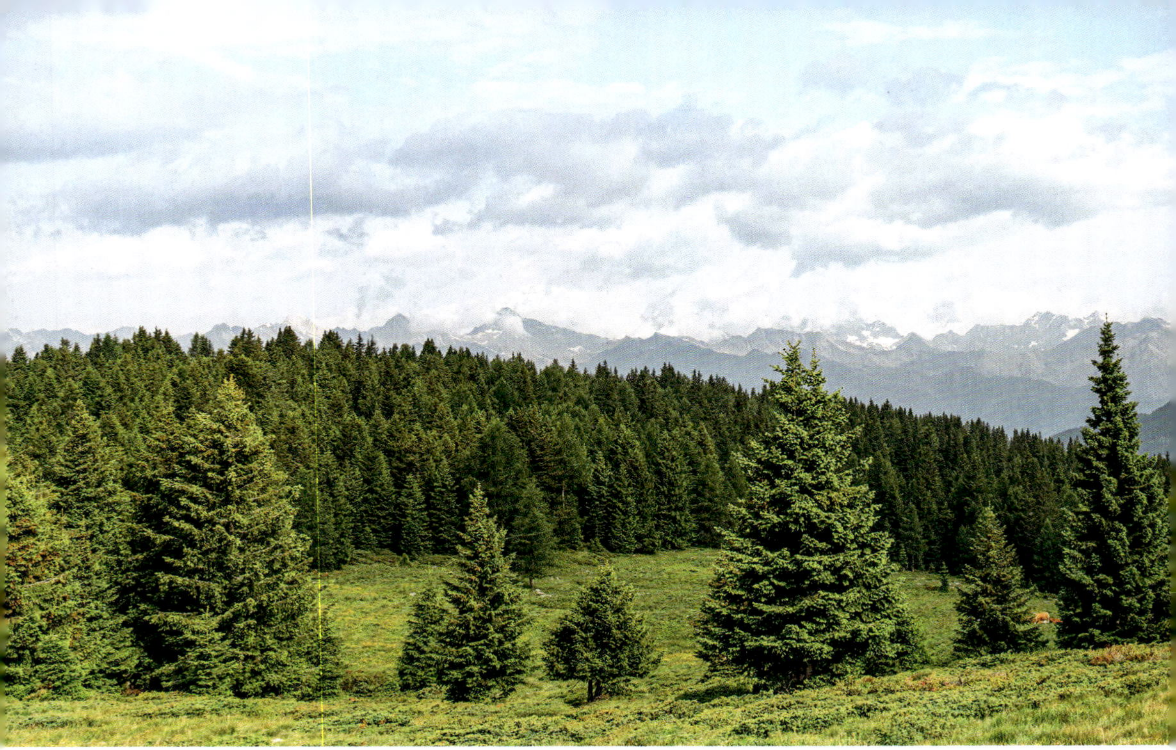

VON DER MERANER HÜTTE NACH VÖRAN

Einfache, aber relativ lange Wanderung, die an vielen gemütlichen und schönen Hütten vorbeiführt und auch einen kleinen Gipfel (Spieler) miteinbezieht.

Tourenlänge
ca. 19 km

Gehzeit
ca. 5 ½–6 Stunden

Höhenunterschied
ca. 450 m im Aufstieg

Höhenunterschied
ca. 1100 m im Abstieg

Anfahrt

Mit dem Linienbus von Meran zur Talstation der Seilbahn Meran 2000 oder mit dem Bus von Meran über Hafling nach Falzeben zur Talstation der Gondelumlaufbahn Meran 2000

Info Bahn

Routenverlauf: Bergstation Meran 2000 – Waidmannalm – Kirchsteigeralm – Meraner Hütte – Spieler – Kreuzjöchl – Kreuzjoch – Auenjoch – Vöraner Alm – Leadner Alm – Vöran

Wegverlauf: Von der Bergstation der Seilbahn Meran 2000 (1900 m) der Beschilderung Richtung Meraner Hütte, Weg Nr. 3/18 über den Wirtschaftsweg bis zur ersten Wegkreuzung folgen. In der Kurve zuerst rechts ein paar Meter weiterwandern und dann gleich wieder links abbiegen. Das nun folgende kurze Verbindungsstück mündet in die Naturstraße mit der Markierung Nr. 18A, die zur Waidmannalm (1995 m) und dann weiter bis kurz vor die Kirchsteigeralm (1945 m) führt. Dort trifft man

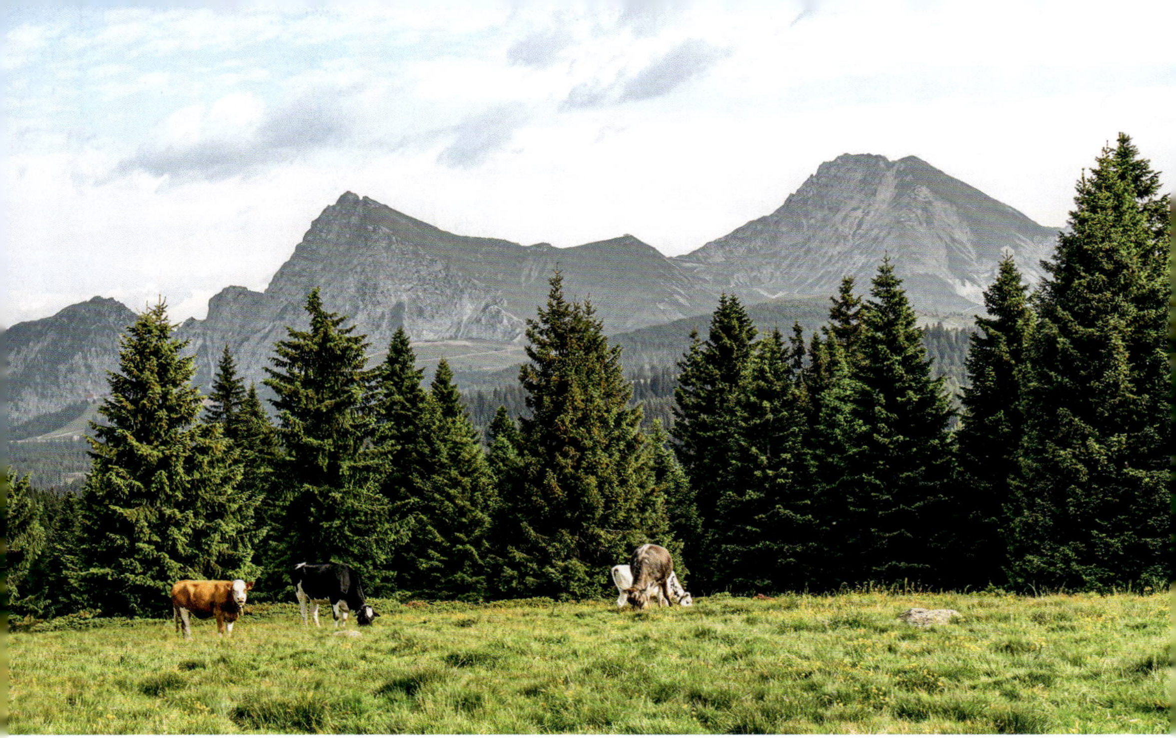

Blick auf Meran 2000 mit den Gipfeln Ifinger und Plattinger

auf den Europäischen Fernwanderweg E5. Über diesen zur Meraner Hütte (1937 m). Weiter ansteigen bis zur nächsten Weggabelung. Um zur Gipfelkuppe des Spielers (2076 m) aufzusteigen, wird der E5 direkt an der Weggabelung verlassen. Rechts über einen schmalen, markierten Steig zur gut sichtbaren Kuppe des Spielers wandern. Auf der anderen Seite führt der Steig abwärts, um sich neuerlich mit dem E5 zu treffen. Weiter bis zum Kreuzjöchl (1981 m) und zur Aussichtsplattform am Kreuzjoch (2086 m) wandern und weiter zum Auenjoch leicht absteigen. Über den Weg Nr. 2 (Wegschilder) abwärts zur Vöraner Alm (1875 m) und entlang des Forstweges zur Leadneralm (1514 m) und weiter nach Vöran.
Rückfahrt mit dem Linienbus über Hafling zur Talstation Meran 2000.

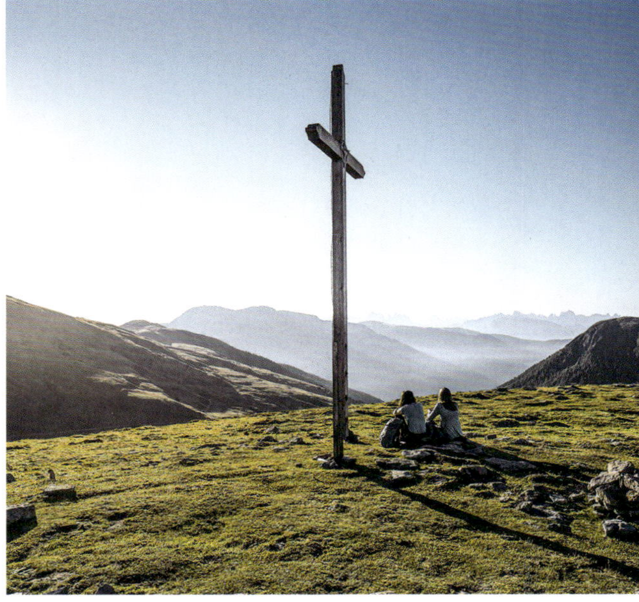

Am Gipfel des Spielers

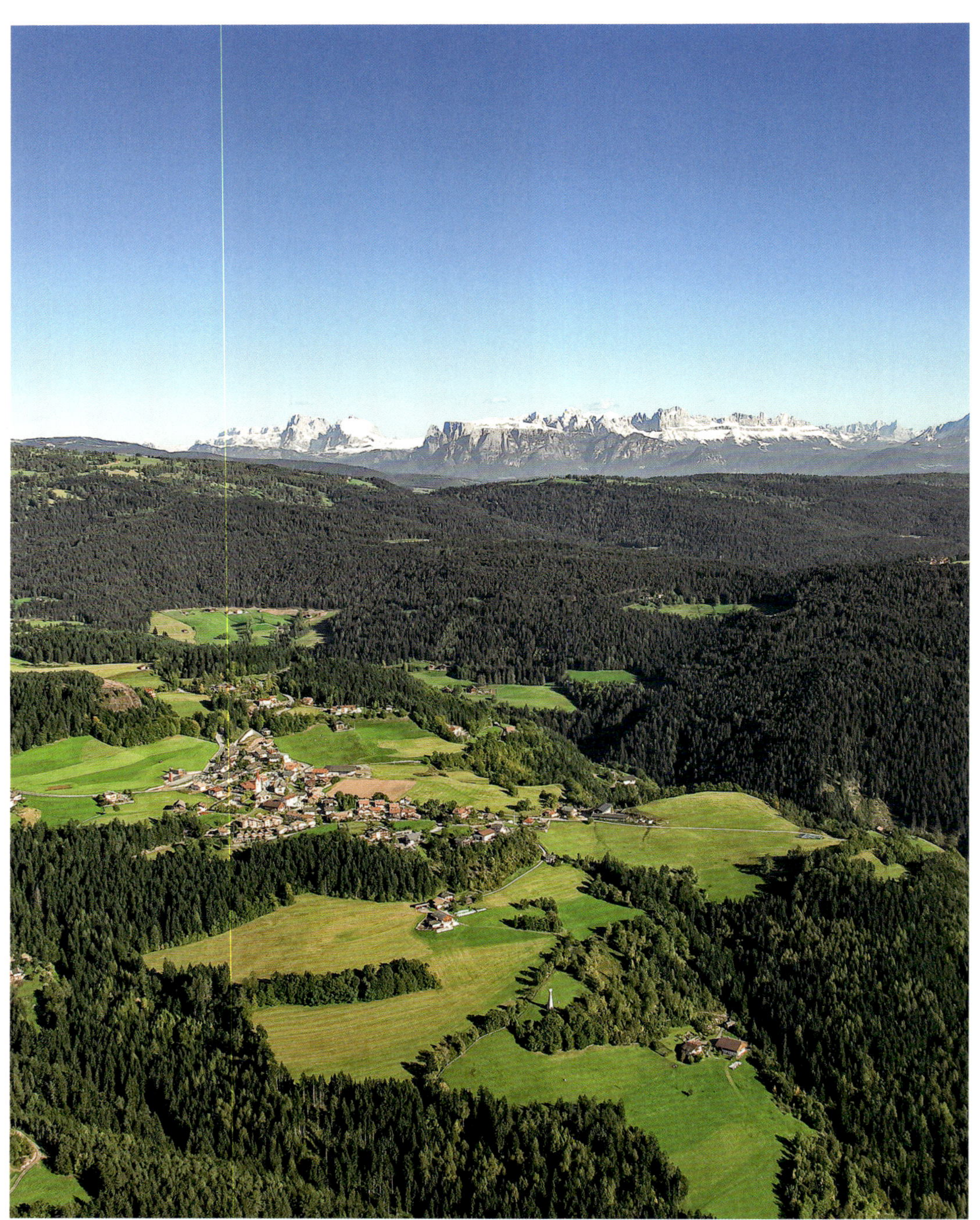

Vöran mit den Dolomiten im Hintergrund

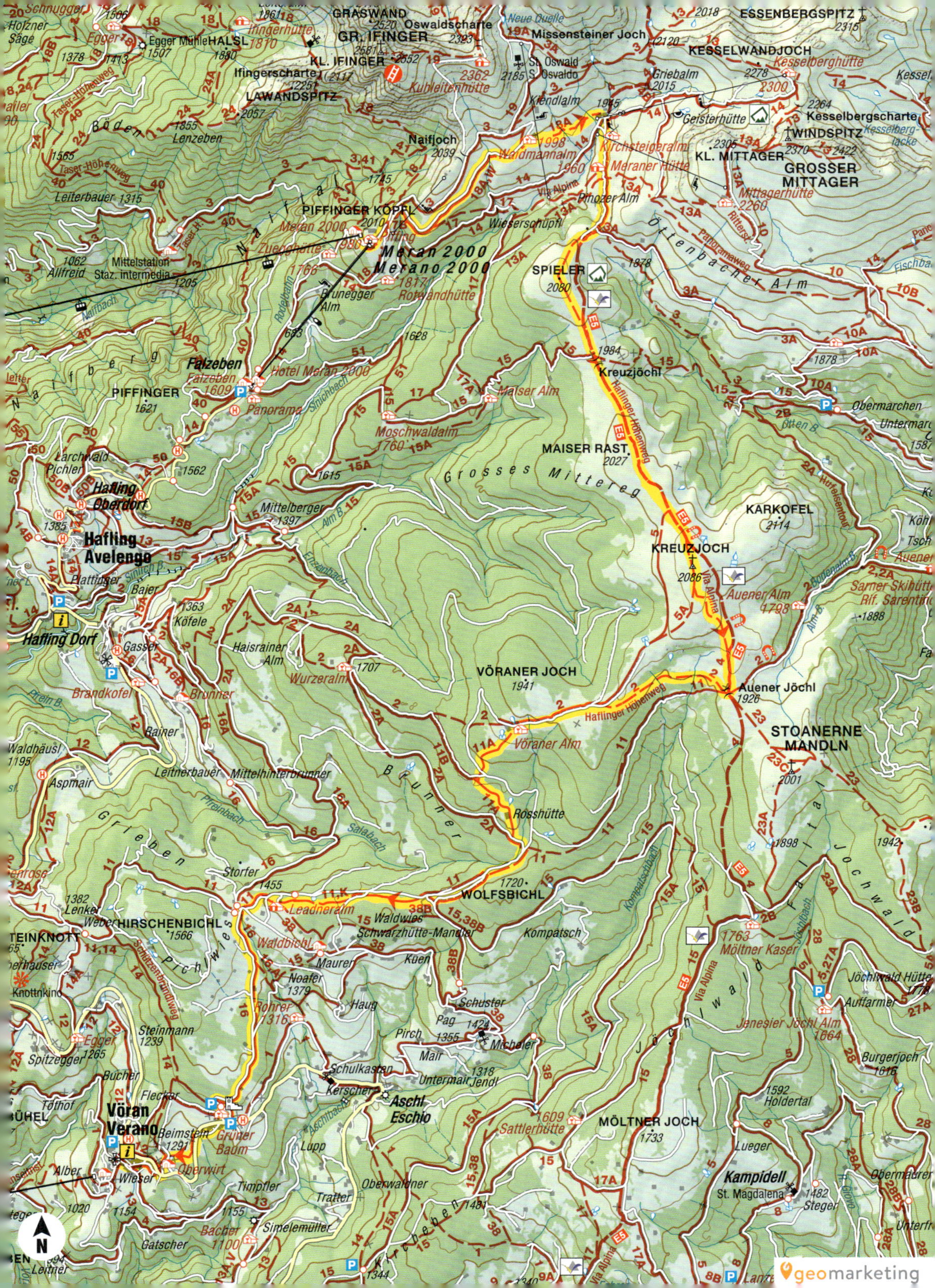

GRASWAND
GR. IFINGER
Oswaldscharte
Missensteiner Joch
ESSENBERGSPITZ
KESSELWANDJOCH
Kesselberghütte
KL. IFINGER
Ifingerscharte
LAWANDSPITZ
Kuhleitenhütte
St. Oswald
Griebalm
Kesselbergscharte
WINDSPITZ
Kirchsteigeralm
Meraner Hütte
KL. MITTAGER
GROSSER MITTAGER
Mittagerhütte
Waidmannalm
Naifjoch
Leiterbauer
PIFFINGER KÖPFL
Meran 2000
Merano 2000
Zuegghütte
Rotwandhütte
Mittelstation
Staz. intermedia
SPIELER
Kreuzjöchl
Falzeben
Hotel Meran 2000
Panorama
PIFFINGER
Maiser Alm
Moschwaldalm
MAISER RAST
Grosses Mittereg
KARKOFEL
Hafling Oberdorf
Hafling Avelenge
Mittelberger
KREUZJOCH
Auener Alm
Hafling Dorf
Köfele
Gasser
Haisrainer Alm
Wurzeralm
Brandkofel
Brunner
VÖRANER JOCH
Auener Jöchl
STOANERNE MANDLN
Vöraner Alm
Haflinger Höhenweg
Mittelhinterbrunner
Rosshütte
WOLFSBICHL
Leadneralm
HIRSCHENBICHL
Waldbichl
Schwarzhütte-Mandler
Kompatsch
Möltner Kaser
Jenesier Jöchl Alm
Rohrer
Steinmann
Michaeler
Egger
Schulkasten
Aschl Eschio
Vöran Verano
Grüner Baum
Oberwirt
Sattlerhütte
MÖLTNER JOCH
Kampidell
St. Magdalena
Bacher
Simelemüller
Gatscher
geomarketing

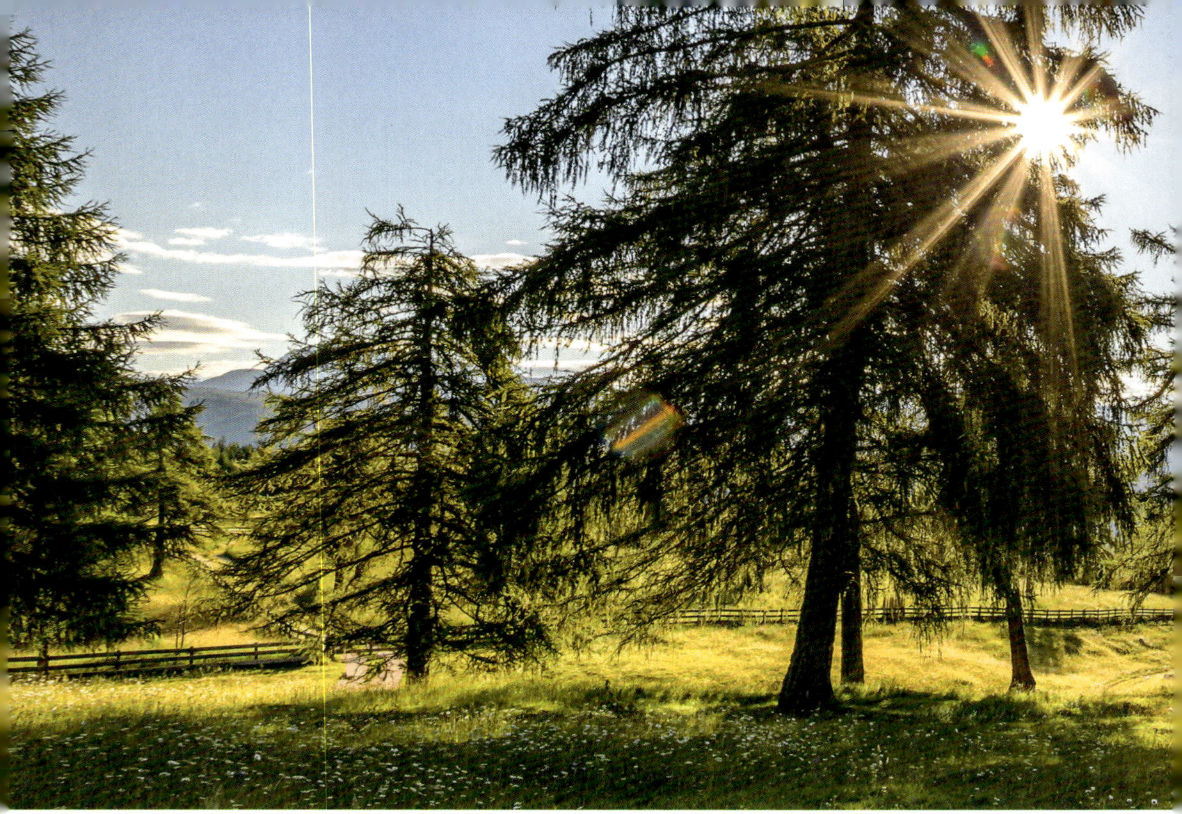

Tourenlänge
ca. 24,2 km

Gehzeit
ca. 7 Stunden

Höhenunterschied
ca. 400 m im Aufstieg

Höhenunterschied
ca. 1200 m im Abstieg

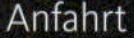

Mit dem Linienbus von Meran zur Talstation der Seilbahn Meran 2000 oder mit dem Bus von Meran über Hafling nach Falzeben zur Talstation der Gondelumlaufbahn Meran 2000

Info Bahn

ENTLANG DES TSCHÖGGLBERGES NACH JENESIEN

Klassische Mittelgebirgswanderung über den gesamten Höhenrücken des Tschögglberges und durch die Lärchenwälder des Salten bis nach Jenesien.

Routenverlauf: Bergstation Seilbahn Meran 2000 – Meraner Hütte – Kreuzjöchl – Kreuzjoch – Auener Joch – Möltner Kaser – Parkplatz Schermoos – Langfenn – Jenesien

Wegverlauf: Von der Bergstation der Seilbahn Meran 2000 (1900 m) über die Kirchsteigeralm zur Meraner Hütte (Markierungsnummern 18A, 17, 14 und 4, Beschilderung Meraner Hütte). Ab der Hütte folgt man dem Europäischen Fernwanderweg E5, der über das Kreuzjöchl (1981 m) und Kreuzjoch (2086 m) zum Auener Joch (1925 m) führt. Kurz nach dem Auener Joch

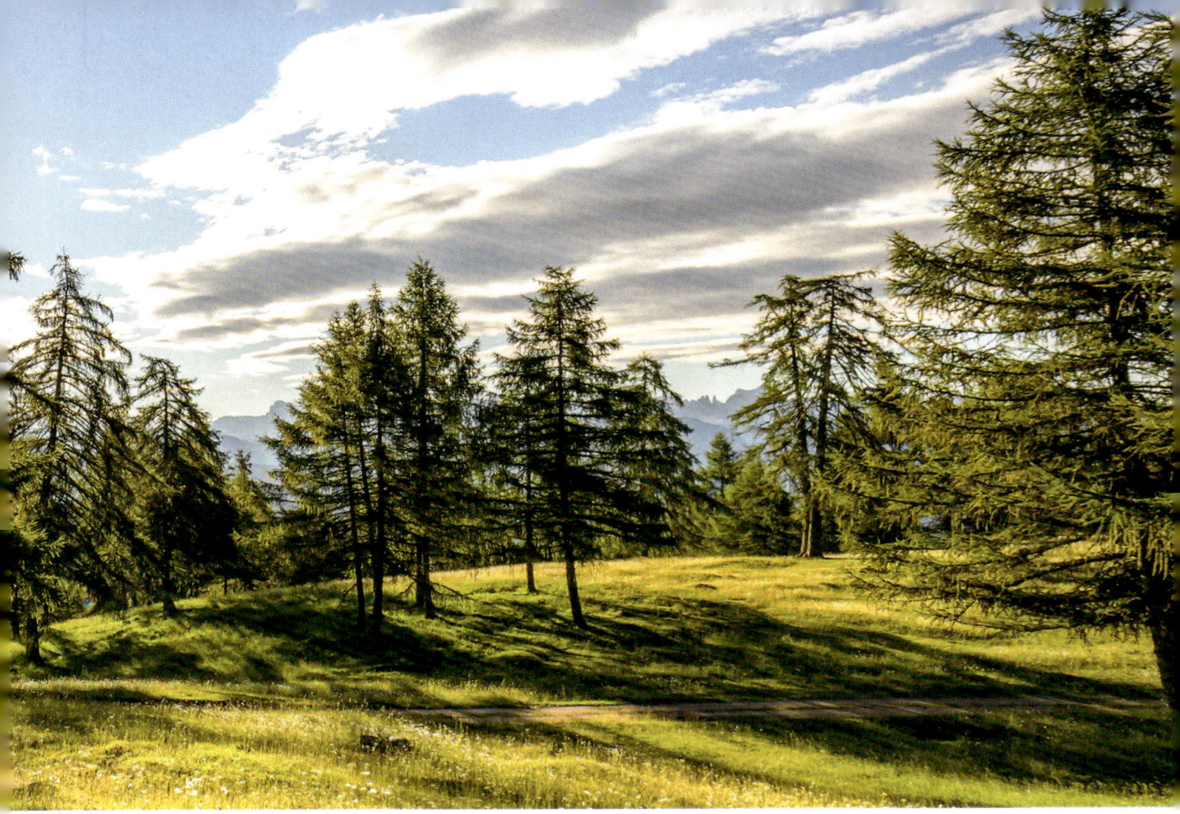

Einmalige Lärchenwiesen am Tschöggelberg

verschwindet der Weg im Wald und endet bei der großen Lichtung, in der die Hütte Möltner Kaser (1766 m) liegt. Immer entlang des E5, vorbei am Wetterkreuz des Möltner Jochs (1734 m) bis zum Parkplatz Schermoos und zum Langfenn-Kirchlein (1528 m). Von Langfenn weiter dem E5 entlang bis nach Jenesien folgen (Markierung 1 und E5). Mit dem Linienbus geht es zurück zum Ausgangspunkt.

(TIPP!) Die Sagenwelt am Salten: Auf dem europäischen Fernwanderweg E5 vom Gasthof Edelweiss Richtung Langfenn am Salten werden an 16 Stationen Sagen aus Jenesien und der Umgebung erzählt.

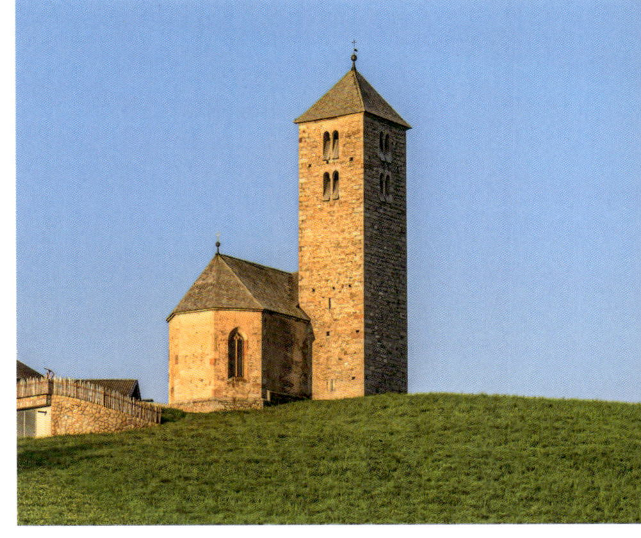

Das Kirchlein St. Jakob auf Langfenn

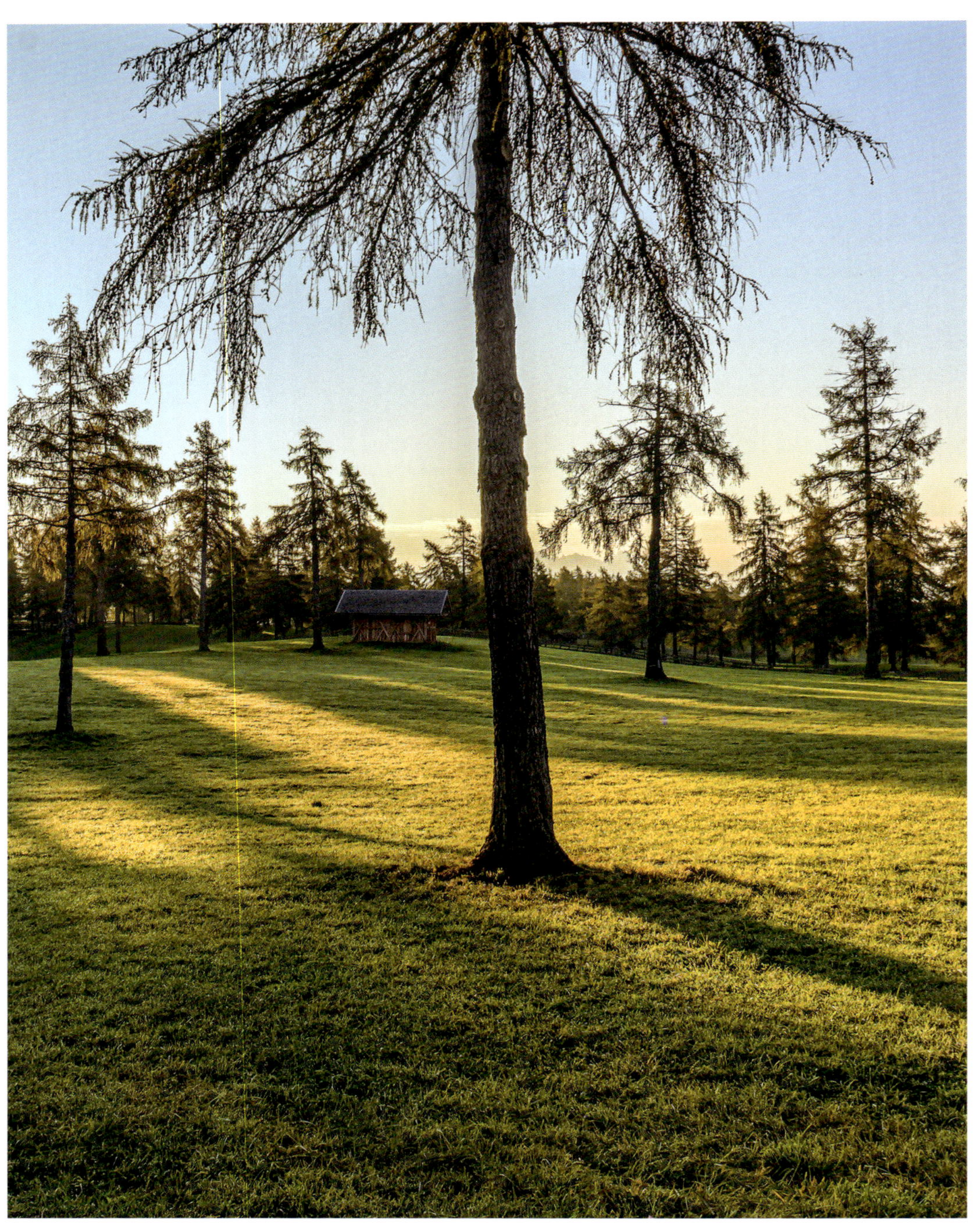

Einmalige Lärchenlandschaft am Tschögglberg

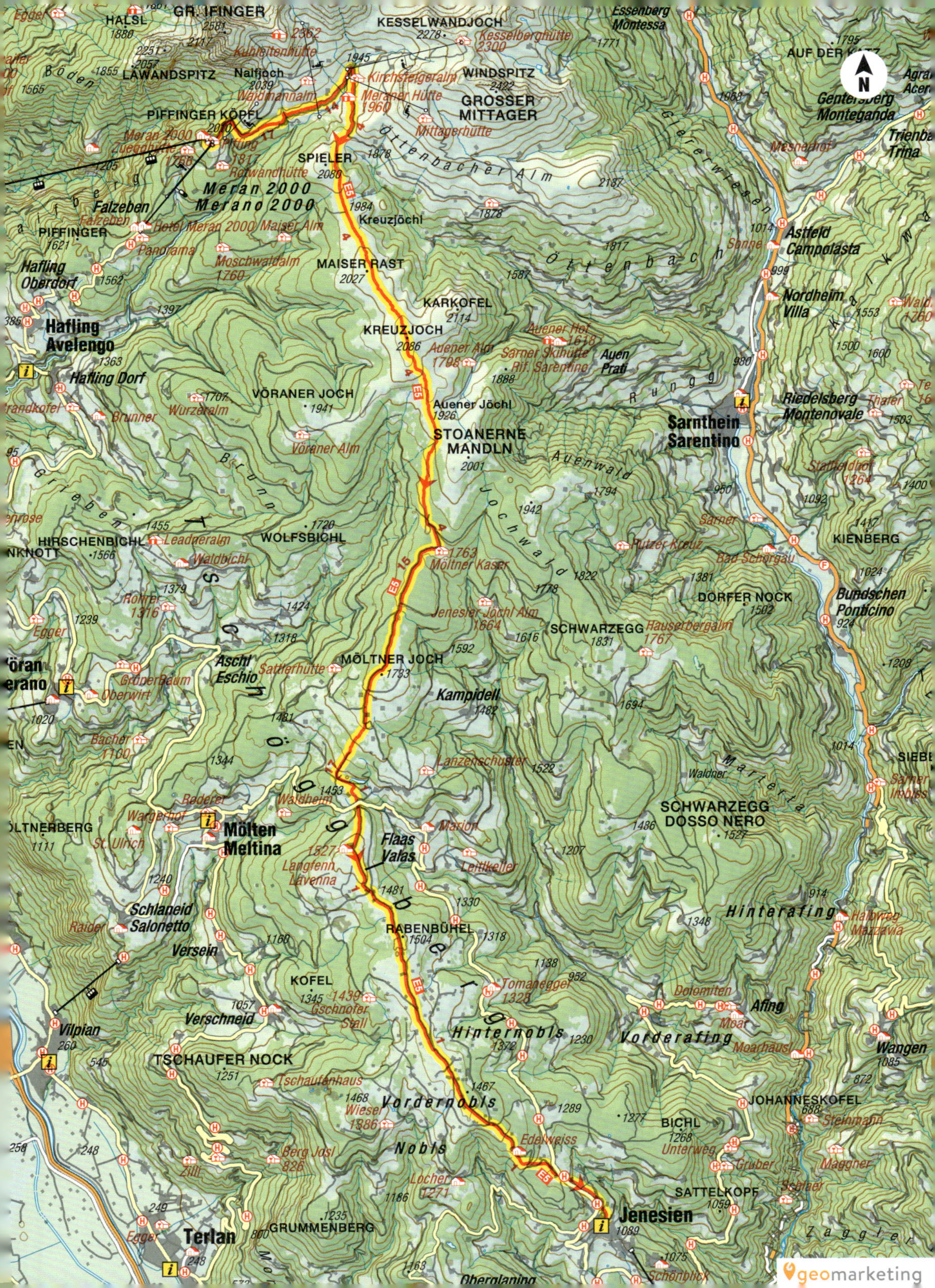

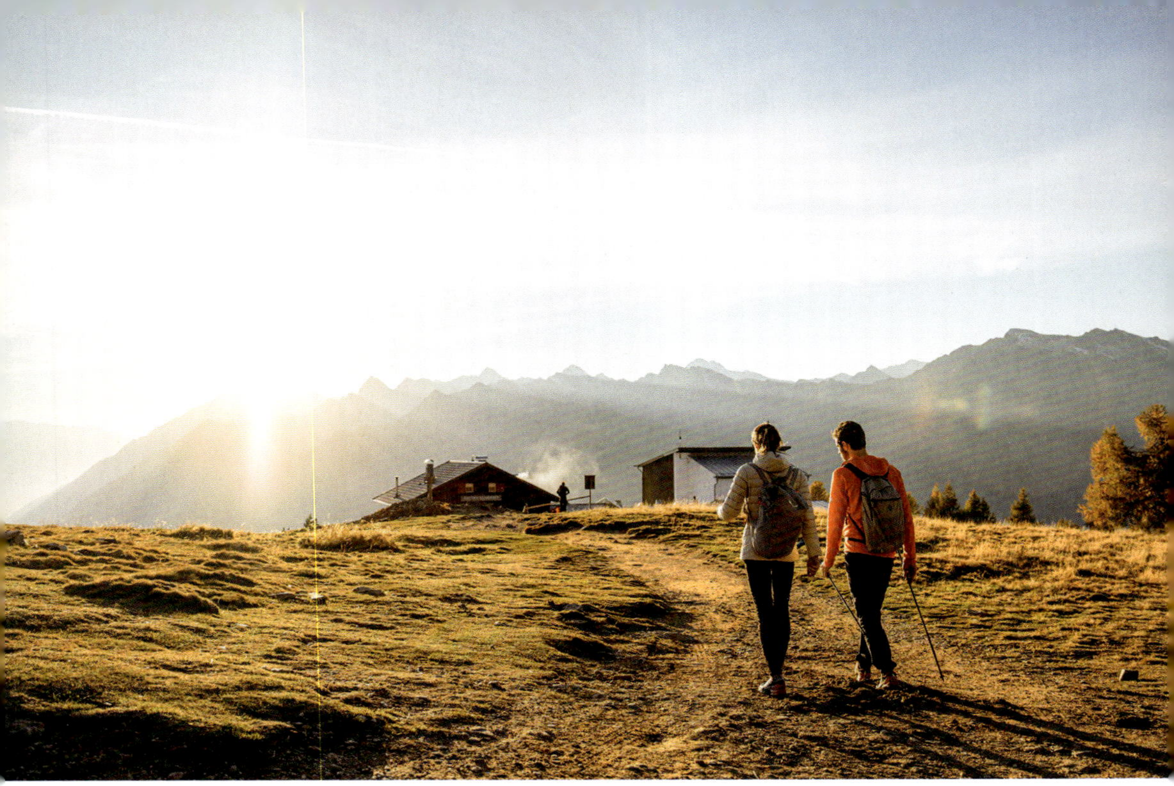

Im Hirzer-Wandergebiet

16 VON KLAMMEBEN ÜBER DEN EUROPÄISCHEN FERNWANDERWEG NACH ST. MARTIN IN PASSEIER

Tourenlänge
ca. 12,4 km

Gehzeit
ca. 4 ½–5 Stunden

Höhenunterschied
ca. 290 m im Aufstieg

Höhenunterschied
ca. 1650 m im Abstieg

Anfahrt
Mit dem Linienbus nach Saltaus, die Haltestelle liegt an der Talstation der Hirzer-Seilbahn.

Info Bahn

Diese Wanderung folgt einem Teilstück des bekannten Fernwanderweges E5 und führt über das schön gelegene Hirzergebiet, vorbei an verschiedenen Almen, in langem Abstieg hinunter ins Tal nach St. Martin in Passeier.

Routenverlauf: Bergstation Seilbahn Hirzer – Hirzerhütte – Resegger Alm – Hintereggalm – Mahdalm – Pfandler Alm – Pfandler Hof – St. Martin in Passeier

Wegverlauf: Von der Bergstation der Hirzer-Seilbahn in Klammeben (1985 m) zuerst über den Weg Nr. 40 hinauf zur Hirzerhütte (1986 m). Dort trifft man auf den bestens markierten und beschilderten E5, dem man vorbei an der Resegger Alm zur Hintereggalm und weiter zur Mahdalm (1992 m) folgt. In leichtem Auf und Ab führt der Weg unterhalb der Erhebung „Riffl“ zur bekannten Pfandler Alm (1350 m), auf der sich Andreas Hofer versteckt hatte. Von der Alm geht es weiter abwärts zum Pfandler Hof und weiter zum darunterliegenden Gruber Hof. Man quert mehrmals die Straße, bevor links der Weg Nr. 2 abzweigt, über den man nach St. Martin im Passeiertal absteigt. Mit dem Linienbus geht es zurück zum Ausgangspunkt.

(TIPP!) Besuch des MuseumPasseier beim Sandhof in St. Leonhard in Passeier, dem Geburtshaus von Andreas Hofer.

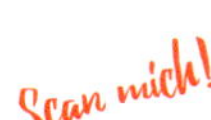

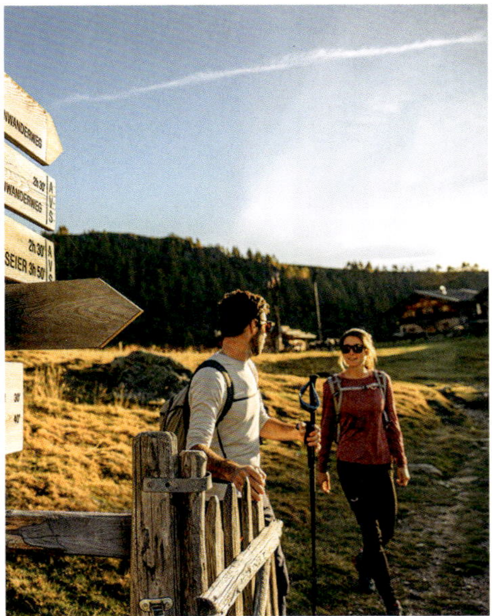

Richtung Pfandler Alm

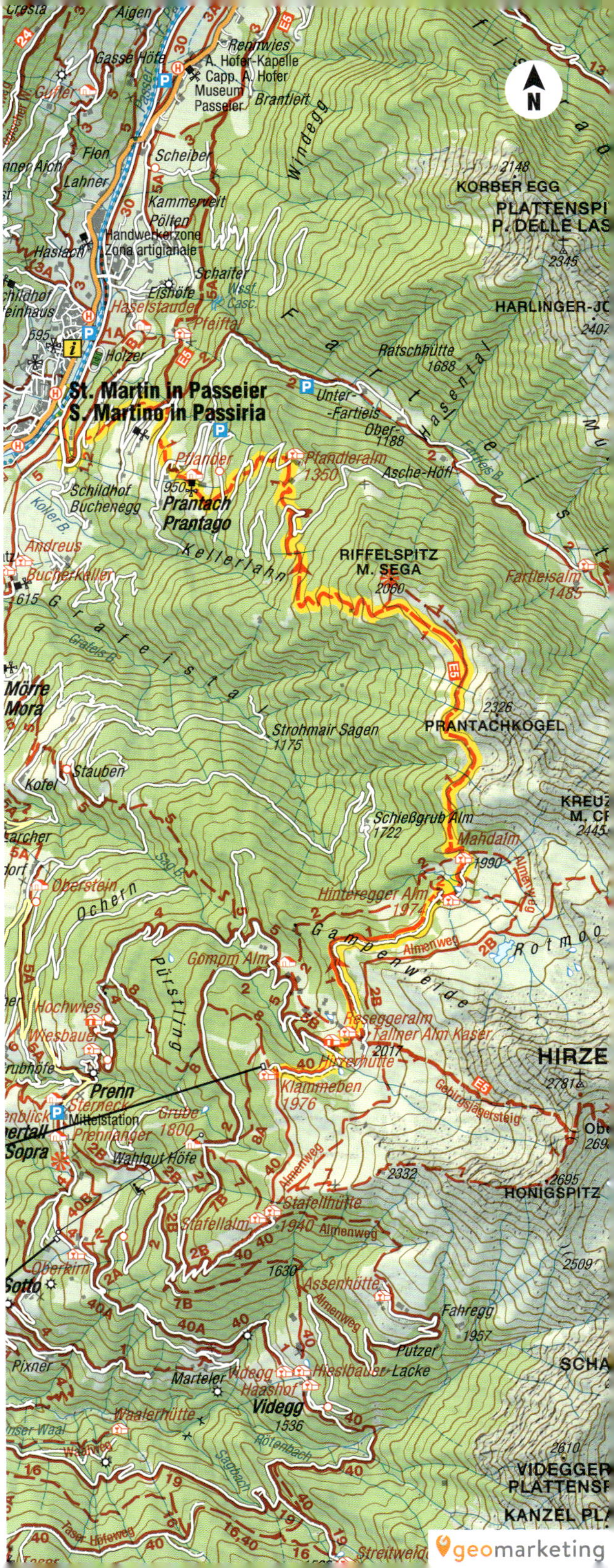

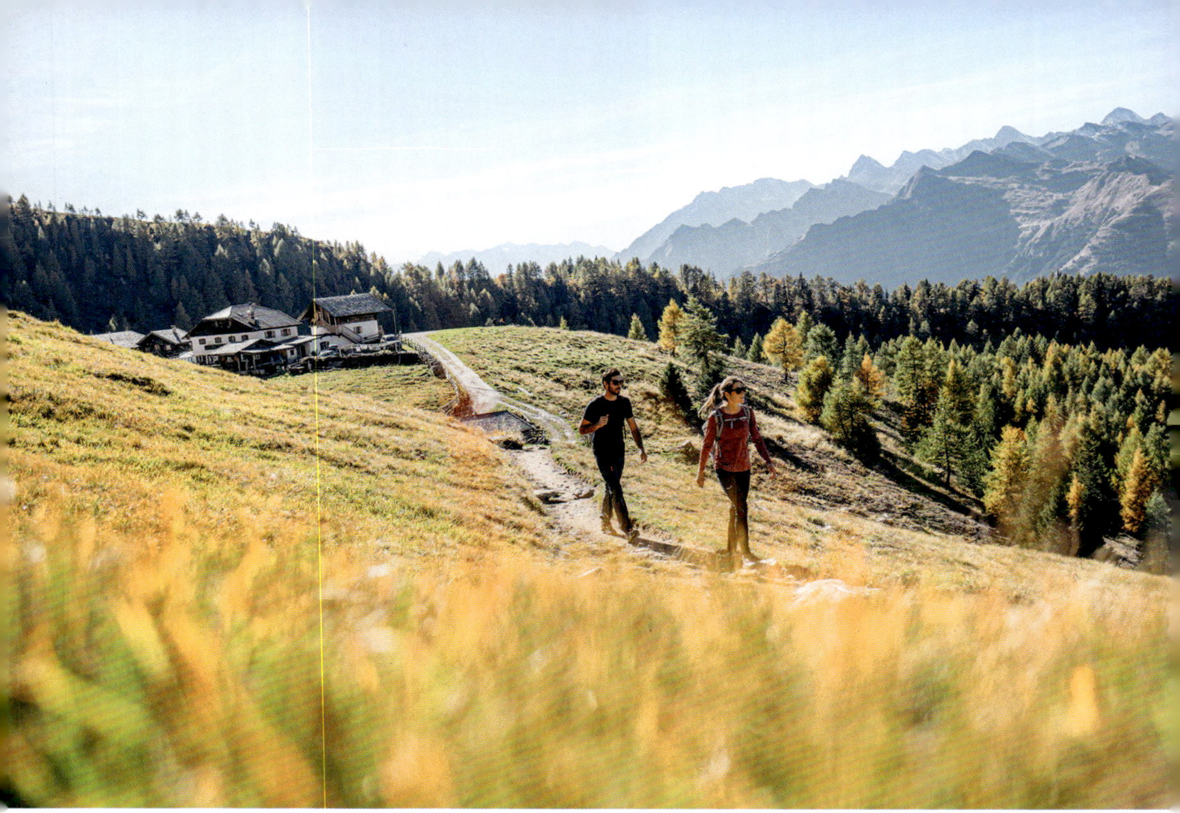

Von der Hirzerhütte geht es über den E5 zur Hirzerscharte.

17 ÜBERSCHREITUNG DER HIRZERSCHARTE

Tourenlänge
ca. 13,2 km

Gehzeit
ca. 5 ½–6 Stunden

Höhenunterschied
ca. 840 m im Aufstieg

Höhenunterschied
ca. 900 m im Abstieg

Info Bahn

Anfahrt
Mit dem Linienbus nach Saltaus, die Haltestelle liegt an der Talstation der Hirzer-Seilbahn.

Diese Wanderung, wiederum eine Teilstrecke des Fernwanderweges E5, ist relativ anspruchsvoll und setzt Kondition, Trittsicherheit und Schwindelfreiheit voraus. Der letzte Abschnitt des Anstieges auf die Hirzerscharte ist zum Teil mit Stahlseilen gesichert.

Routenverlauf: Bergstation Seilbahn Hirzer – Hirzerscharte – Kratzberger See – Missensteiner Joch – Bergstation Seilbahn Meran 2000

Wegverlauf: Von der Bergstation der Hirzer-Seilbahn in Klammeben (1985 m) zuerst über den Weg Nr. 40 hinauf zur Hirzerhütte (1986 m). Dort trifft man auf den bestens markierten und beschilderten Fernwanderweg E5, über den man zur Hirzerscharte (1984 m) aufsteigt. Der Weiterweg ist an der Scharte beschildert. Man steigt auf der Rückseite ab und wandert über den E5, ohne abzuzweigen, zum idyllischen Kratzberger See und weiter zum Missensteiner Joch (2128 m). Der Weg führt abwärts Richtung Talstation Sessellift. Kurz vor dem Erreichen der Talstation zweigt man rechts auf den Weg Nr. 18A ab. Dieser Markierung folgend, vorbei an der Waidmannalm, gelangt man zur Bergstation der Seilbahn Meran 2000.

Abfahrt mit der Seilbahn und zurück zum Ausgangspunkt mit dem Linienbus.

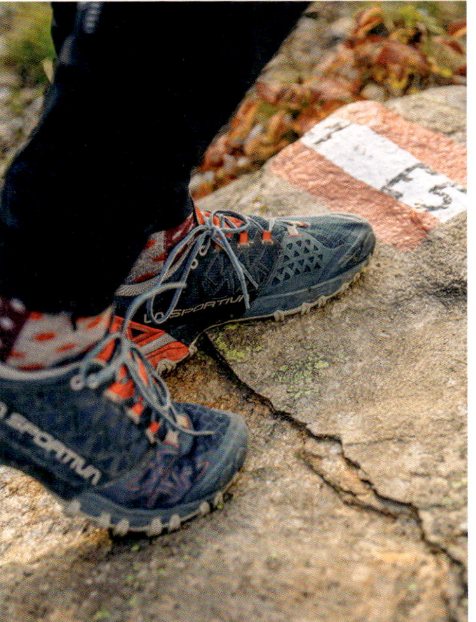

Diese Wanderung setzt absolute Trittsicherheit voraus.

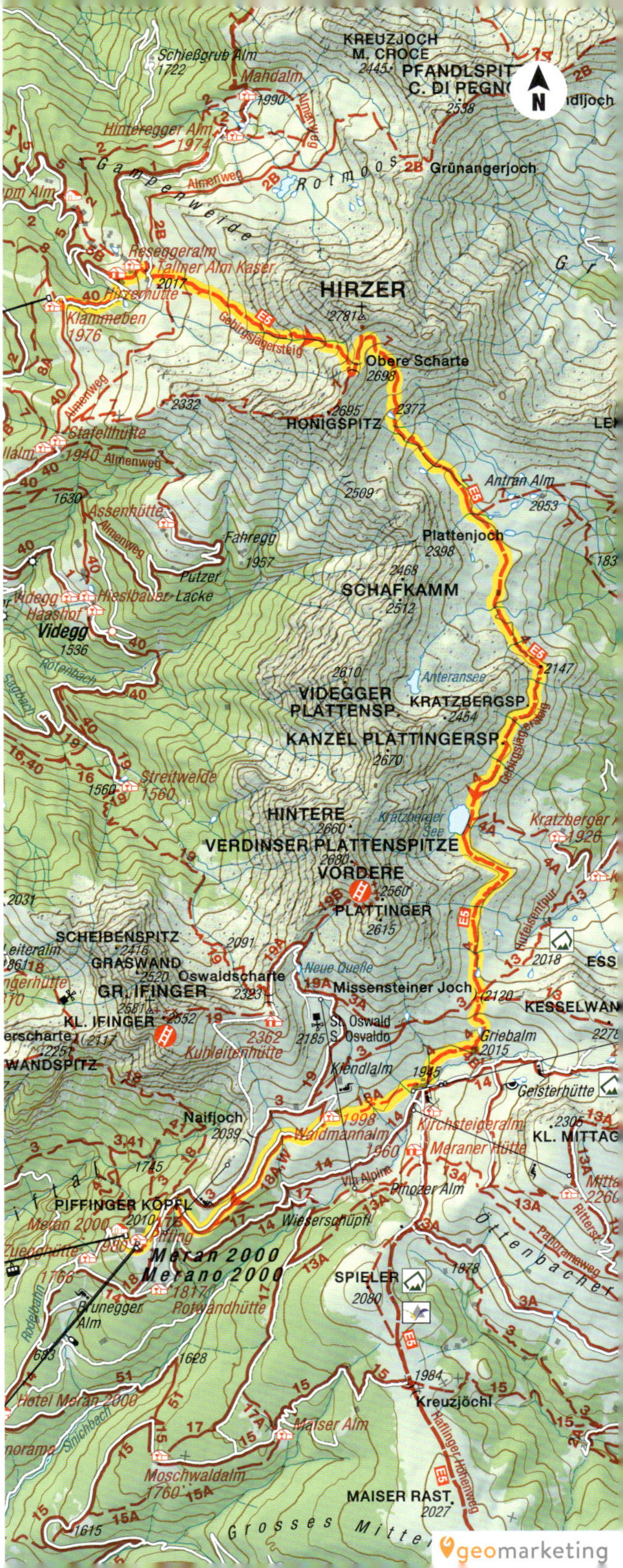

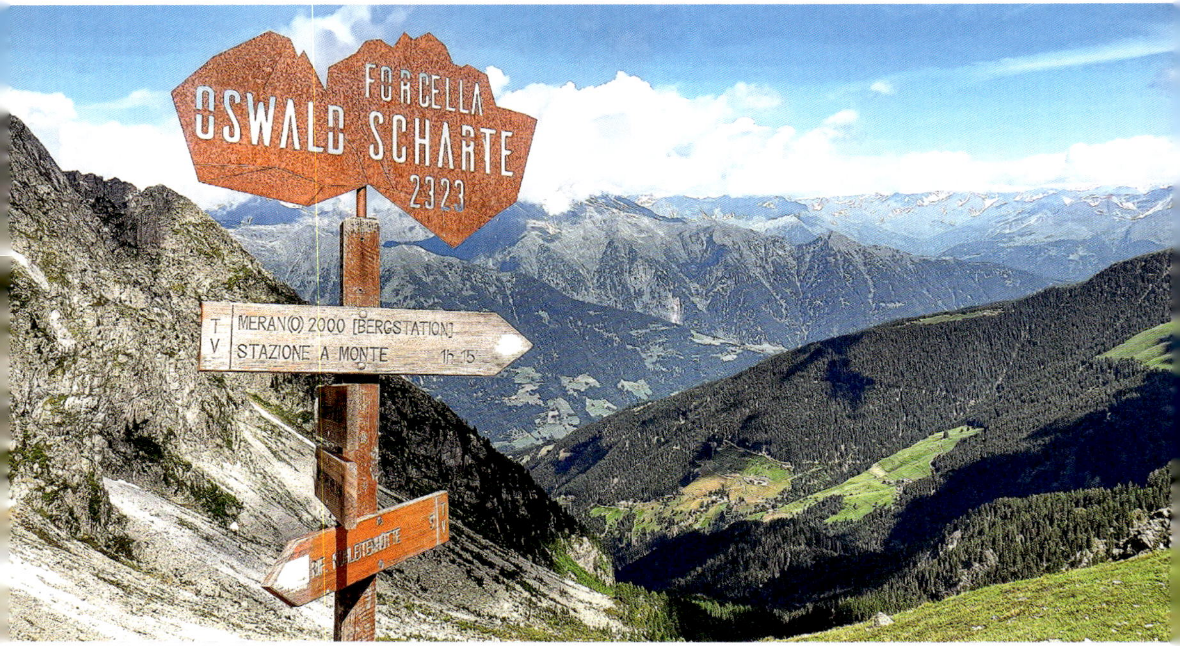

Auf der Oswaldscharte

18

VON DER TASERALM ÜBER DIE STREITWEIDER ALM NACH MERAN 2000

Tourenlänge
ca. 10,6 km

Gehzeit
ca. 4 ½–5 Stunden

Höhenunterschied
ca. 920 m im Aufstieg

Höhenunterschied
ca. 500 m im Abstieg

Anfahrt
Mit dem Linienbus von Meran nach Schenna. Dort umsteigen und weiter zur Talstation der Seilbahn Taser

Info Bahn

Diese Wanderung ist ein Klassiker, der vom Taser und im Schatten einer wilden Bergwelt auf die Hochfläche von Meran 2000 führt. Obwohl auf dieser Wanderung keine besonderen technischen Schwierigkeiten anzutreffen sind, sollte man vor allem für den Aufstieg zur Oswaldscharte über eine gute Kondition verfügen.

Routenverlauf: Bergstation Seilbahn Taser – Streitweider Alm – Oswaldscharte – Bergstation Seilbahn Meran 2000

Wegverlauf: Vom Taser (1450 m) über den mit der Nummer 40 gekennzeichneten Taser-Höhenweg bis zur Streitweider Alm (1560 m). Die letzten 500 Meter zur Alm folgt man dem Weg Nr. 16. Hier beginnt der steile Anstieg zur Oswaldscharte. Fast

800 Höhenmeter gilt es im Aufstieg zur Scharte (Weg Nr. 19) zu überwinden. Von der Oswaldscharte (2319 m) führt der Weiterweg mit der Markierung 19A auf einer Naturstraße hinab Richtung Waidmannalm (2040 m). Oberhalb der Alm trifft der Weg 19A auf den Weg Nr. 3, über den man zur Bergstation der Seilbahn Meran 2000 weiterwandert. Abfahrt mit der Seilbahn zur Talstation Meran 2000 und mit dem Linienbus zurück zum Ausgangspunkt.

(TIPP!) Möglichst früh am Morgen aufbrechen! Der Weg zur Scharte ist steil und der Sonne ausgesetzt.

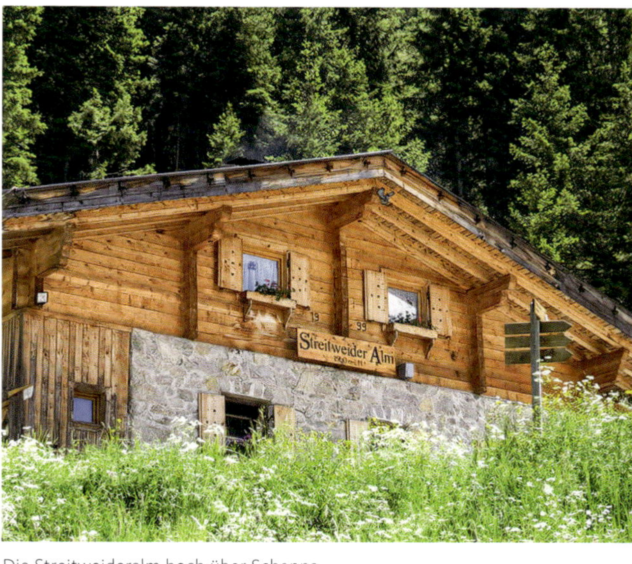

Die Streitweideralm hoch über Schenna

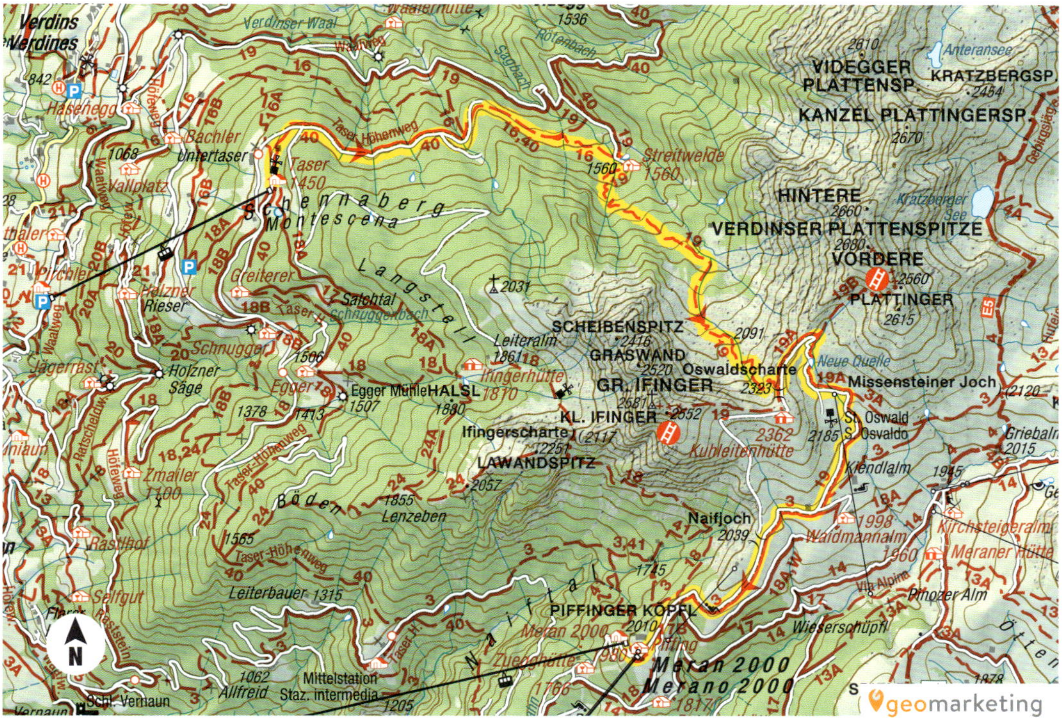

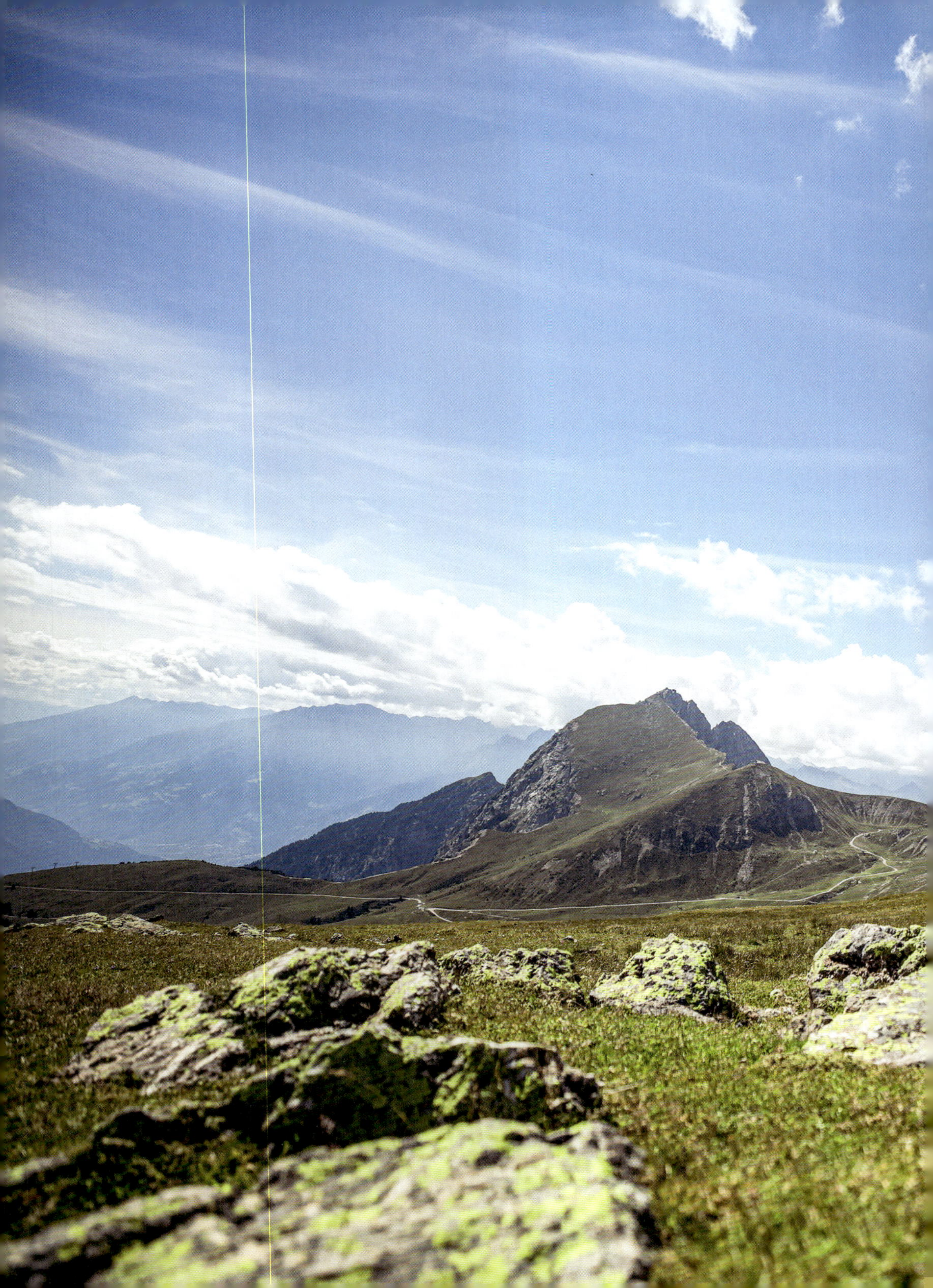

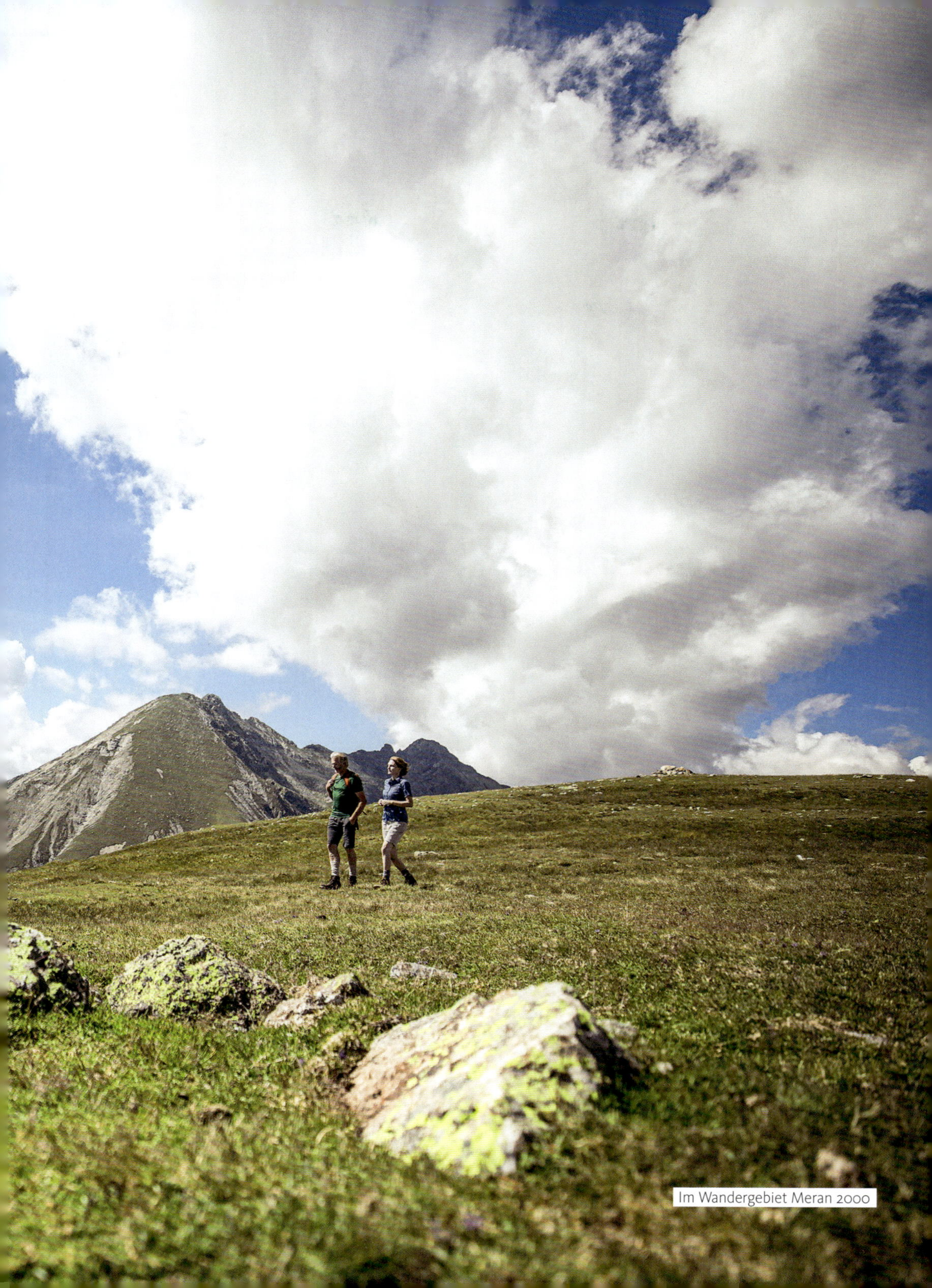

Im Wandergebiet Meran 2000

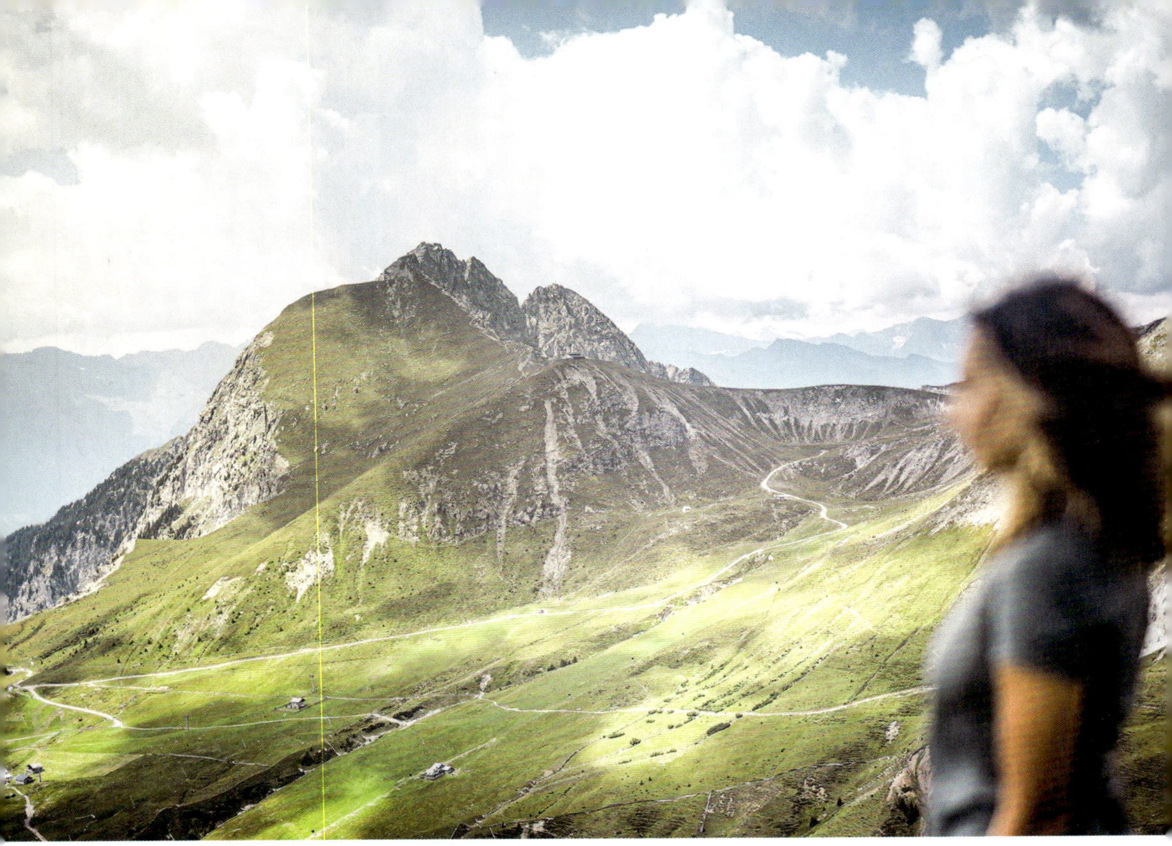

Blick auf den Kleinen und Großen Ifinger

19

ÜBERSCHREITUNG DER IFINGERSCHARTE

Tourenlänge
ca. 10,5 km

Gehzeit
ca. 4 ½–5 Stunden

Höhenunterschied
ca. 750 m im Aufstieg

Höhenunterschied
ca. 600 m im Abstieg

Anfahrt

Mit dem Linienbus von Meran nach Schenna. Dort umsteigen und weiter zur Talstation der Seilbahn Taser

Info Bahn

Diese einfache Wanderung führt zuerst zur idyllisch gelegenen Ifinger Hütte, dann unterhalb des mächtigen Ifingers auf gut ausgebautem Weg hinauf auf die gleichnamige Scharte. Über den sogenannten Schartlweg, der auf kurzen Strecken mit Stahlseilen gesichert ist und etwas Trittsicherheit voraussetzt, gelangt man nach Meran 2000 und Falzeben.

Routenverlauf: Bergstation Seilbahn Taser – Ifingerhütte – Ifingerscharte – Meran 2000

Wegverlauf: Von der Taseralm (1450 m) entlang des Weges Nr. 18A geht es zur urig gelegenen Ifinger Hütte (1810 m). Über die Almweiden aufwärts (Weg Nr. 18), vorbei an einer

Gedenkkapelle und am Ende über gut ausgebaute Serpentinen zur Ifingerscharte (2257 m). Von der Scharte steigt man an der Rückseite ab und folgt dem Ifinger-Schartlweg vorbei am Einstieg zum Heini-Holzer-Klettersteig bis zum Piffinger Köpfl auf Meran 2000. Dort folgt man dem gut beschilderten Weg hinunter nach Falzeben (1600 m). Rückfahrt mit dem Linienbus.

(TIPP!) Eine Runde mit dem Alpinbob sorgt für den richtigen Adrenalinschub …

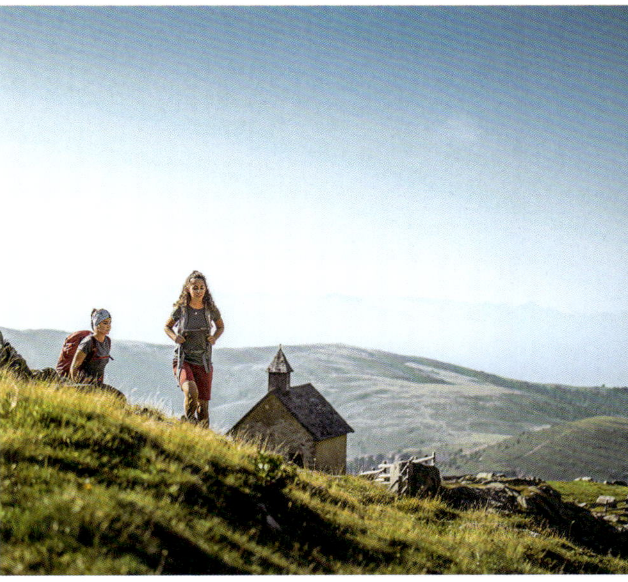

Die St.-Oswald-Kirche auf Meran 2000

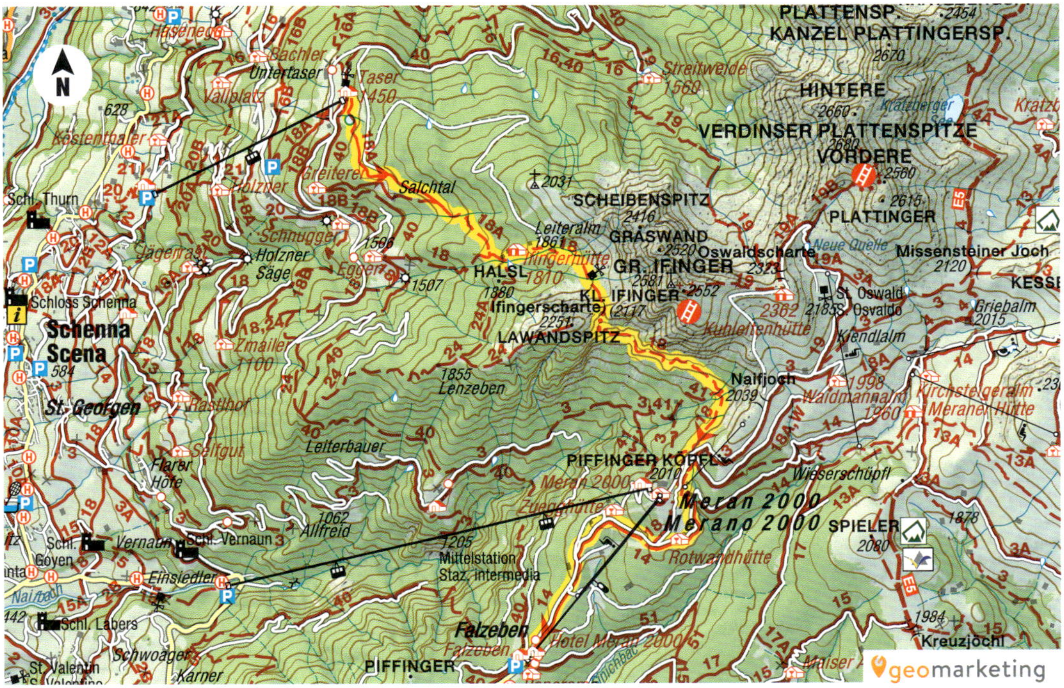

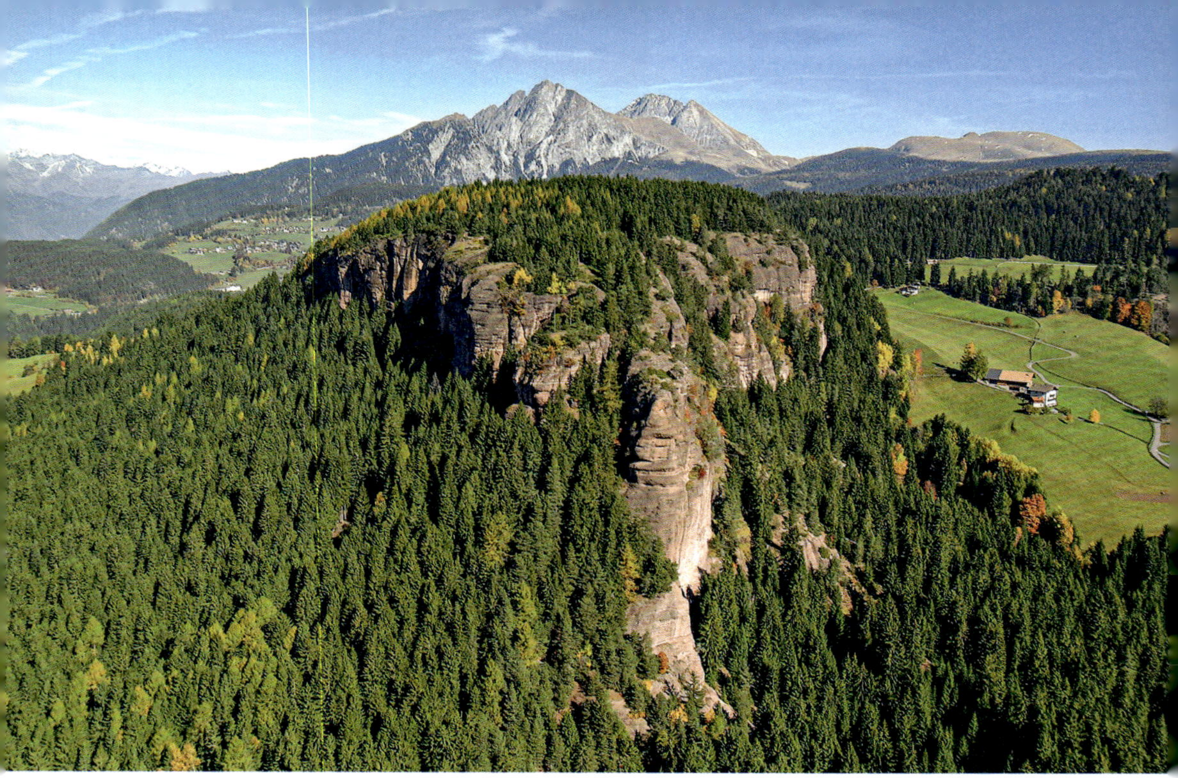

Der Rotsteinknott

20

BESUCH DES KNOTTNKINOS

Tourenlänge
ca. 10,8 km

Gehzeit
ca. 3 ½–4 Stunden

Höhenunterschied
ca. 410 m im Aufstieg

Höhenunterschied
ca. 410 m im Abstieg

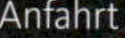

Mit dem Zug oder Linienbus bis nach Burgstall zur Talstation der Seilbahn Burgstall-Vöran. Alternativ gelangt man mit dem Linienbus direkt nach Vöran

Info Bahn

Diese relativ einfache Mittelgebirgswanderung kann schon sehr früh im Jahr und in schneearmen Wintern auch das ganze Jahr über unternommen werden.

Routenverlauf: Bergstation Seilbahn Vöran – Knottnkino – Grüner Baum – Bergstation Seilbahn Vöran

Wegverlauf: Direkt hinter der Bergstation der Seilbahn Vöran (1185 m) beginnt der Wanderweg Nr. 1. Dieser Weg führt zuerst kurz über einen Naturweg und dann über die geteerte Höfestraße weiter. Beim letzten Gehöft mit altem, strohgedecktem Stadel vorbei und kurz weiter durch den Wald bis zur ersten Weggabelung, um dort rechts auf den Weg Nr. 12A abzubiegen. Kurz vor dem nächsten Gehöft trifft der Weg auf den Weg Nr. 12 – eine Naturstraße – über die nach links weitergegangen wird. Immer auf der Nr. 12 weiter bis zum Reithhof (1280 m). Dort die

Hauptstraße überqueren und auf der gegenüberliegenden Seite auf dem Weg Nr. 12A vorbei am Gasthof Alpenrose bergauf bis zur nächsten Weggabelung. Rechts auf den Weg Nr. 11 abbiegen. Bei einer Bergwiese nach rechts auf den Weg Nr. 14 zum Knottnkino (1449 m) am Rotsteinknott. Auf demselben Weg zurück bis zur Weggabelung, dort rechts auf den Schützenbrünnlweg (Nr. 14) und diesem bis zum Gasthof Grüner Baum folgen. Von dort über den Rundweg „Beimsteinkogel" (Nr. 14) zum Ausgangspunkt zurück.

(TIPP!) Die Fahrt mit der Seilbahn Burgstall-Vöran ist ein wahres Erlebnis. Das Panorama reicht über das gesamte Burggrafenamt und von den hohen Gipfeln über Meran bis hin zum Schlern und dem stolzen Massiv des Rosengartens.

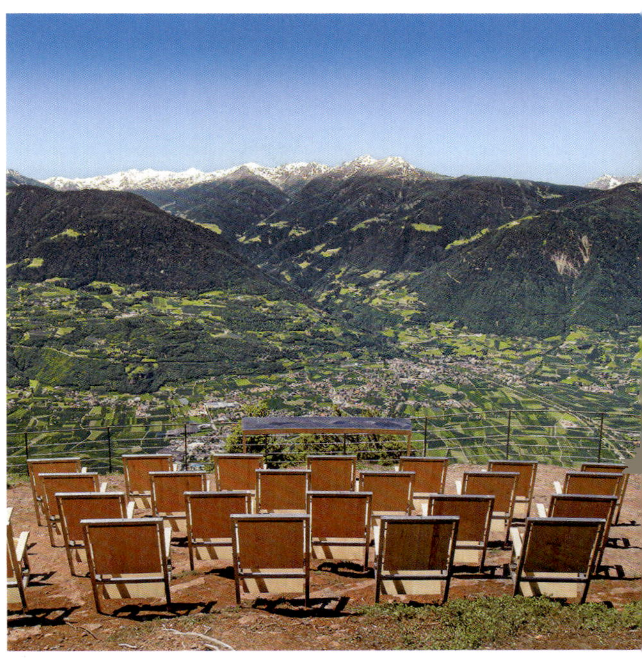

Das Knottnkino, ein aussichtsreicher Platz zum Verweilen

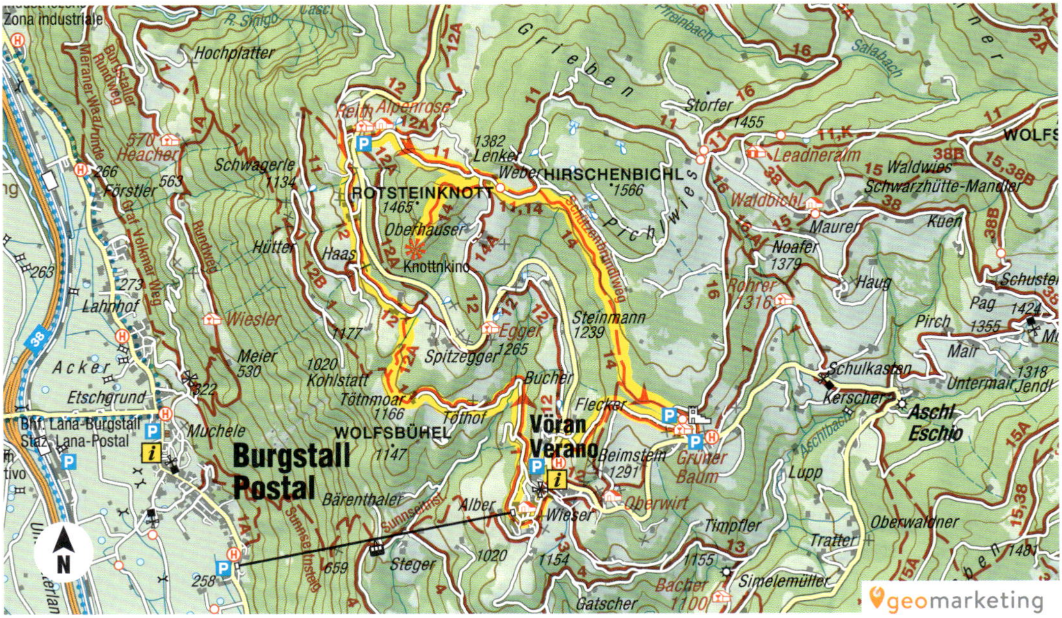

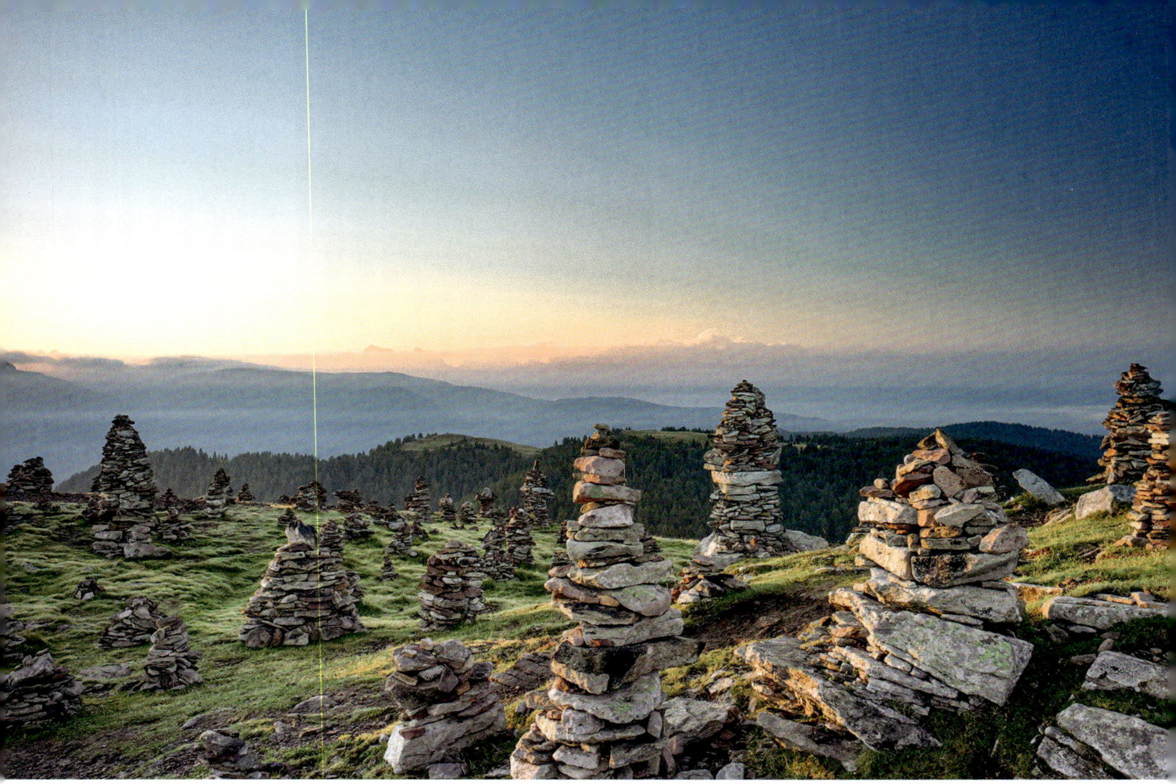

Die Stoanernen Mandln im Abendlicht

21

ÜBER DIE „STOANERNEN MANDLN“ NACH SARNTHEIN

Tourenlänge
ca. 18,2 km

Gehzeit
ca. 6 ½–7 Stunden

Höhenunterschied
ca. 1020 m im Aufstieg

Höhenunterschied
ca. 1250 m im Abstieg

Anfahrt

Mit dem Zug oder Linienbus bis nach Burgstall zur Talstation der Seilbahn Burgstall-Vöran. Alternativ gelangt man mit dem Linienbus direkt nach Vöran.

Info Bahn

Diese lange Überschreitung erfordert Ausdauer und eine gute Kondition. Sie führt hin zu einer sagenumwobenen Kultstätte, weit oben am Tschögglberg. Dem Wanderer bietet sich ein einzigartiger Rundblick, der von der Ortlergruppe über die Brenta bis hin zu den Dolomiten und zum Alpenhauptkamm reicht.

Routenverlauf: Bergstation Seilbahn Vöran – Gasthof Grüner Baum – Möltner Kaser – Stoanerne Mandln – Auener Jöchl – Auener Alm – Sarner Skihütte – Sarnthein

Wegverlauf: Von der Bergstation der Seilbahn Vöran (1185 m) hinauf ins Dorfzentrum. Am Dorfplatz rechts weiter. Dem Weg Nr. 1/16 zum Gasthof Grüner Baum folgen und auf dem Weg Nr. 16 Richtung Leadner Alm. Bei der ersten Weggabelung rechts auf den Weg Nr. 15 abzweigen und so hinauf zum Gasthof

Waldbichl (1507 m). Über den Weg Nr. 15 zur Möltner Kaser (1766 m). Kurz aufwärts entlang des Europäischen Fernwanderweges E5. Bei der ersten Wegkreuzung rechts auf der Nr. 28 weiter, bis dieser Weg auf den Weg Nr. 23A trifft. Links abbiegen und hinauf zu den Stoanernen Mandln (2003 m). Der Weg Nr. 11 führt weiter zum Auener Jöchl (1925 m).

Abgestiegen wird über den Weg Nr. 2, zuerst zur Auener Alm (1799 m) und dann über die Sarner Skihütte (1611 m), hinunter nach Sarnthein (963 m), den Hauptort des Sarntales. Rückfahrt mit dem Linienbus.

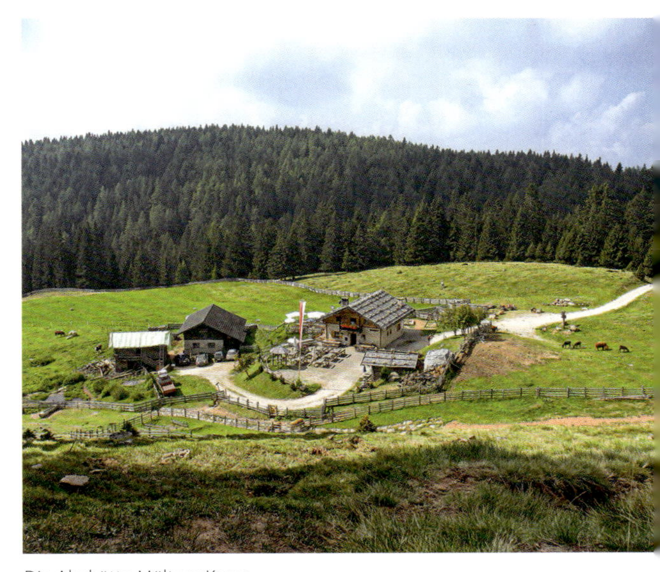

Die Almhütte Möltner Kaser

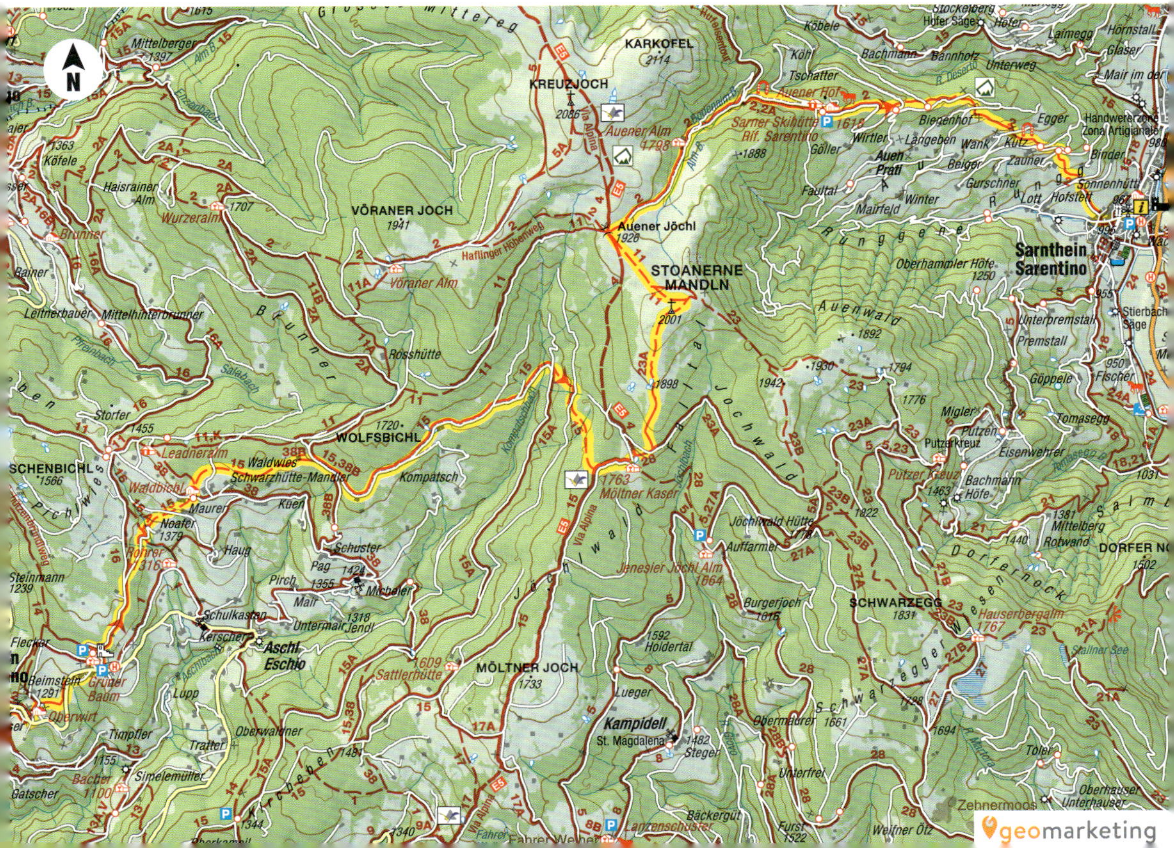

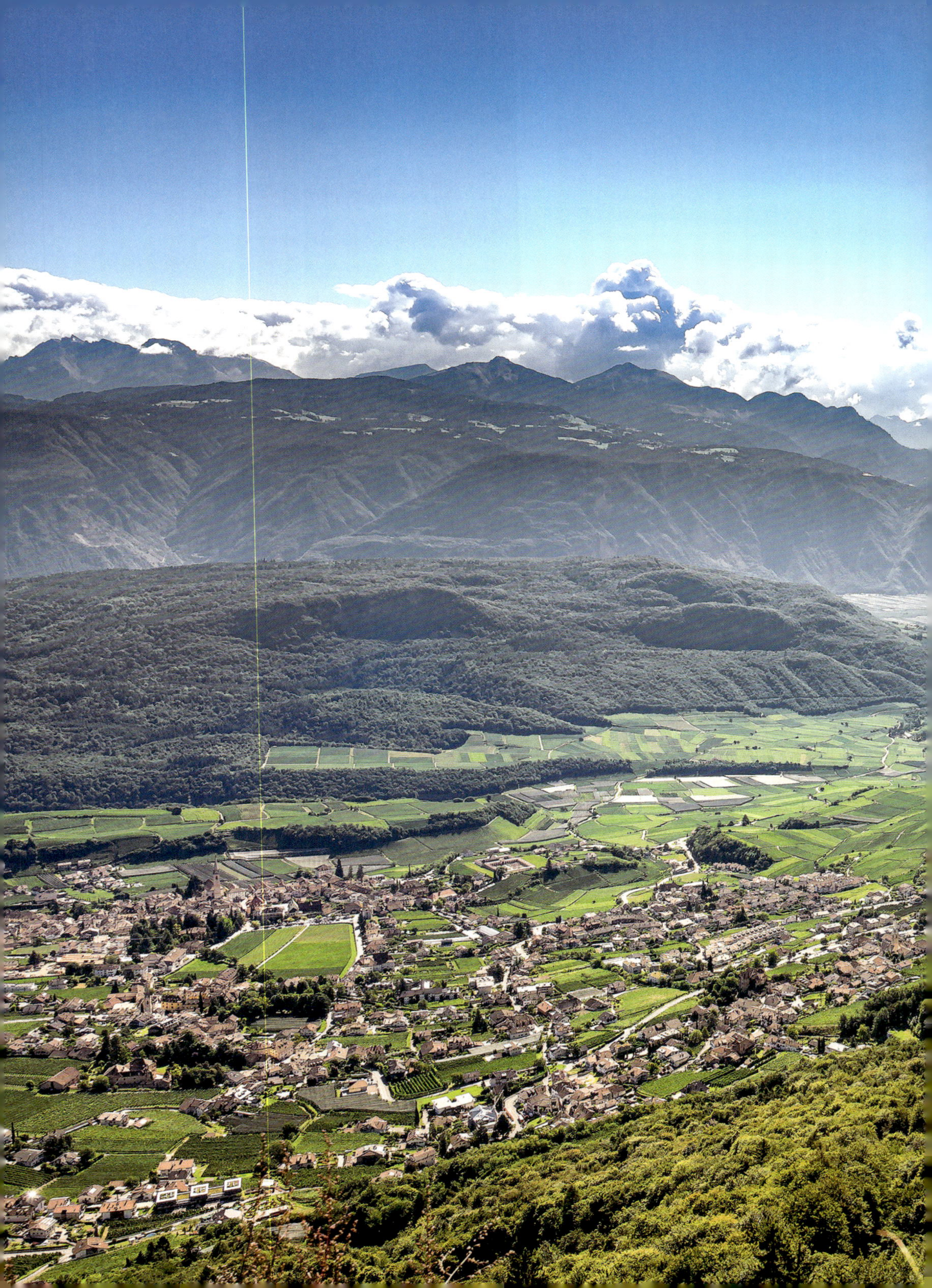

BOZEN & UMGEBUNG

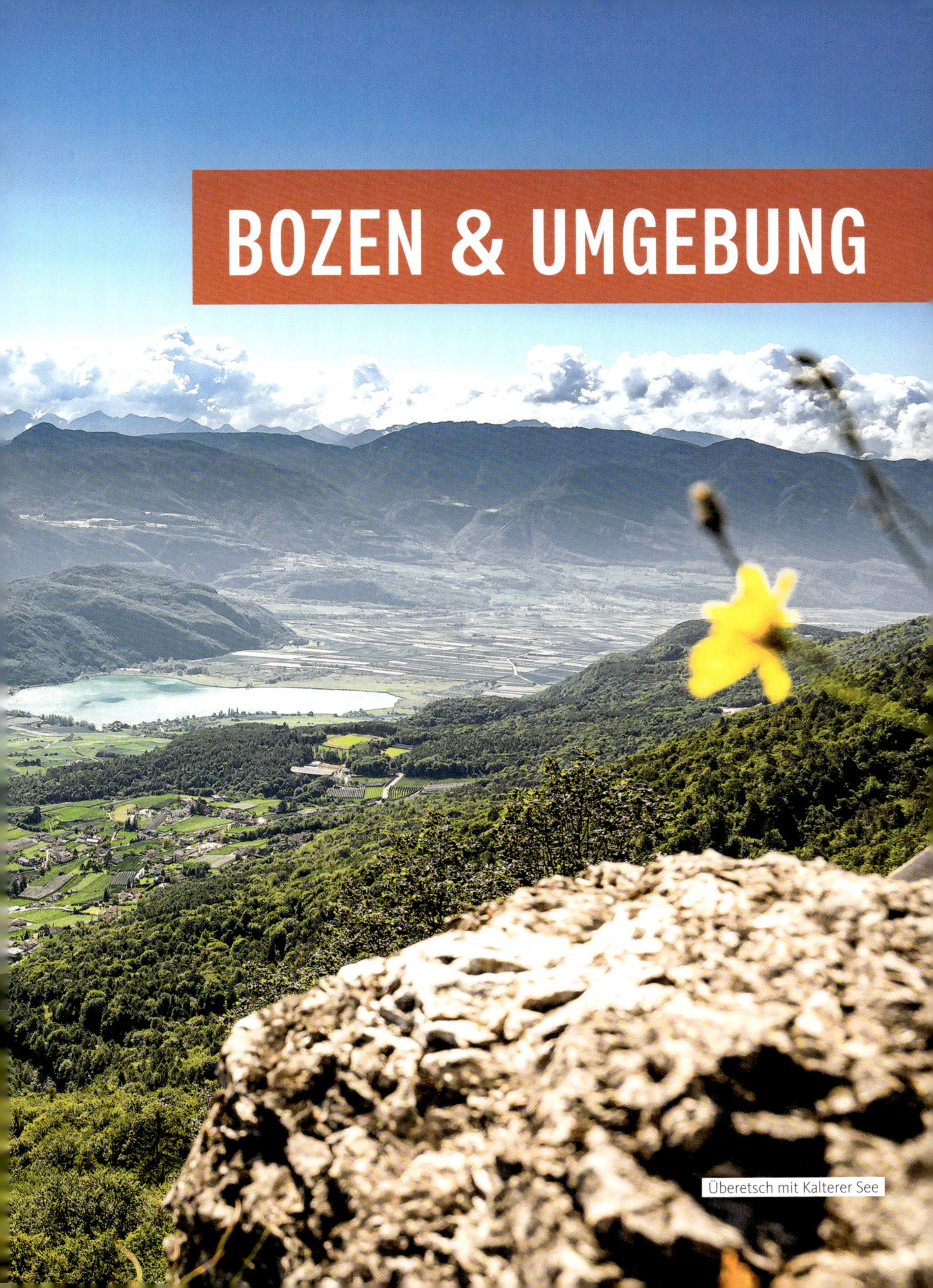

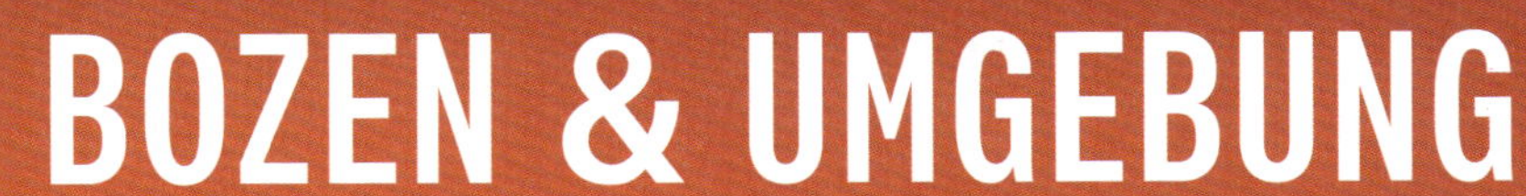

Überetsch mit Kalterer See

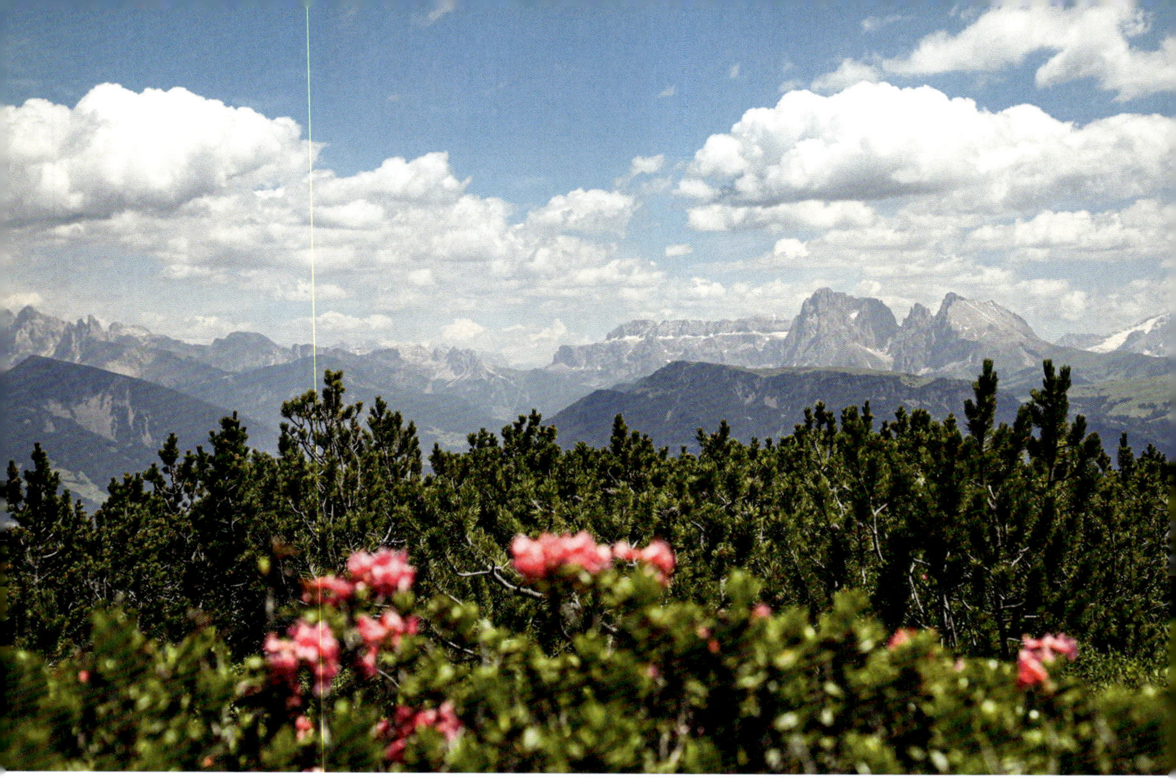

Das Rittner Horn mit fantastischer Aussicht auf die Bergwelt der Dolomiten

22 DAS RITTNER HORN, GEOGRAFISCHER MITTELPUNKT SÜDTIROLS

Der Rundblick vom Rittner Horn, auf dessen Gipfel das gleichnamige Schutzhaus steht, zählt zu den schönsten in ganz Südtirol. Nachdem man den Anstieg zum Schutzhaus Rittner Horn gemeistert hat, führt der Rest der Wanderung gemütlich über den Höhenrücken des Wanderparadieses Villanderer Alm zur Gasserhütte.

Tourenlänge
ca. 8,3 km

Gehzeit
ca. 3–3 ½ Stunden

Höhenunterschied
ca. 270 m im Aufstieg

Höhenunterschied
ca. 560 m im Abstieg

Anfahrt

Von Bozen mit der Umlaufbahn nach Oberbozen, mit dem Rittner Bahnl nach Klobenstein und weiter mit dem Bus nach Pemmern

Info Bahn

Routenverlauf: Bergbahn Rittner Horn – Rittner-Horn-Haus – Gasteiger Sattel – Gasserhütte

Wegverlauf: Von der Bergstation der Bergbahn Rittner Horn auf der Schwarzseespitze (2069 m) auf dem Weg Nr. 19 kurz abwärts und weiter zum Unterhornhaus (2044 m). Dann über den Weg Nr. 1 hinauf zum höchsten Punkt der Wanderung, dem Schutzhaus Rittner Horn (2260 m). Von dort über den

breiten Kammverlauf entlang des Weges Nr. 1 zum Gasteiger Sattel (2057 m). Man folgt dem Wirtschaftsweg ein kurzes Stück (Markierung Nr. 7), zweigt bald schon rechts ab, um nochmals die Straße zu überqueren. An der nächsten Weggabelung hält man sich rechts und wandert über den Weg Nr. 7 zur Gasserhütte.
Die Bushaltestelle für die Rückfahrt mit dem Linienbus befindet sich am großen Parkplatz.

(TIPP!) Besuch des Schaubergwerks Villanders, eines der bedeutendsten Bergwerke im Tiroler Raum – Besichtigungen nur mit Führungen möglich.

Scan mich!

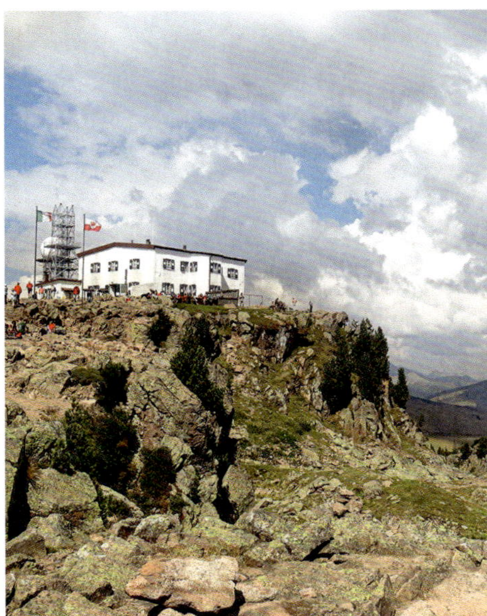

Das Schutzhaus Rittner Horn

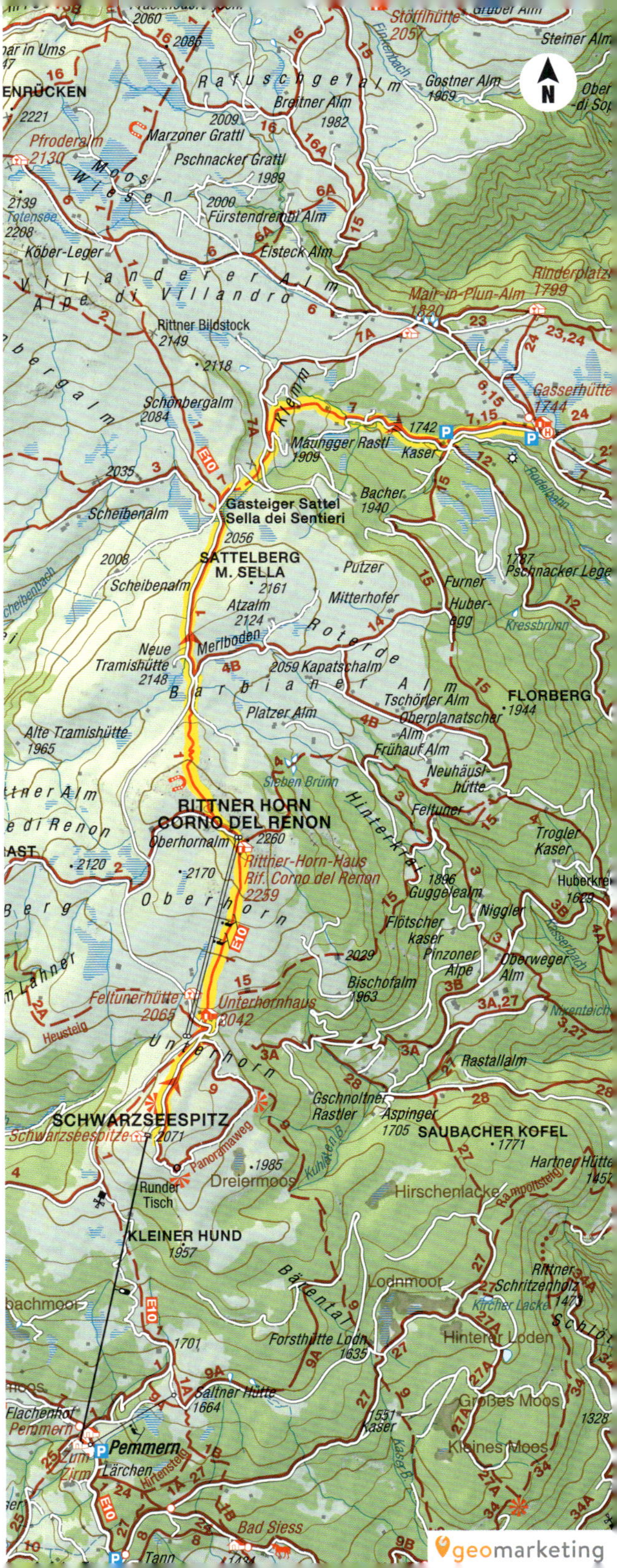

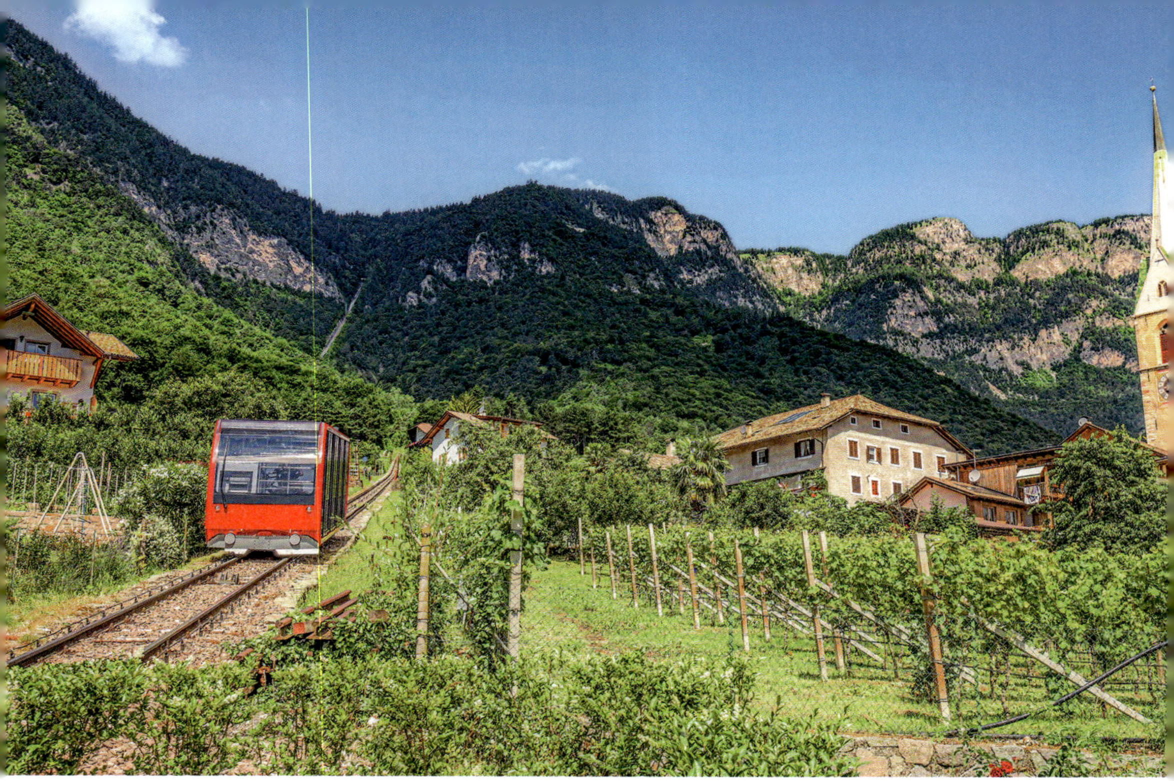

Die Talstation St. Anton mit der Mendelbahn

23 ENTLANG DES MENDELKAMMES ZUR ÜBERETSCHER HÜTTE NACH ALTENBURG

Großartige, aber sehr lange Bergtour über den südlichen Teil des Mendelkammes. Der Abstieg von der Überetscher Hütte über den Göller Steig ist steil und zum Teil auch relativ anspruchsvoll.

Tourenlänge
ca. 14,1 km

Gehzeit
ca. 5–5 ½ Stunden

Höhenunterschied
ca. 480 m im Aufstieg

Höhenunterschied
ca. 1230 m im Abstieg

Anfahrt
Mit dem Linienbus bis St. Anton bei Kaltern und dort mit der Standseilbahn zum Mendelpass

Info Bahn

Routenverlauf: Bergstation Seilbahn Mendel – Überetscher Hütte – Göllersteig – Altenburg

Wegverlauf: Der Weg Nr. 500 führt von der Bergstation der Standseilbahn Mendel (1364 m) entlang des Höhenrückens durch den Wald zur Halbweghütte (1580 m) und weiter zur Überetscher Hütte (1761 m). Dort beginnt der Abstieg über den Göllersteig, der mit der Nr. 523 gekennzeichnet ist. Ober-

halb von Altenburg mündet der Steig in eine Forststraße, der man kurz nach links folgt. Bei der darauffolgenden Weggabelung zweigt man rechts ab und steigt über den Weg mit der Markierung Nr. 98 nach Altenburg ab. Bevor man die Kirche erreicht, wendet man sich nach rechts und folgt der Straße bis zur Bushaltestelle.
Rückfahrt mit dem Linienbus.

(TIPP!) Anstatt über den Göllersteig abzusteigen, kann man von der Überetscher Hütte zum Gipfel des Roen aufsteigen und von dort zum Mendelpass zurückkehren.

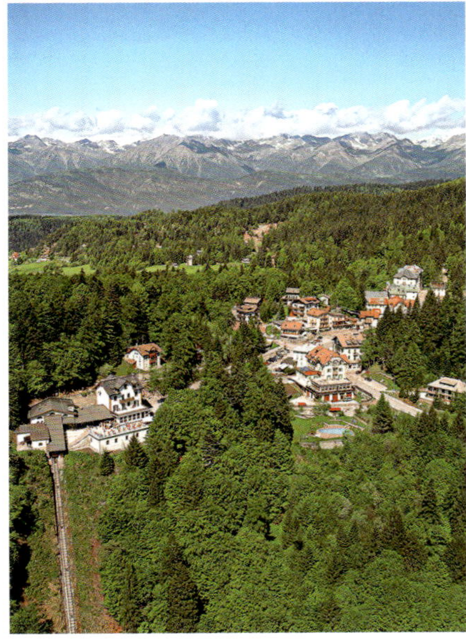

Der Mendelpass

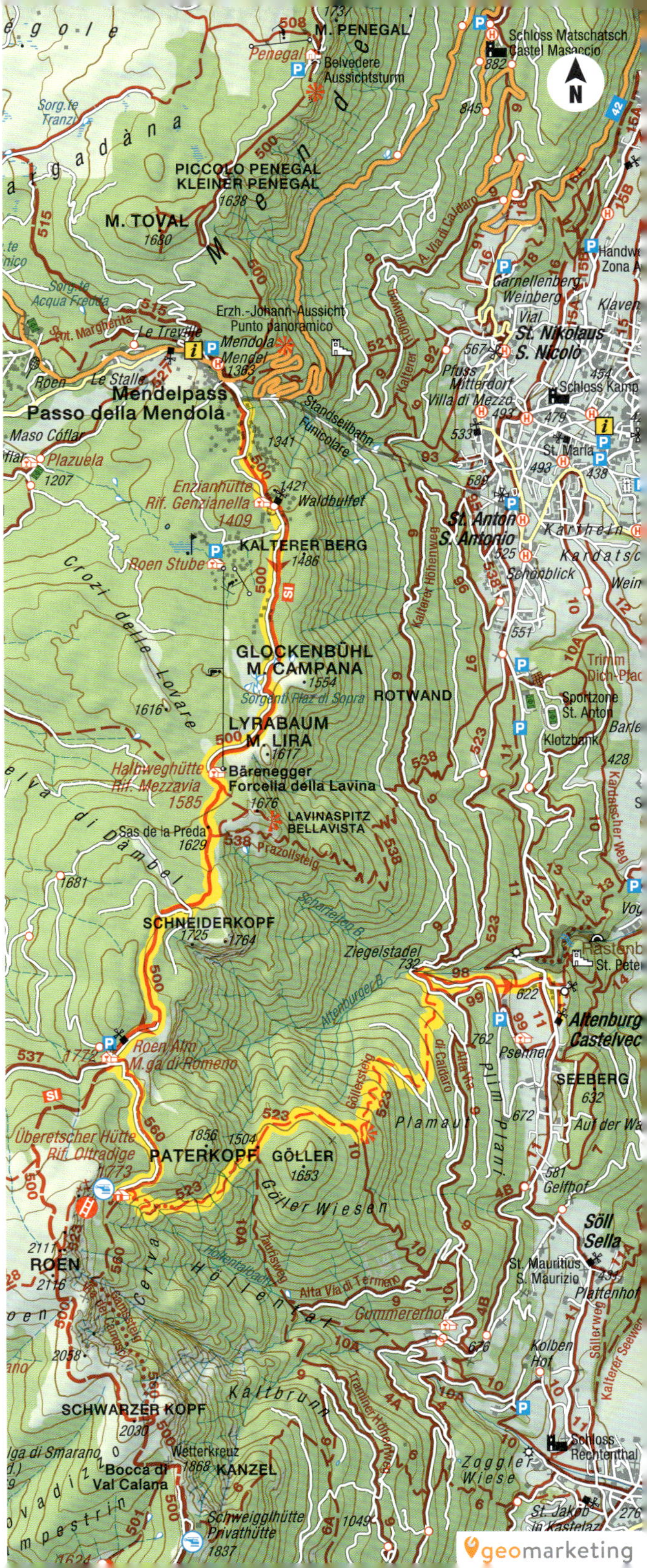

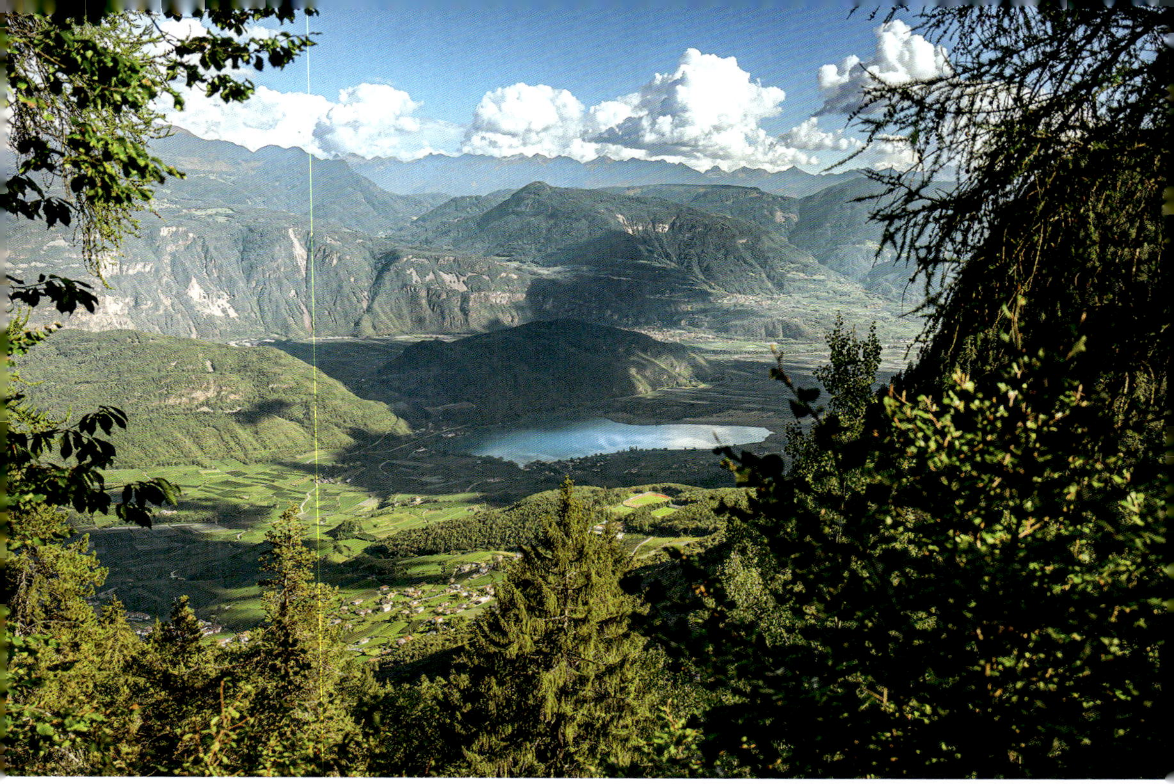

Blick auf den Kalterer See und Umgebung

24

VOM MENDELPASS NACH ST. FELIX

Einfache, aber sehr lange Wanderung über den grandiosen Höhenrücken des Penegal. Hier ist gute Kondition gefragt, denn es gilt immer wieder einmal einen Gegenanstieg zu überwinden. Am Kamm bietet sich dem Wanderer eine fabelhafte Aussicht auf den Bozner Talkessel, das Unterland, die Dolomiten und den Alpenhauptkamm. Diese Wanderung, die in St. Felix am Deutschnonsberg endet, ist schon sehr früh im Jahr und bis spät hinein in den Herbst machbar.

Tourenlänge
ca. 20 km

Gehzeit
ca. 6 ½–7 Stunden

Höhenunterschied
ca. 850 m im Aufstieg

Höhenunterschied
ca. 1000 m im Abstieg

Anfahrt
Mit dem Linienbus bis St. Anton bei Kaltern und dort mit der Standseilbahn zum Mendelpass

Info Bahn

Routenverlauf: Bergstation Mendelpass – Penegal – Furglauer Scharte – Große Scharte – Gantkofel – Eisenstadt-Joch – Felixer Weiher – St. Felix

Wegverlauf: Von der Bergstation der Mendelbahn (1364 m) zuerst hinüber zur eigentlichen Passhöhe. Von dort auf dem Weg Nr. 500 zum Kleinen Penegal (1531 m). Der Weg Nr. 500 führt vorbei an einem Hotel zum Gipfel des Penegal (1739 m). Immer auf dem Weg Nr. 500, zuerst leicht ansteigend und dann im Abstieg zur Furglauer Scharte (1498 m). Weiter über denselben Weg zur Prinzhütte (1531 m) und im Aufstieg zur Großen Scharte (1801 m). Der nächste Gipfel ist der Gantkofel (1847 m). Vom Gipfel über den Weg Nr. 512 zum Eisenstadt-Joch (1681 m) absteigen und hinunter zum Felixer Weiher (1605 m). Vom Weiher auf dem Weg Nr. 9 abwärts zur Bushaltestelle in St. Felix (1280 m). Mit dem Linienbus zurück zum Ausgangspunkt.

(TIPP!) Beim Abstieg eine kurze Pause für ein Bad in einem der beliebtesten Badeseen Südtirols, dem Felixer Weiher, einlegen.

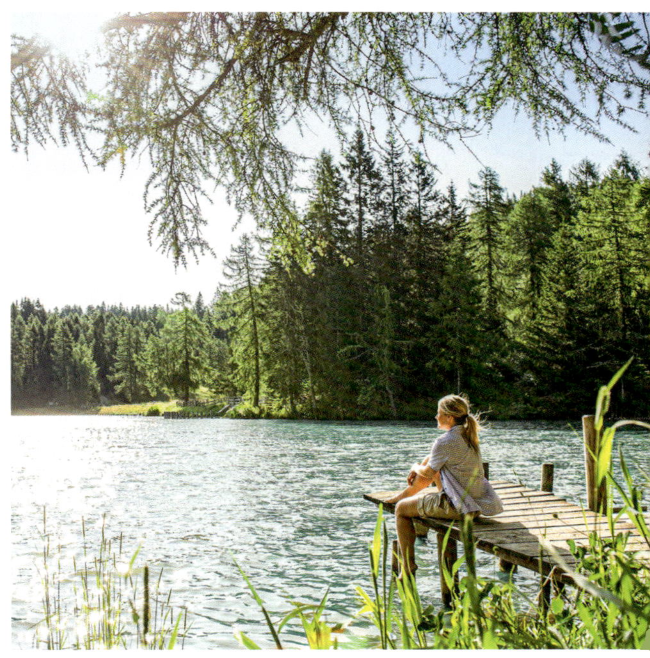

Badespaß am Felixer Weiher

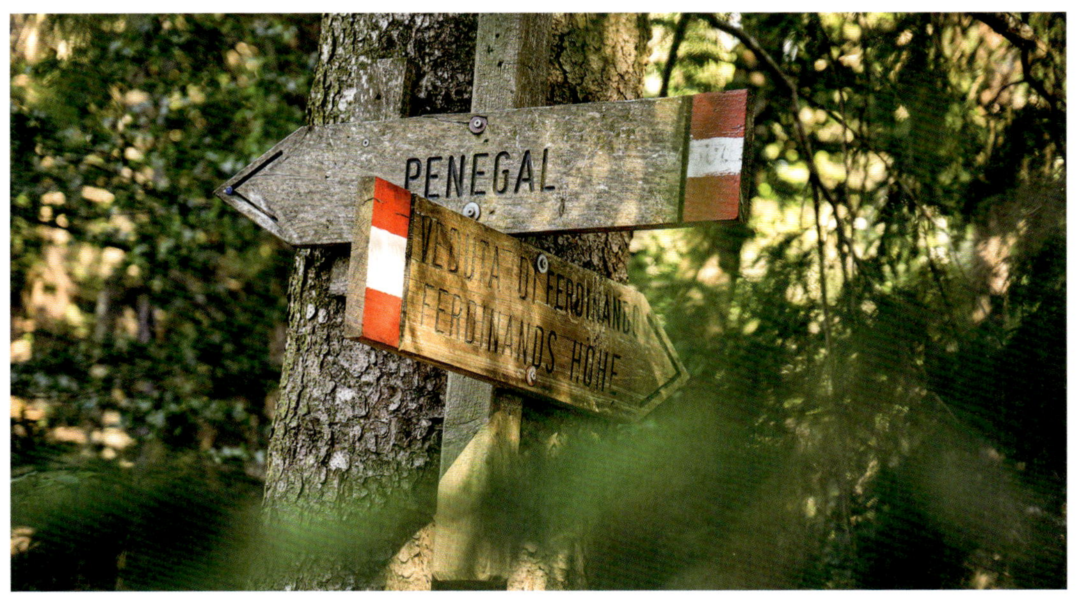

Markierungstafeln auf dem Weg Richtung Penegal

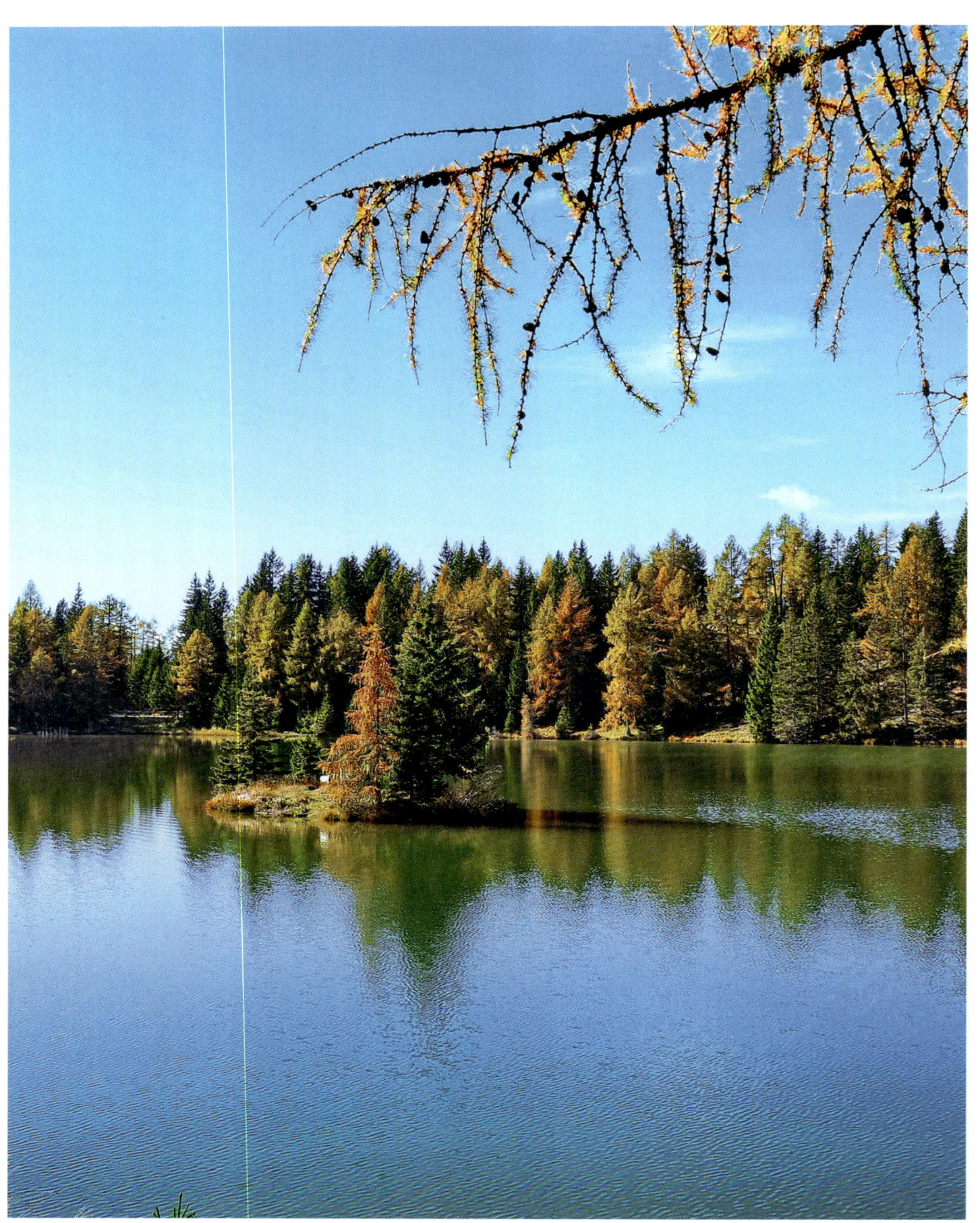

Der idyllisch gelegene Felixer Weiher

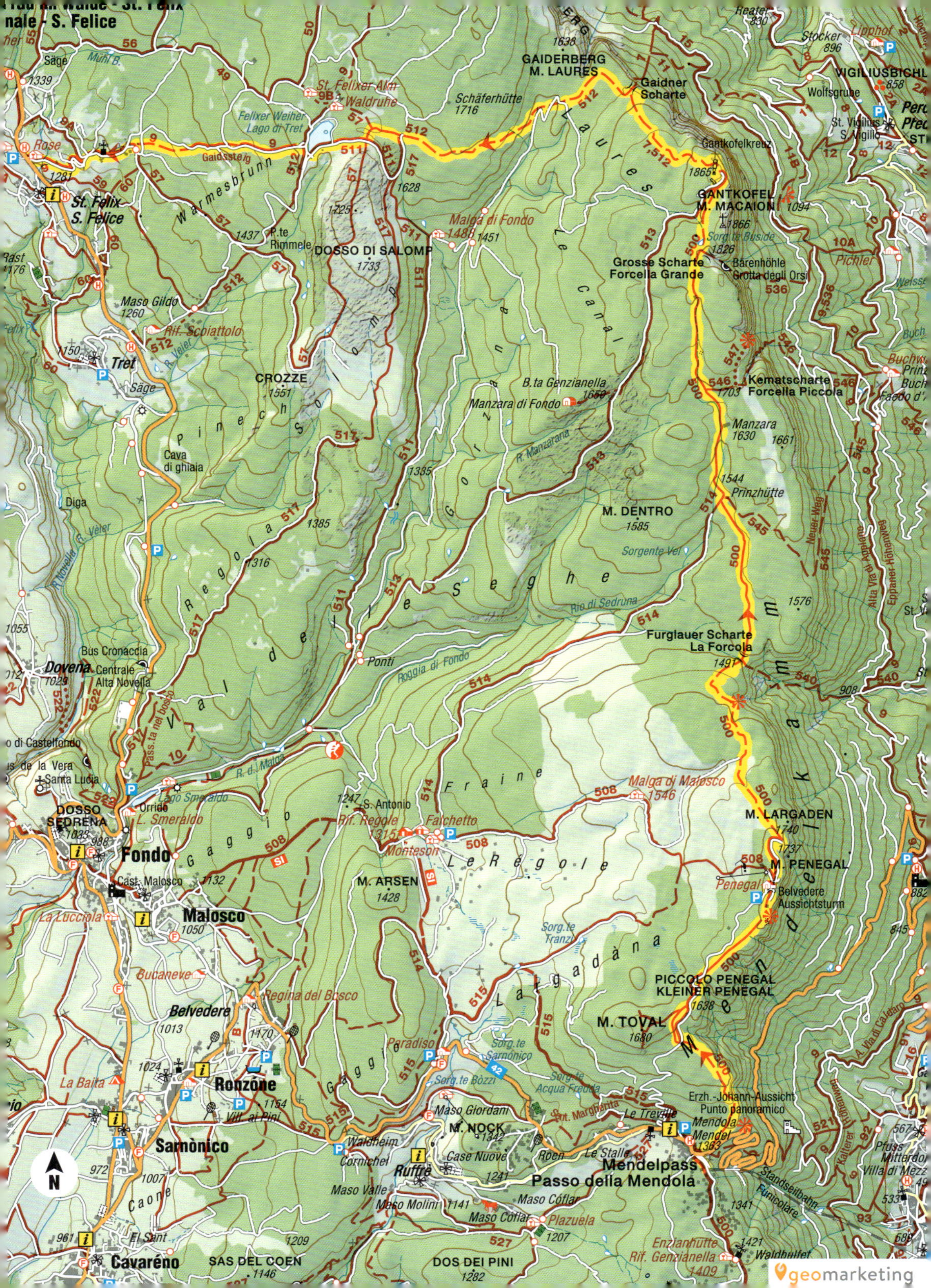
nale - S. Felice
GAIDERBERG
M. LAURES
Gaidner Scharte
Schäferhütte
1716
St. Felixer Alm
Waldruhe
Felixer Weiher
Lago di Tret
Gaidssteig
Warmesbrunn
St. Felix
S. Felice
Rose
Säge
Mühl B.
1339
1281
Gantkofelkreuz
GANTKOFEL
M. MACAION
1866
Sorg.te Buside
1826
Grosse Scharte
Forcella Grande
Bärenhöhle
Grotta degli Orsi
Malga di Fondo
1488
1451
1628
1865
DOSSO DI SALOMP
1733
1725
P.te Rimmele
1437
Le Canal
Laures
Maso Gildo
1260
Rif. Scoiattolo
Tret
Säge
1150
CROZZE
1551
B.ta Genzianella
1659
Manzara di Fondo
R. Manzarana
Kematscharte
Forcella Piccola
1703
Manzara
1630
1661
1544
Prinzhütte
M. DENTRO
1585
Sorgente Vel
Cava di ghiaia
Diga
R. Veier
1385
1316
1335
Regola
Pinech
Salomp
Gorzana
Val delle Seghe
Rio di Sedruna
Roggia di Fondo
Ponti
Furglauer Scharte
La Forcola
1491
1576
Bus Cronaccia
Dovena
1029
Centrale Alta Novella
1055
Pass.ta nel bosco
R. d. Malga
Lago Smeraldo
Orrido
L. Smeraldo
Santa Lucia
di Castelfondo
DOSSO SEDRENA
1033
986
Fondo
Cast. Malosco
1132
Malosco
1050
La Luccióla
Gaggio
1247
S. Antonio
Rif. Regole
1315
Falchetto
Monteson
Fraine
Malga di Malosco
1546
M. LARGADEN
1740
1737
M. PENEGAL
Penegal
Belvedere Aussichtsturm
Le Regole
M. ARSEN
1428
Sorg.te Tranzi
Largadàna
Bucaneve
Regina del Bosco
Belvedere
1013
1170
1024
Ronzone
1154
Vill. ai Pini
La Baita
PICCOLO PENEGAL
KLEINER PENEGAL
1638
M. TOVAL
1680
Paradiso
Sorg.te Sarnònico
Sorg.te Bozzi
Sorg.te Acqua Fredda
Erzh.-Johann-Aussicht
Punto panoramico
Rist. Margherita
Le Trevelle
Mendola
Mendel
1363
Maso Giordani
M. NOCK
1342
Waldheim
Cornichel
Case Nuove
Roen
Le Stalle
Mendelpass
Passo della Mendola
Sarnònico
972
1007
Caone
Ruffrè
Maso Valle
Maso Molini
1141
Maso Coflar
1241
Maso Cofler
Plazuela
1207
Standseilbahn
Funicolare
1341
El Sant
961
Cavaréno
1209
SAS DEL COEN
1146
DOS DEI PINI
1282
527
Enzianhütte
Rif. Genzianella
1409
1421
Waldbuffet
Heater
Stocker
896
Lipphof
VIGILIUSBICHL
858
Wolfsgrube
St. Vigilius
S. Vigilio
1094
Pichler
Neuer Weg
Alta Via di Appiano
Eppaner Höhenweg
908
882
845
Mendelkamm
Pfuss
Mitterdorf
Villa di Mezzo
533
geomarketing

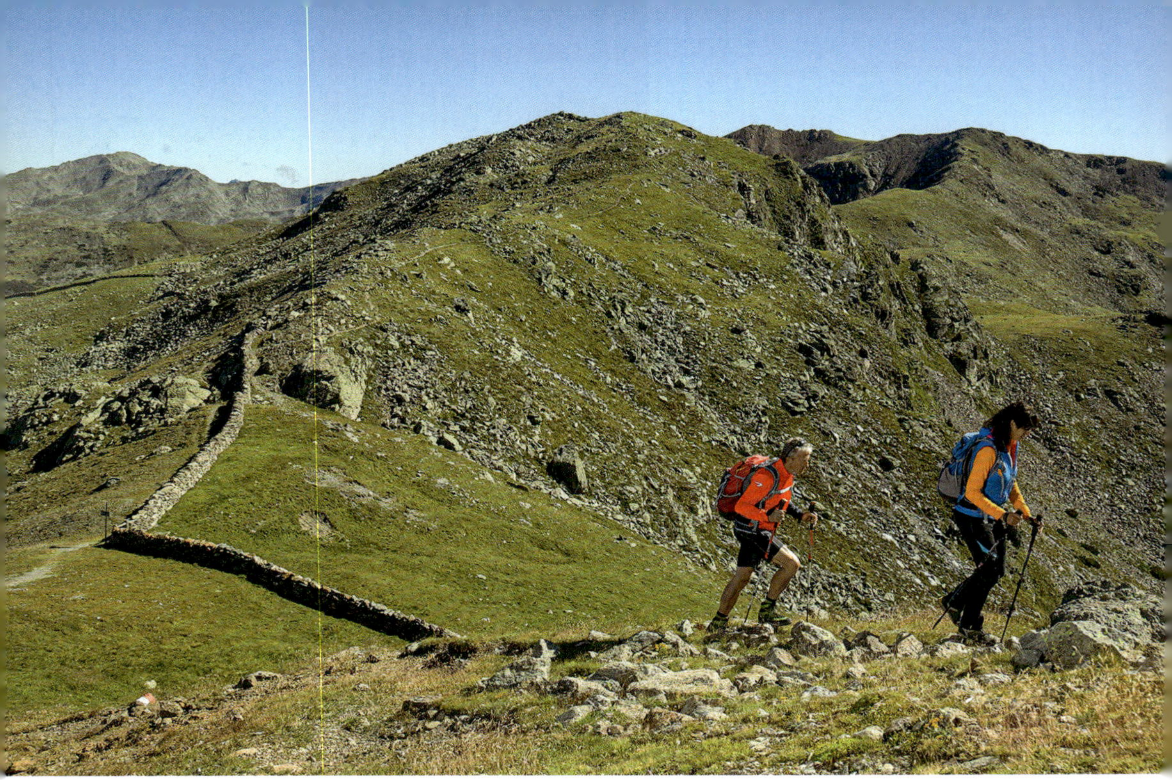

Herrliche Wanderung über den Kamm Richtung Sattele

25 EINE KAMMWANDERUNG IM SARNTAL

Tourenlänge
ca. 13,7 km

Gehzeit
ca. 6 Stunden

Höhenunterschied
ca. 850 m im Aufstieg

Höhenunterschied
ca. 850 m im Abstieg

Anfahrt
Mit dem Linienbus nach Reinswald und weiter zur Talstation der Kabinenbahn Reinswald

Info Bahn

Bei dieser Tour werden vier bekannte Gipfel in den Sarntaler Alpen überschritten. Obwohl es sich um relativ einfache Gipfelbesteigungen handelt, sollte man dieser Tour mit gebührendem Respekt begegnen, zumal es immer wieder einmal Stellen gibt, an denen absolute Trittsicherheit ein Muss ist. Die scheinbar zum Greifen nahen Dolomiten, der Blick auf die vergletscherten Gipfel des Alpenhauptkammes und die urigen Einkehrmöglichkeiten machen diese Kammwanderung zu einem besonderen Erlebnis!

Routenverlauf: Bergstation der Kabinenbahn Reinswald – Sattele – Plankenhorn – Getrumspitze – Kassianspitze – Latzfonser Kreuz – Getrumalm – Bergstation Kabinenbahn Reinswald

Wegverlauf: Der Weg zum Gipfel des Sattele (2458 m) ist mit der Nr. 9B gekennzeichnet und beginnt bei der Bergstation der Kabinenbahn in Reinswald (2127 m). Vom Sattele geht es weiter auf dem Weg Nr. 8A, immer am Kamm entlang und am Schluss etwas steiler hinauf zum Plankenhorn (2543 m). Vom Gipfel auf dem Weg Nr. 8 leicht bergab zum Getrumjoch, dann weiter über einen schmalen Grat zum Gipfelkreuz der Getrumspitze (2588 m). Auf dem Weg Nr. 8 über den Grat – der teilweise absolute Trittsicherheit verlangt – zuerst gegen Norden, um dann dem Weg in östliche Richtung zu folgen und zwar so lange, bis sich der Weg Nr. 8 mit dem Weg Nr. 9 trifft, der zur Kassianspitze (2582 m) führt. Vom Gipfel kurz zurück bis zur Weggabelung und auf dem Weg Nr. 9 zum Schutzhaus Latzfonser Kreuz (2304 m). Von dort führt der Weg Nr. 7 zur Getrumalm (2092 m). Über den Weg Nr. 11 zurück zur Bergstation der Kabinenbahn.

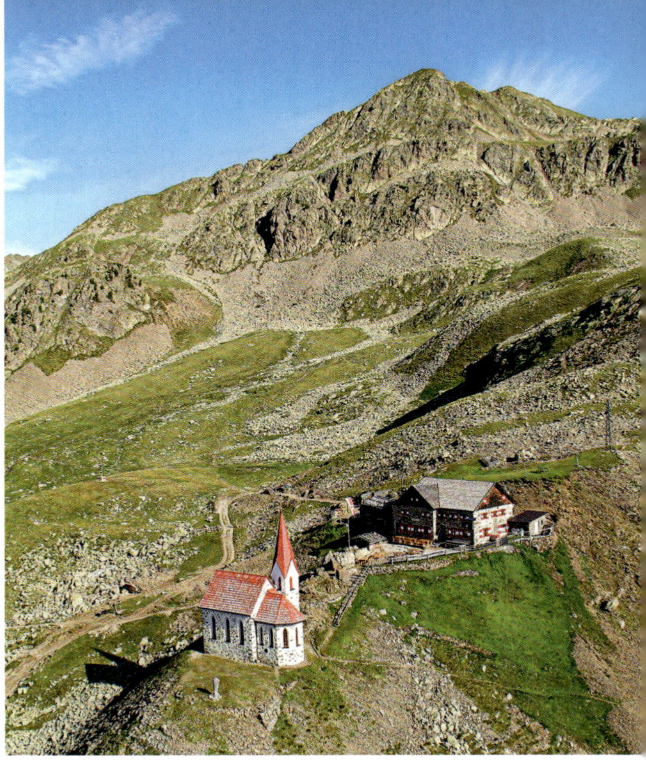

Das Latzforser Kreuz unterhalb der Kassianspitze

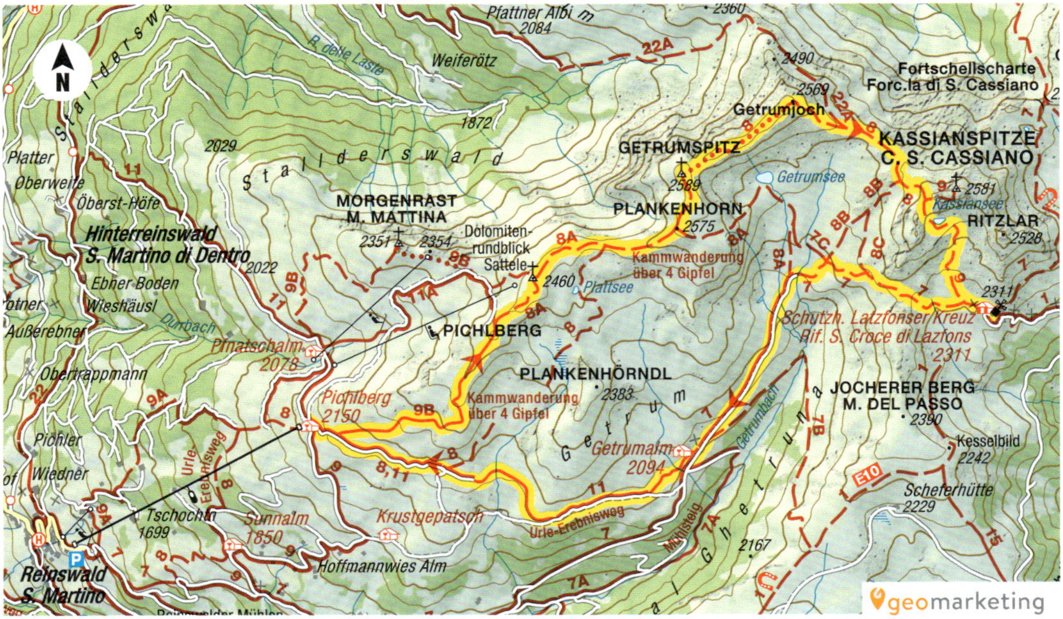

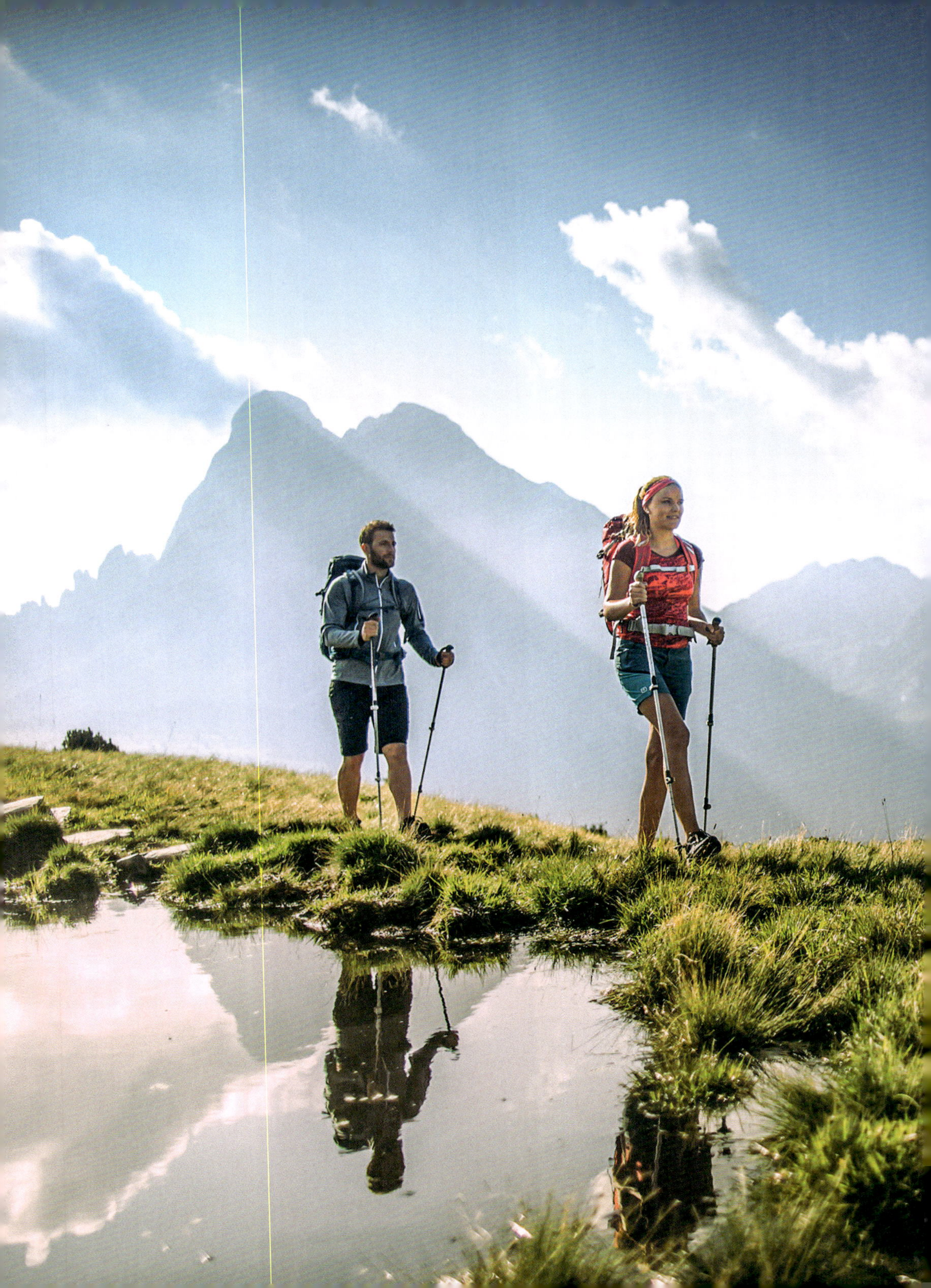

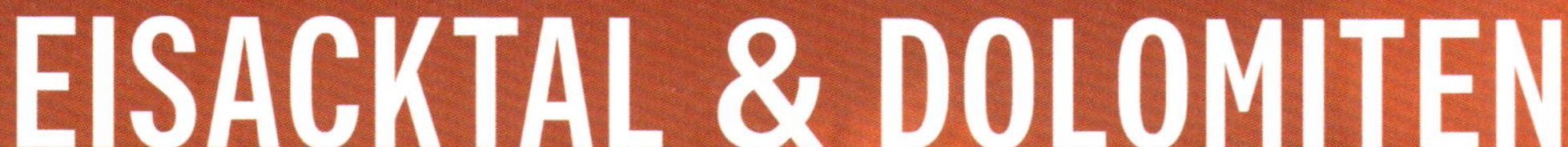

EISACKTAL & DOLOMITEN

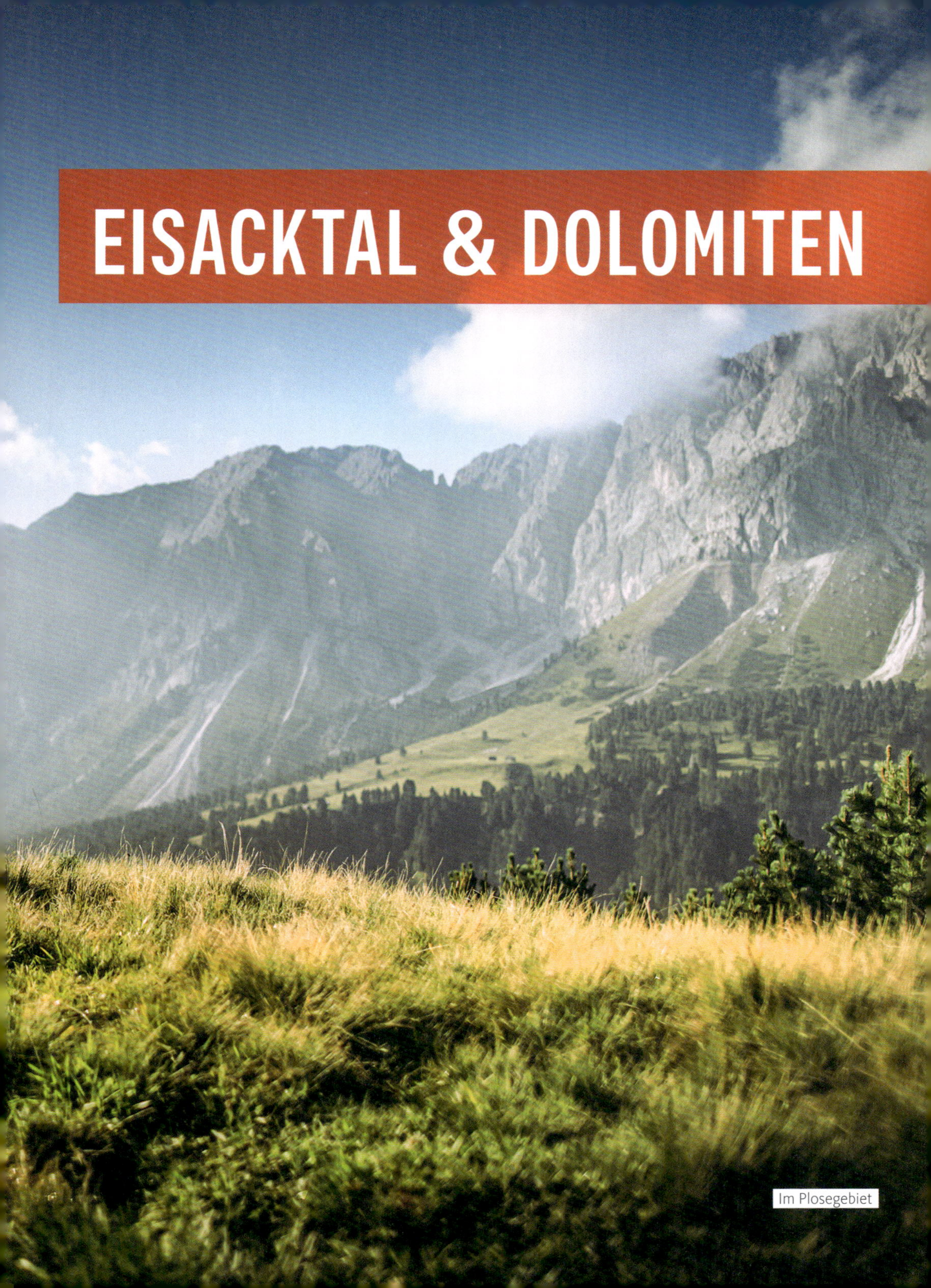

Im Plosegebiet

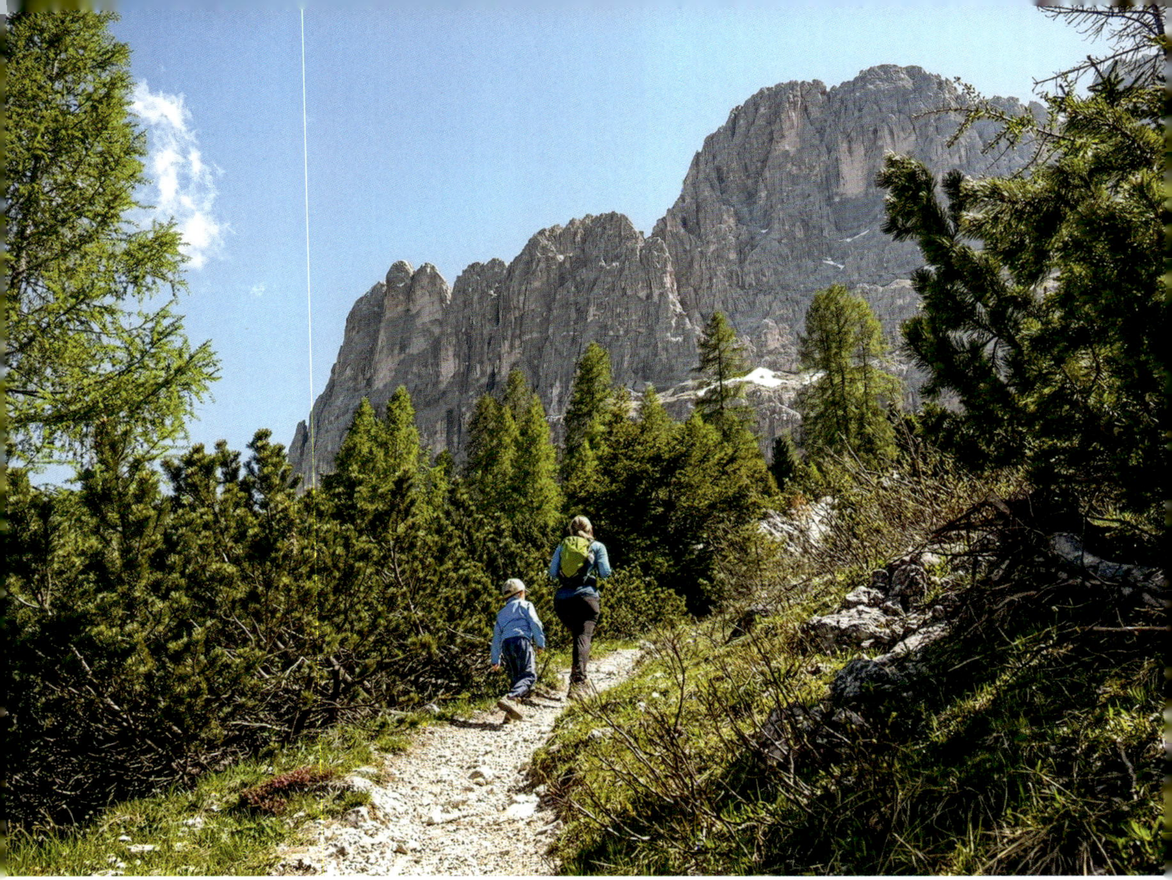

Auf dem Wanderweg zur Haniger Schwaige

26

IM SCHATTEN DES MÄCHTIGEN ROSENGARTENS

Tourenlänge
ca. 10,5 km

Gehzeit
ca. 5–5 ½ Stunden

Höhenunterschied
ca. 960 m im Aufstieg

Höhenunterschied
ca. 350 m im Abstieg

Info Bahn

Anfahrt

Mit dem Linienbus nach St. Zyprian, Bushaltestelle Hotel Cyprianerhof

Landschaftlich einzigartige Tour, bei dem eine ordentliche Portion an Höhenmetern überwunden werden. Die Rückfahrt nach St. Zyprian erfolgt mit der neuen Cabrio-Seilbahn; ein Erlebnis der ganz besonderen Art!

Routenverlauf: St. Zyprian – Plafötschalm – Haniger Schwaige – Bergstation Seilbahn Tiers

Wegverlauf: Von St. Zyprian (1100 m), beim Cyprianerhof, geht man entlang des Weges – der mit der Nummer 7 gekennzeichnet ist – zur Plafötschalm (1570 m). Weiter geht es durch den Wald, immer der Wegnummer 7 und der Beschilderung folgend bis zur

Haniger Schwaige (1937 m). Weiter auf dem Weg Nr. 7 und an der ersten Weggabelung geradeaus weiter (Beschilderung Frommer Alm). Der Weg Nr. 7 mündet schlussendlich in den Weg Nr. 1. Geradeaus weiter, unterhalb der Almhütte Messnerjoch hindurch, um an der nächsten Gabelung dem Weg Nr. 1B zu folgen, bis dieser auf den Weg Nr. 15 trifft. Über diesen Weg gelangt man zur Frommer Alm (1740 m) und zur Bergstation der neuen Tierser Seilbahn.

(TIPP!) Bei der Rückfahrt mit der Seilbahn Tiers die Cabrio-Fahrt auf der „Dachterrasse“ der Seilbahn genießen!

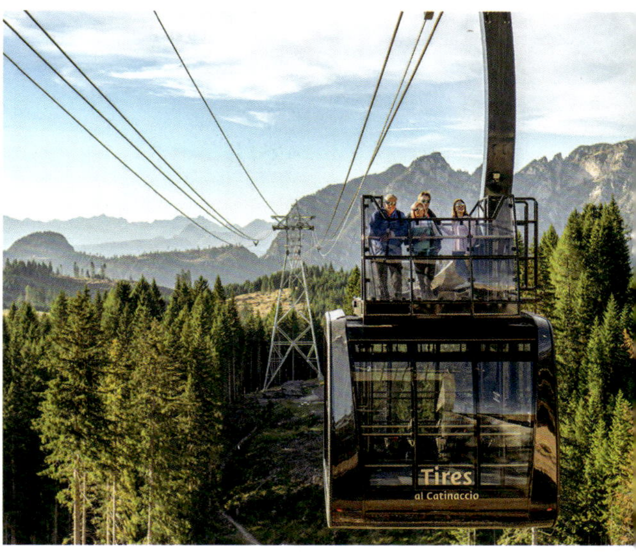

Traumhafter Rundum-Panoramablick in die Bergwelt der Dolomiten

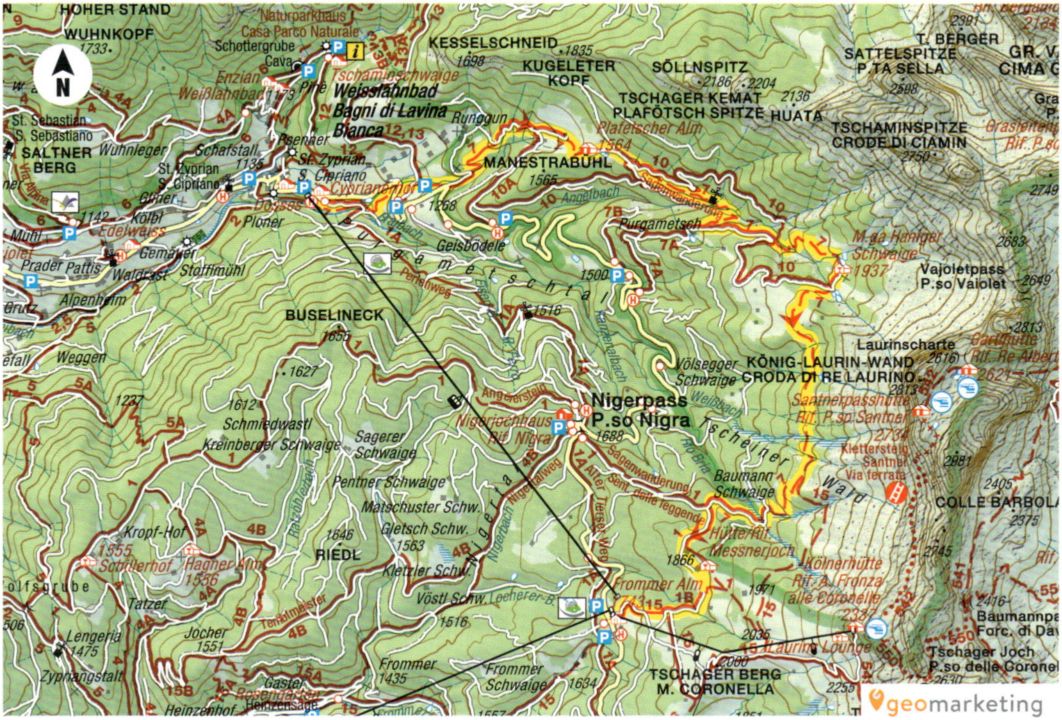

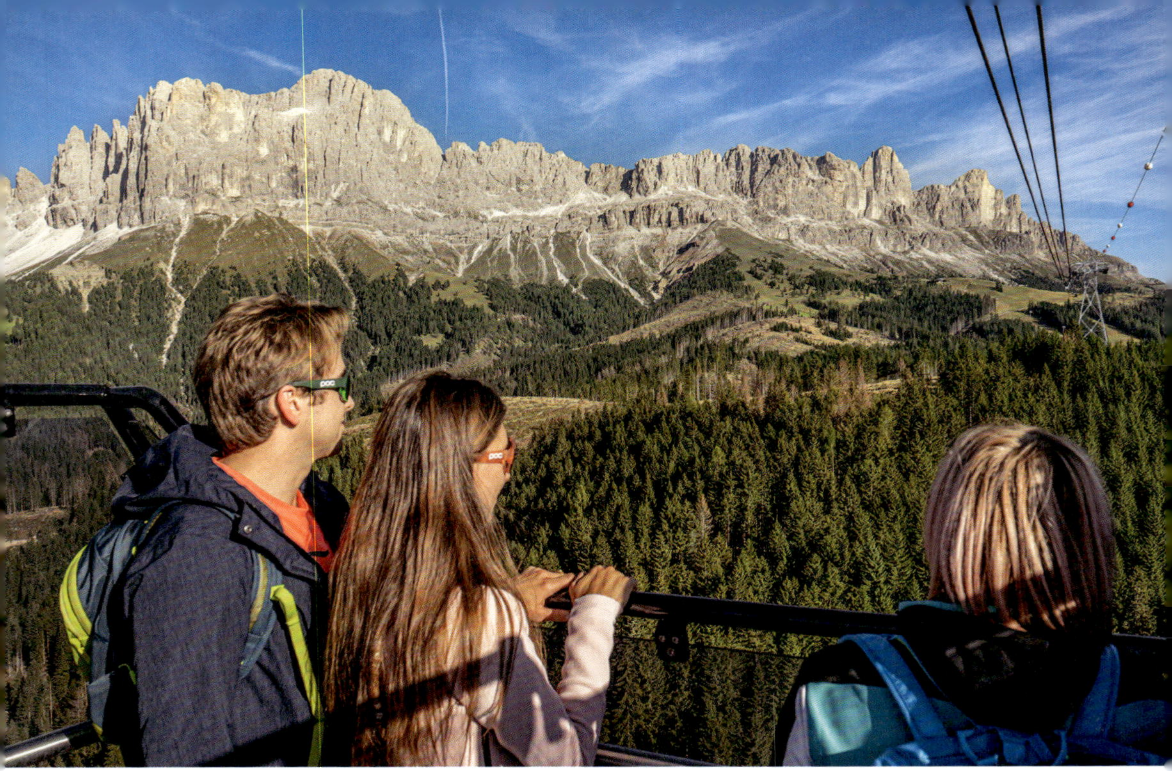

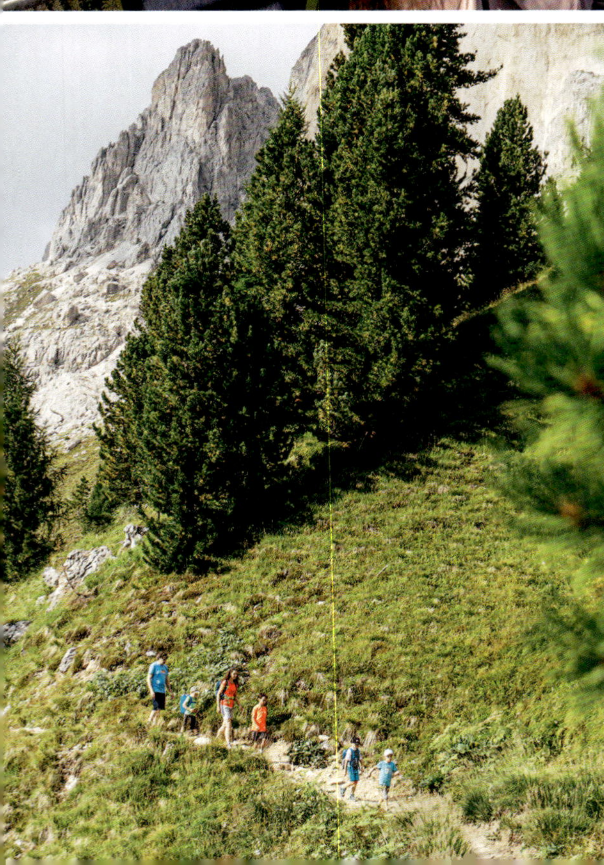

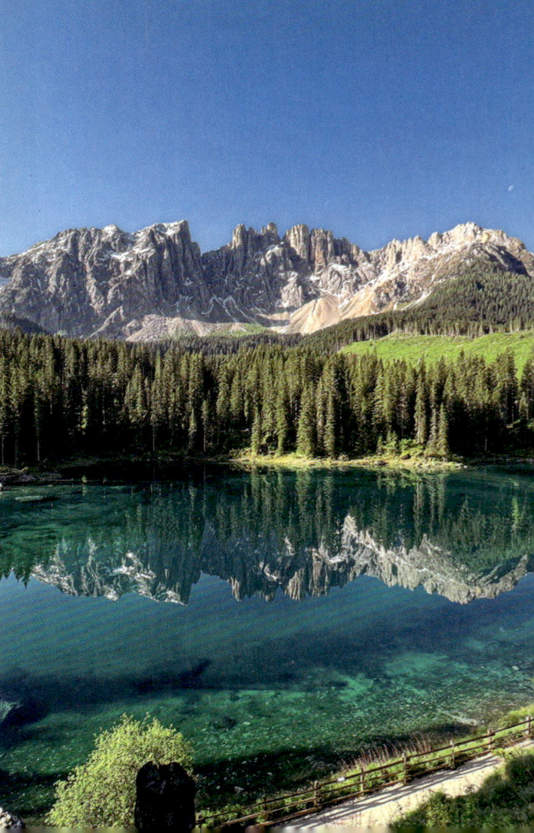

BERGERLEBNIS ROSENGARTEN

Autofreies Erleben des Hochplateaus am Karer See mit 6 sanft-mobilen Aufstiegsanlagen

Die neuen sanft-mobilen Verbindungen unterm Rosengarten machen ein **autofreies Erleben** der Dolomitenberge möglich. Mit öffentlichen Verkehrsmitteln erreichen begeisterte Wanderer von der Landeshauptstadt Bozen in stündlichen Verbindungen die Talstation der Kabinenbahn in Welschnofen oder die Talstation der neuen Cabrio-Seilbahn Tiers. Ab hier geht's weiter mit den Bergbahnen hoch zur Frommer Alm, wo sich ein weites Wander- und Bikegebiet mit zahlreichen Erlebnistouren öffnet. Die Kabinenbahnen König Laurin 1 + 2, die Panorama-Sessellifte Paolina und Tschein garantieren ein faszinierendes Bahnerlebnis in wunderbarer Natur- und Kulturlandschaft.

Wandertipp König Laurin Tour

Diese abenteuerliche Wanderung mitten in der sagenumwobenen Bergwelt des König Laurin ist ein absolutes Highlight: Start ist bei der Kabinenbahn in Welschnofen oder bei der Cabrio-Seilbahn in Tiers, welche bis zur Frommeralm führen, von wo aus man mit der neuen Kabinenbahn König Laurin bis zur Laurins Lounge gelangt. Über den Hirzelsteig wandert man weiter bis zur Paolina Hütte. Mit dem Sessellift Paolina geht es runter zur Ortschaft Karersee. Von dort gelangt man über Weg [6], vorbei an der Pension Simhild bis zum sagenumwobenen Karer See. Nach einer gemütlichen Seerunde auf Weg [10] wandert man weiter über die Hängebrücke. Links auf Weg [6] geht es vorbei an der Mühle bis zum Weg [16]. Von hier schwebt man mit dem Sessellift Tschein bis auf den Tscheinberg. Kurz noch das Bergpanorama genießen, bevor man anschließend mit den Kabinenbahnen bzw. der Cabrio-Bahn zurück nach Welschnofen bzw. Tiers gelangt.

Highlight **auf der König Laurin Tour: Besuch des Karer Sees**

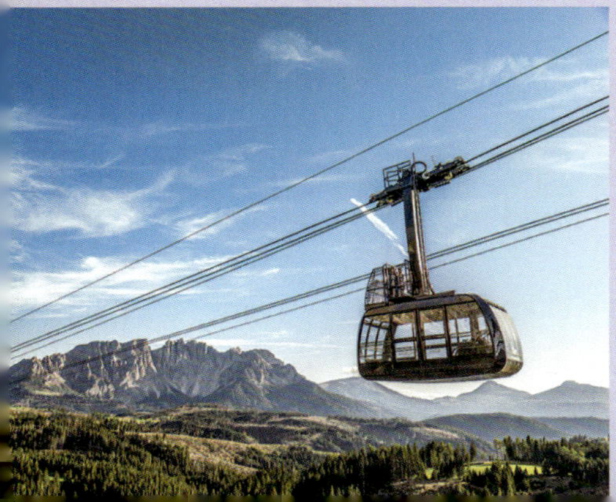

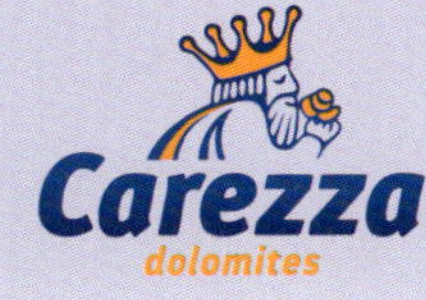

CAREZZA DOLOMITES
Karerseestraße 21 A
39056 Welschnofen/Karersee
T +39 0471 612527
info@carezza.it
www.carezza.it

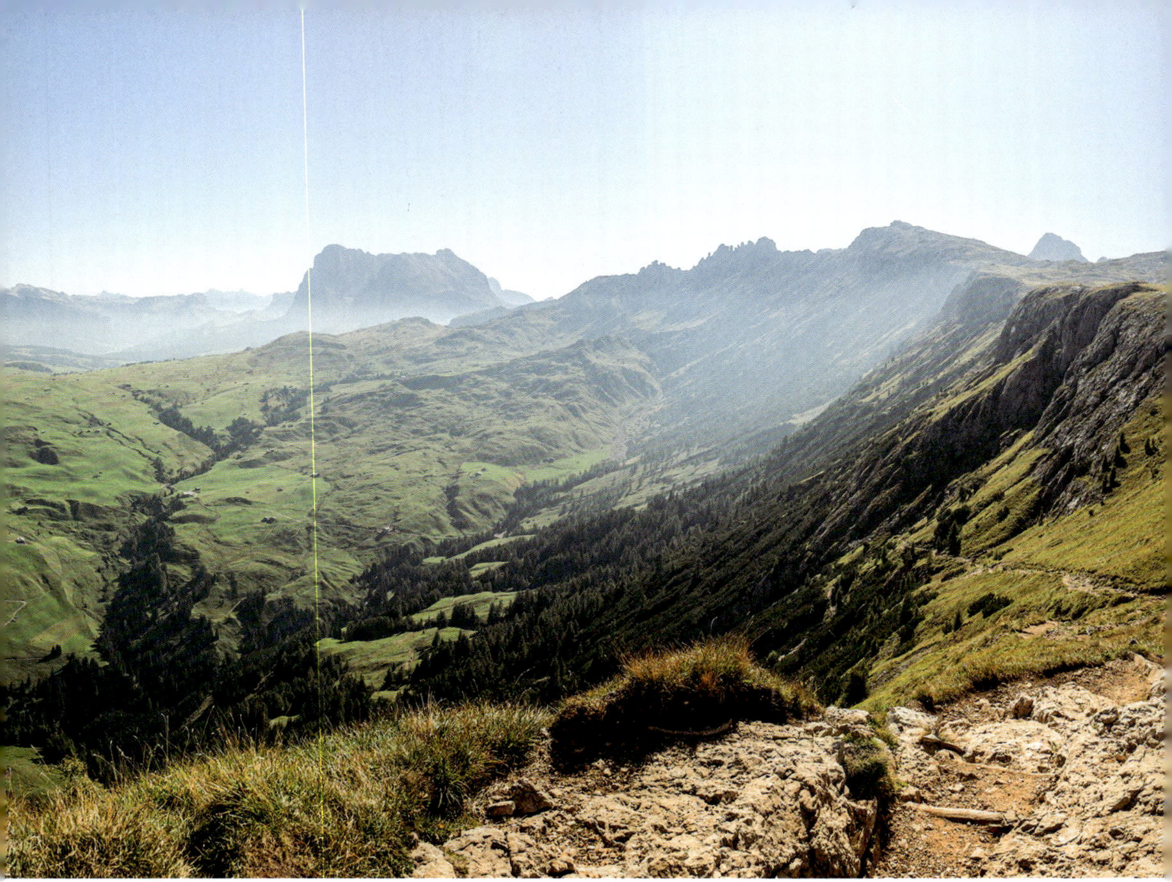

BESUCH DES GESCHICHTSTRÄCHTIGEN SCHLERNHAUSES

Tourenlänge
ca. 15,3 km

Gehzeit
ca. 6–6 ½ Stunden

Höhenunterschied
ca. 760 m im Aufstieg

Höhenunterschied
ca. 1440 m im Abstieg

Anfahrt

Mit dem Linienbus nach Seis. Die Seiser Alm (Compatsch) ist mit der Gondelumlaufbahn von Seis aus erreichbar.

Info Bahn

Die bizarren Formen des Schlernmassivs in den Dolomiten – das Wahrzeichen Südtirols – und die gleichnamige Schutzhütte, die kurz unterhalb des Gipfels „Petz“ liegt, spielten eine bedeutende Rolle in der jüngeren Geschichte Südtirols. Landschaftlich einzigartige Bergtour mit relativ steilen und anstrengenden Abstiegen.

Routenverlauf: Bergstation Seiser-Alm-Bahn – Saltner Hütte – Schlernhaus – Tschafatsch-Sattel – Bärenfalle – Weißlahnbad im Tierser Tal

Wegverlauf: Von Compatsch (Bergstation Seiser-Alm-Bahn, 1855 m) über wunderschöne Almwiesen auf dem Weg Nr. 10,

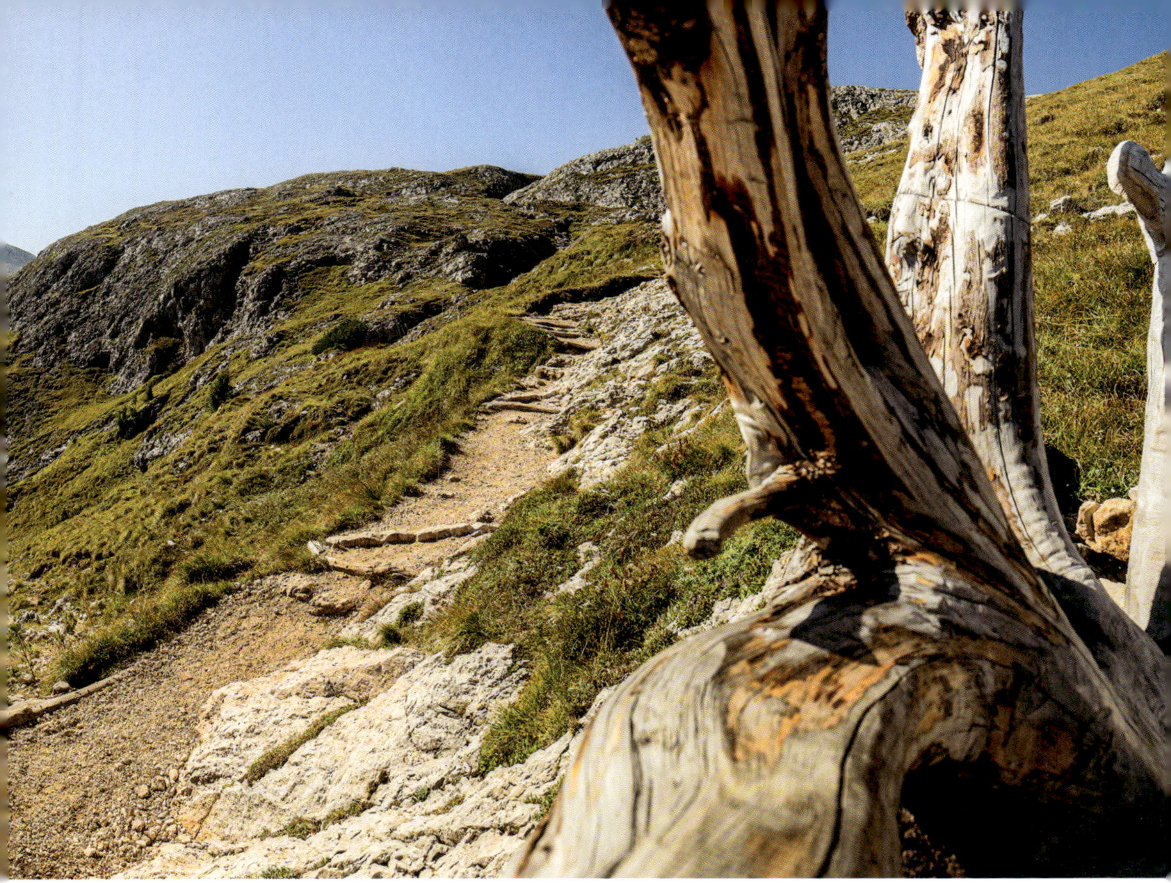

Vom Touristensteig Richtung Schlern öffnen sich wunderbare Blicke auf die Dolomiten.

später Nr. 5 zur Saltner Hütte (1835 m) ansteigen. Weiter auf dem Weg Nr. 5, bis dieser sich mit dem Weg Nr. 1 trifft. Auf diesem, dem sogenannten Touristensteig, hinauf zum Schlernhaus (2455 m).
Der Abstieg erfolgt über den Weg Nr. 2 zum Tschafatschsattel (2050 m) und weiter durch die sogenannte Bärenfalle (Weg Nr. 2) über Holzstege und Brücken zur Bushaltestelle in Weißlahnbad (1190 m). Rückfahrt mit dem Linienbus.

(TIPP!) Lohnender, kurzer Abstecher zum Gipfel des Petz (2568 m).

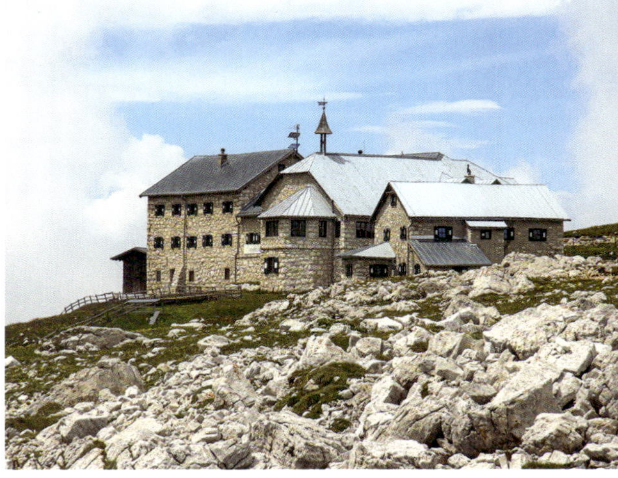

Der eindrucksvolle Steinbau des Schlernhauses

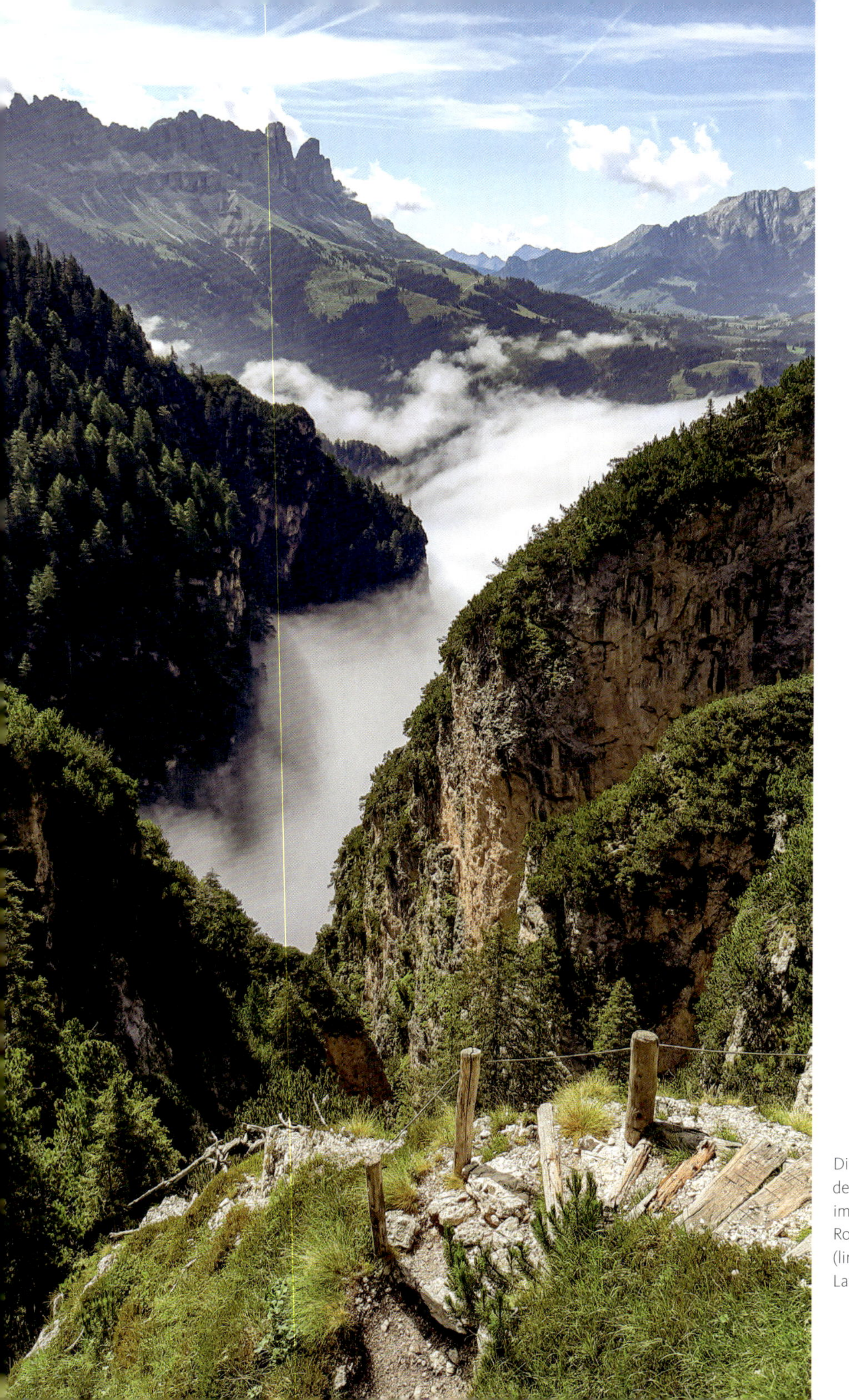

Die tiefe Schlucht der „Bärenfalle"; im Hintergrund die Rosengartengruppe (links) und der Latemar (rechts)

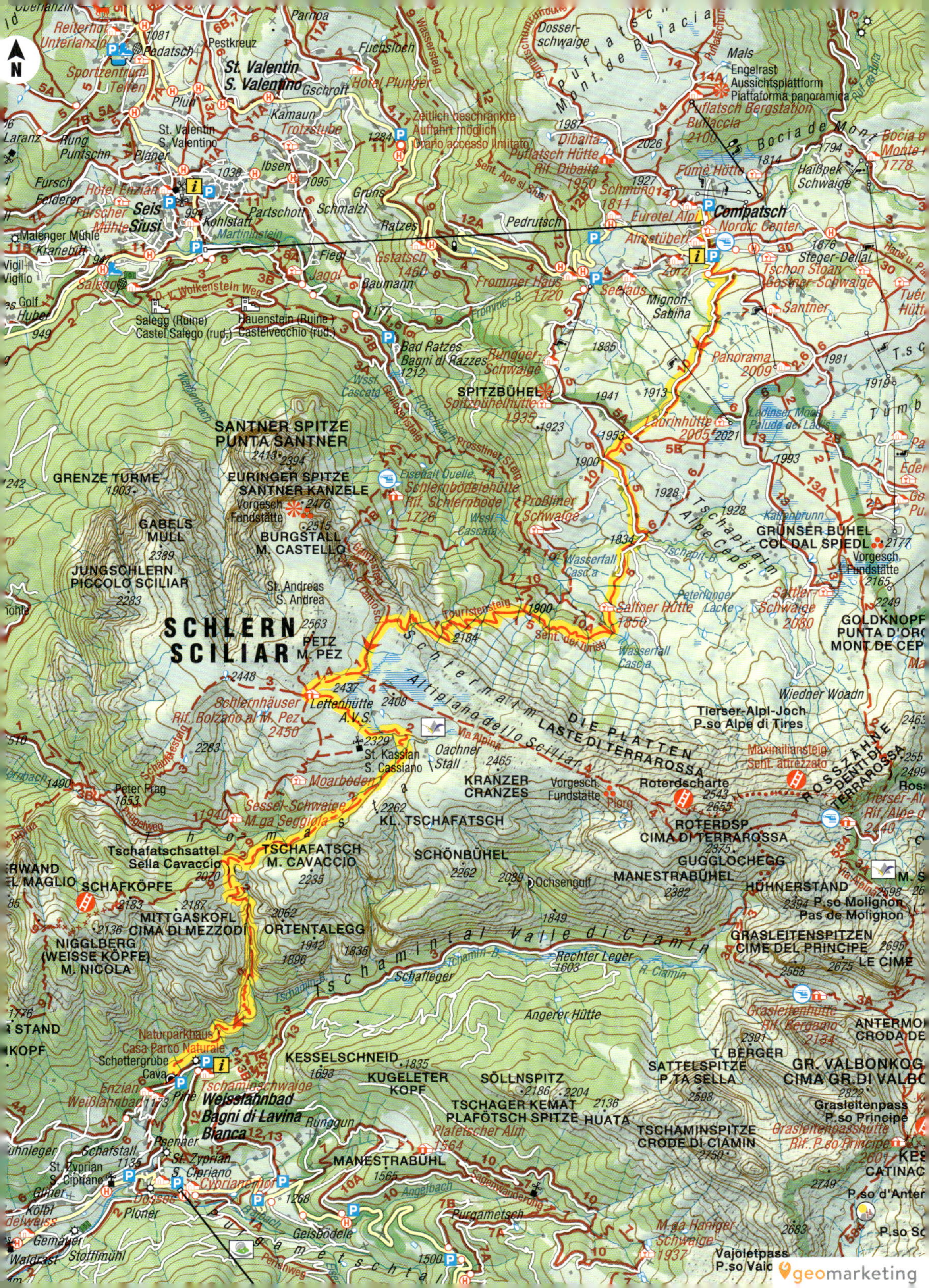

N
Reiterhof
Unterlanzin
Pedatsch
Pestkreuz
Parnoa
St. Valentin
S. Valentino
Fuchsloch
Hotel Plunger
Sportzentrum
Telfen
Plun
Gschroft
Kamaun
Trotzstube
St. Valentin
S. Valentino
Rung
Puntschn
Planer
Zeitlich beschränkte
Auffahrt möglich
Orario accesso limitato
Fursch
Hotel Enzian
Ibsen
Seis
Siusi
Kohlstatt
Partschott
Schmalzl
Gruns
Malenger Mühle
Kranebitt
Martinstein
Ratzes
Fiegl
Gstatsch
Salegg
Jaggl
Baumann
Salegg (Ruine)
Castel Salego (rud.)
Hauenstein (Ruine)
Castelvecchio (rud.)
Bad Ratzes
Bagni di Razzes
Dosser-
schwaige
Puflatsch
Mont de Bulacia
Mals
Engelrast
Aussichtsplattform
Piattaforma panoramica
Puflatsch Bergstation
Bullaccia
Bocia de Mont
Dibaita
Puflatsch Hütte
Rif. Dibaita
Fume Hütte
Haißpek
Schwaige
Schmung
Eurotel Alpi
Compatsch
Nordic Center
Pedrutsch
Almstüberl
Steger-Dellai
Tschon Stoan
Gostner-Schwaige
Frommer Haus
Seelaus
Mignon-
Sabina
Santner
Rungger-
Schwaige
Panorama
SPITZBÜHEL
Spitzbühelhütte
Laurinhütte
Ladinser Moos
Palude del Ladic
SANTNER SPITZE
PUNTA SANTNER
GRENZE TURME
EURINGER SPITZE
SANTNER KANZELE
Vorgesch.
Fundstätte
Eisenhalt Quelle
Schlernbödelehütte
Rif. Schlernbode
Proßliner
Schwaige
GABELS
MULL
BURGSTALL
M. CASTELLO
JUNGSCHLERN
PICCOLO SCILIAR
Tschapitalm
Alpe Cepei
GRÜNSER BÜHEL
COL DAL SPIEDL
Wasserfall
Cascata
St. Andreas
S. Andrea
Peterlunger
Lacke
Sattler
Schwaige
SCHLERN
SCILIAR
PETZ
M. PEZ
Touristensteig
Sent. dei turisti
Saltner Hütte
GOLDKNOPF
PUNTA D'ORO
MONT DE CEP
Schlernhäuser
Rif. Bolzano al M. Pez
Lettenhütte
A.V.S.
Schlernalm
Altipiano dello Sciliar
DIE PLATTEN
LASTE DI TERRAROSSA
Wiedner Woadn
Tierser-Alpl-Joch
P.so Alpe di Tires
St. Kassian
S. Cassiano
Oachner
Stall
Maximiliansteig
Sent. attrezzato
ROSSZÄHNE
DENTI DI TERRAROSSA
Peter Frag
Moarboden
KRANZER
CRANZES
Vorgesch.
Fundstätte
Roterdscharte
Sessel-Schwaige
M.ga Seggiola
KL. TSCHAFATSCH
ROTERDSP
CIMA DI TERRAROSSA
Tschafatschsattel
Sella Cavaccio
TSCHAFATSCH
M. CAVACCIO
SCHÖNBÜHEL
GUGGLOCHEGG
MANESTRABÜHEL
HÜHNERSTAND
P.so Molignon
Pas de Molignon
SCHAFKÖPFE
Ochsengolf
MITTGASKOFL
CIMA DI MEZZODI
ORTENTALEGG
NIGGLBERG
(WEISSE KÖPFE)
M. NICOLA
Tschamintal
Valle di Ciamin
Rechter Leger
GRASLEITENSPITZEN
CIME DEL PRINCIPE
LE CIME
Schafleger
Angerer Hütte
Grasleitenhütte
Rif. Bergamo
Naturparkhaus
Casa Parco Naturale
Schottergrube
Cava
KESSELSCHNEID
KUGELETER
KOPF
SÖLLNSPITZ
T. BERGER
SATTELSPITZE
P.TA SELLA
GR. VALBONKOGL
CIMA GR. DI VALBO
ANTERMO
CRODA DE
Tschaminschwaige
Weisslahnbad
Bagni di Lavina
Bianca
Rungun
TSCHAGER KEMAT
PLAFÖTSCH SPITZE
HUATA
Plafetscher Alm
TSCHAMINSPITZE
CRODE DI CIAMIN
Grasleitenpass
P.so Principe
Grasleitenpasshütte
Rif. P.so Principe
St. Zyprian
S. Cipriano
Cyprianerhof
MANESTRABÜHL
Ploner
Purgametsch
M.ga Haniger
Schwaige
Geisbödele
Gemäuer
Stoffmühl
Vajoletpass
P.so Vaio
geomarketing

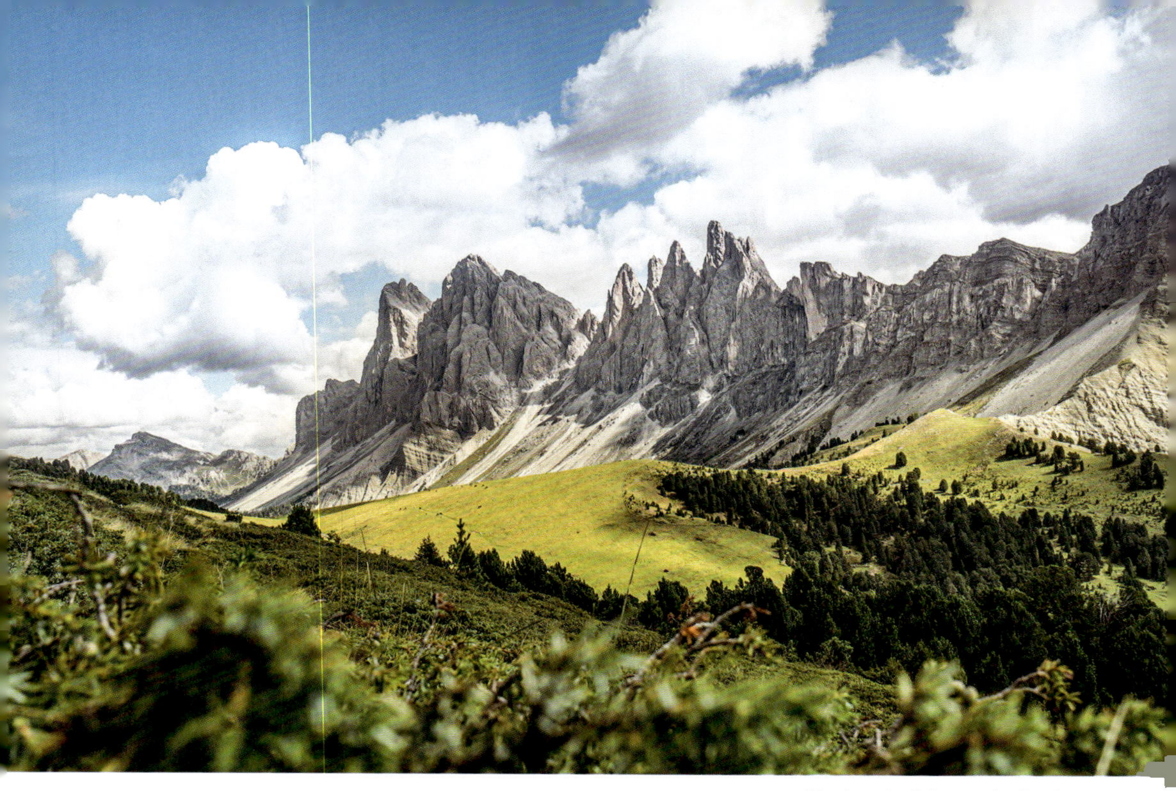

Wanderer im Schatten der Geislergruppe

28 ENTLANG DER RASCHÖTZ-HOCHFLÄCHE ZUM ADOLF-MUNKEL-WEG

Tourenlänge
ca. 12,7 km

Gehzeit
ca. 4–4 ½ Stunden

Höhenunterschied
ca. 280 m im Aufstieg

Höhenunterschied
ca. 700 m im Abstieg

Anfahrt

Mit dem Bus bis ins Zentrum von St. Ulrich. Von dort gelangt man in 10 Minuten zur Standseilbahn Raschötz.

Info Bahn

Zwischen Gröden und dem Villnößtal erhebt sich die aussichtsreiche und relativ unberührte Raschötz-Hochfläche. Der unterhalb der beeindruckenden Nordabstürze der Geislerspitzen entlangführende Adolf-Munkel-Weg ist einer der schönsten Dolomitenwege.

Routenverlauf: Bergstation Standseilbahn Raschötz – Brogles-Sattel – Brogles-Alm – Adolf-Munkel-Weg – Zans im Villnößtal

Wegverlauf: Von der Bergstation der Standseilbahn Raschötz (2100 m) folgt man dem Weg Nr. 35 entlang der Hochfläche zum Brogles-Sattel (2119 m). Man geht geradeaus weiter bis zur Brogles-Alm (2045 m), wo man auf den Adolf-Munkel-

Weg trifft. Der Weg ist sehr gut beschildert und mit der Nummer 35 gekennzeichnet. Alle Abzweigungen lässt man links liegen. Man geht am Adolf-Munkel-Gedenkstein (1930 m) vorbei und wandert weiter, bis der Weg in eine Forststraße mündet. Dieser folgt man kurz, um dann nach links auf den Weg Nr. 6 abzubiegen, über den man zur Bushaltestelle in Zans (1670 m) absteigt. Rückfahrt mit dem Linienbus.

(TIPP!) Besuch des Dolomites UNESCO Info Point in Zans.

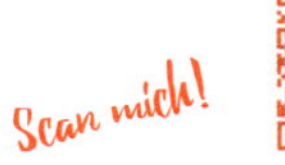

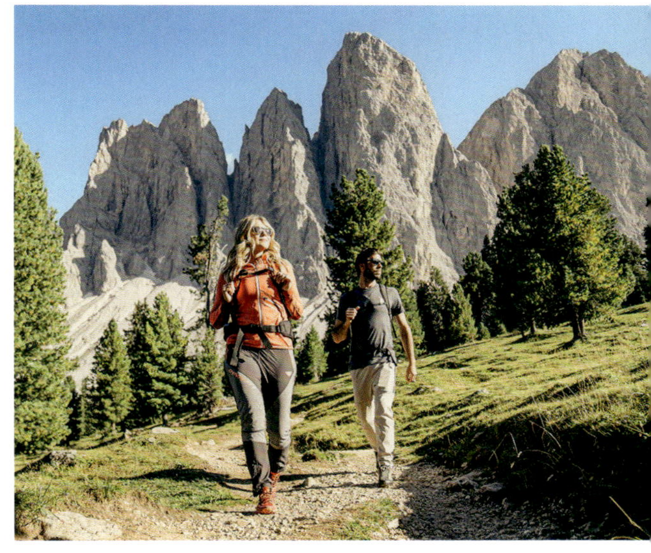

Entlang des Adolf-Munkel-Weges

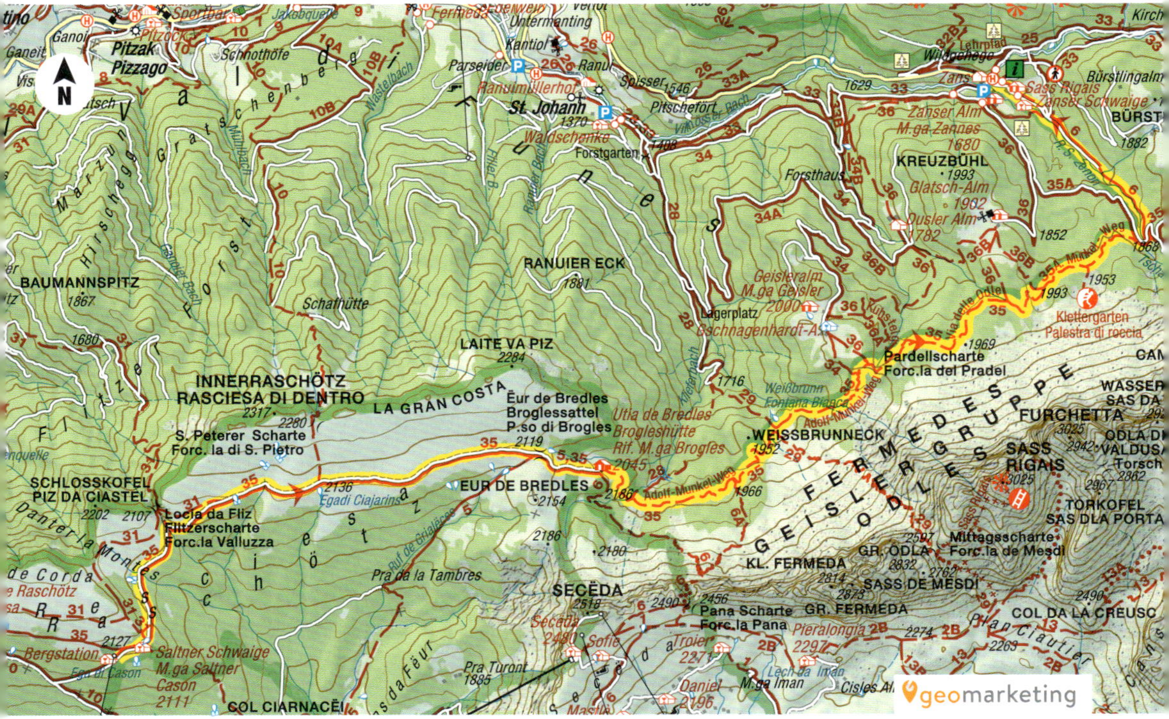

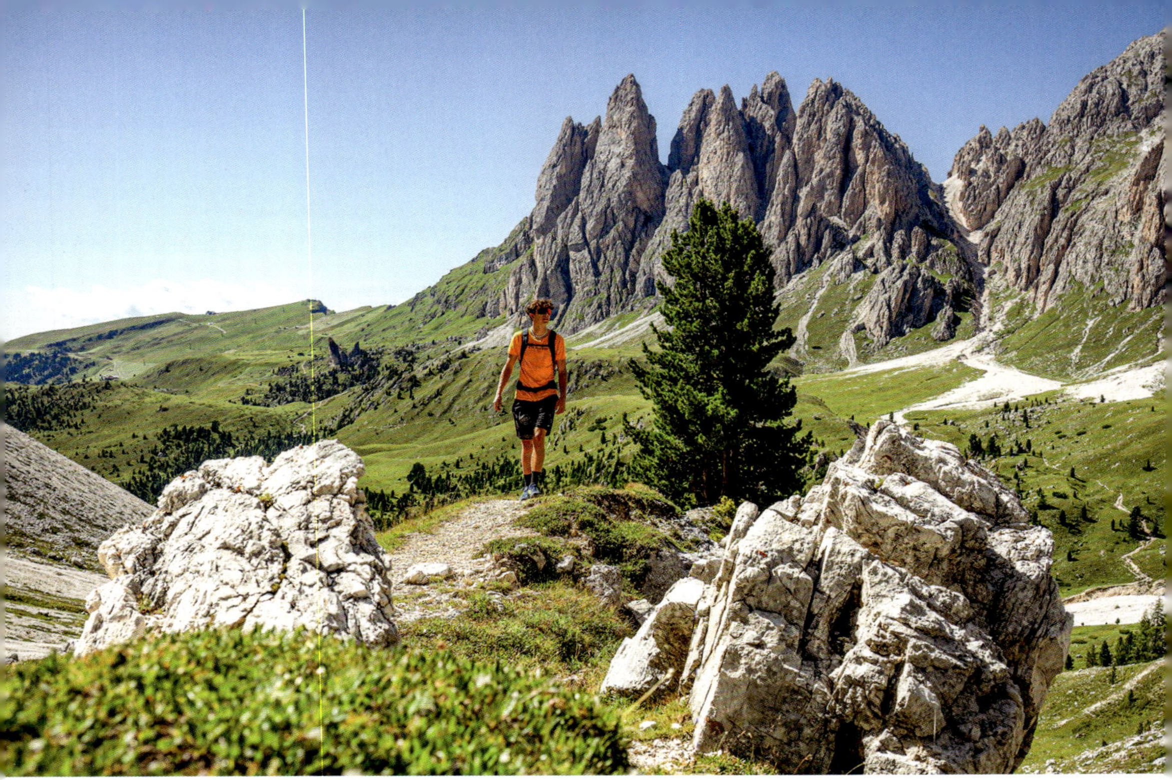

Bergwanderung in der Landschaft des Puez-Geisler

29

VOM CISLESTAL ÜBER DIE PUEZHÜTTE NACH WOLKENSTEIN

Tourenlänge
ca. 16,1 km

Gehzeit
ca. 6–6 ½ Stunden

Höhenunterschied
ca. 720 m im Aufstieg

Höhenunterschied
ca. 1200 m im Abstieg

Mit den öffentlichen Verkehrsmitteln nach St. Christina und von dort mit dem Shuttle-Bus zur Talstation der Kabinenumlaufbahn Col Raiser

Info Bahn

Die lange und anspruchsvolle Bergwanderung durchquert die Puezgruppe und somit den östlichen Teil des Naturparks Puez-Geisler. Diese, für die Dolomiten recht wilde Gegend, besticht durch ihre landschaftliche Schönheit, aber auch durch ihre einmalige Flora und Fauna. Der Abstieg führt durch das leidenschaftlich äußerst reizvolle, von hohen Felswänden umgebene Langental und endet in Wolkenstein.

Routenverlauf: Bergstation Kabinenumlaufbahn Col Raiser – Regensburger Hütte – Sielesscharte – Puezhütte – Langental – Silvesterkapelle – Wolkenstein

Wegverlauf: Von der Bergstation Col Raiser (2104 m) auf dem Weg Nr. 4 in leichtem Abstieg zur Regensburger Hütte (2046 m). Weiter auf dem Weg Nr. 2 durch das einsame Cisles-

tal nordwärts (bei den Weggabelungen immer auf dem Weg Nr. 2 bleiben) und zum Schluss über ein steiles Geröllfeld hinauf in die Sielesscharte (2515 m). Auf dem teilweise gesicherten Weg Nr. 2 über den Felsgrat, um dann den großen Schotterkessel bis zu einem Gratrücken zu queren. Bei der Weggabelung auf dem Weg Nr. 2 bleiben, hinunter zu den Grasböden der Puezalpe und nun fast eben, immer dem Weg Nr. 2 folgend, bis zur Puezhütte (2481 m). Von der Hütte auf dem Weg Nr. 14 hinunter ins hinterste Langental. Durch das Tal in langer, weitgehend ebener Wanderung hinaus zur Silvesterkapelle und weiter auf dem Weg Nr. 14 direkt hinunter nach Wolkenstein zur Bushaltestelle.
Rückfahrt mit dem Linienbus.

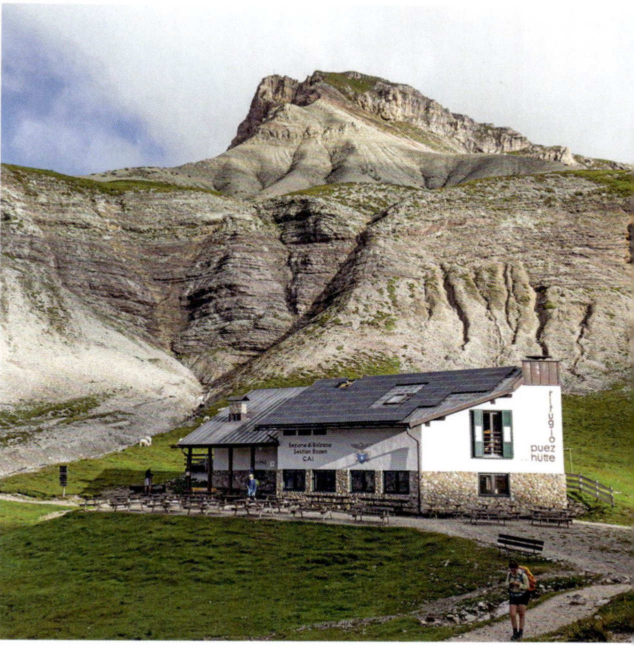

Die Puezhütte

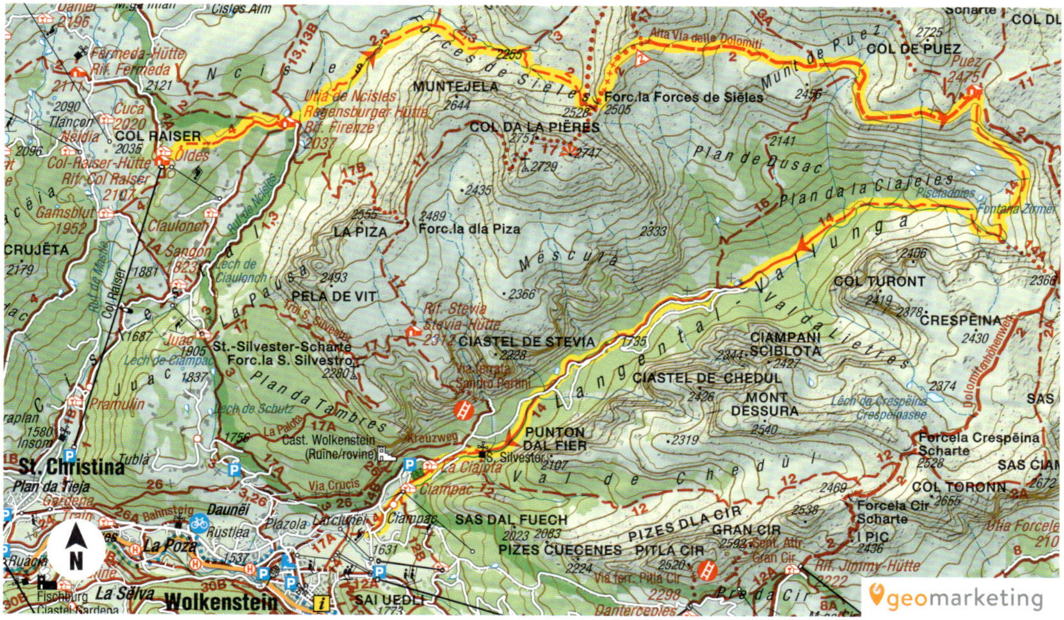

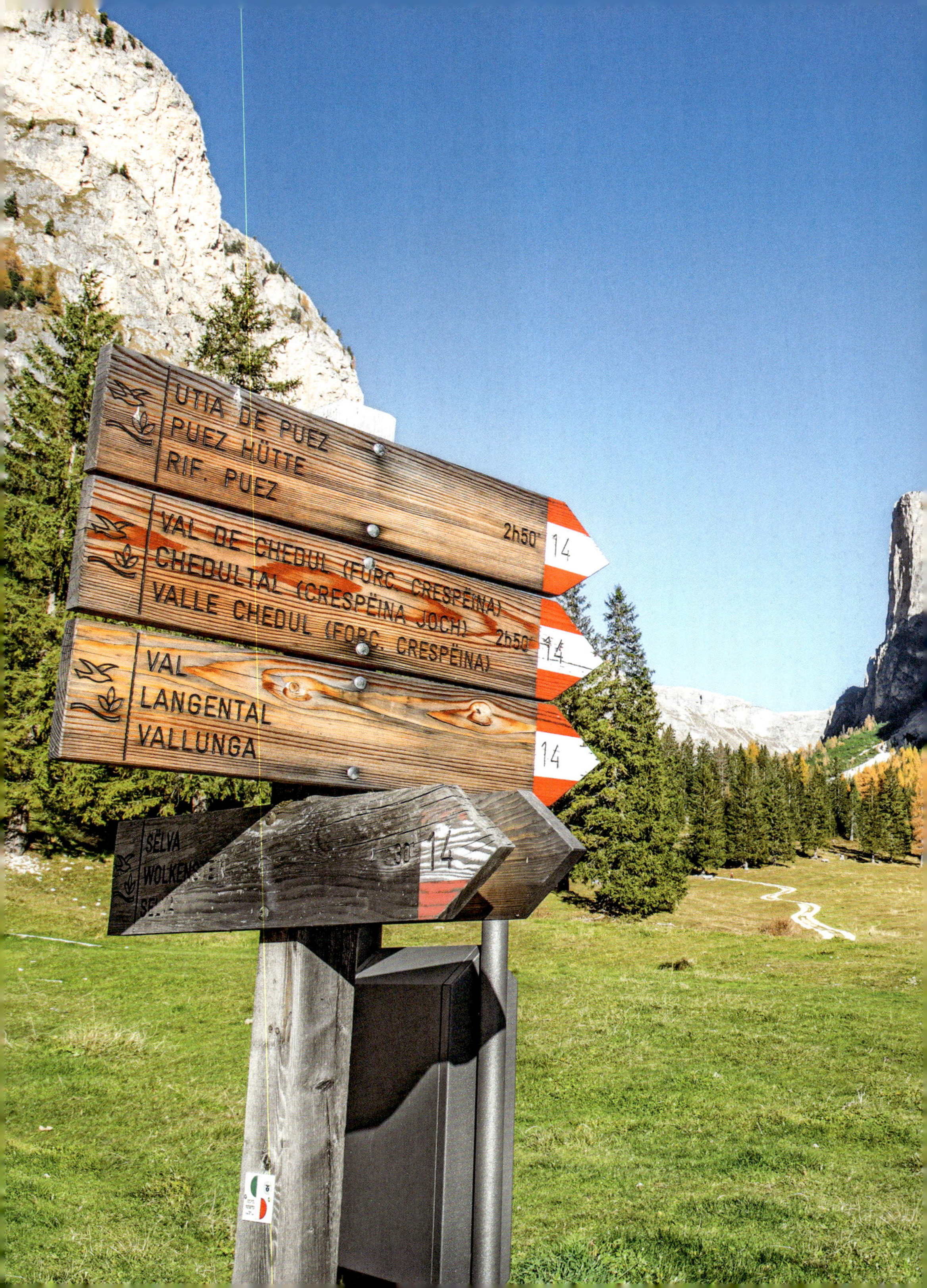
UTIA DE PUEZ
PUEZ HÜTTE
RIF. PUEZ
2h50' 14
VAL DE CHEDUL (FORC. CRESPËINA)
CHEDULTAL (CRESPËINA JOCH)
VALLE CHEDUL (FORC. CRESPËINA)
2h50' 14
VAL
LANGENTAL
VALLUNGA
14
SËLVA
30' 14

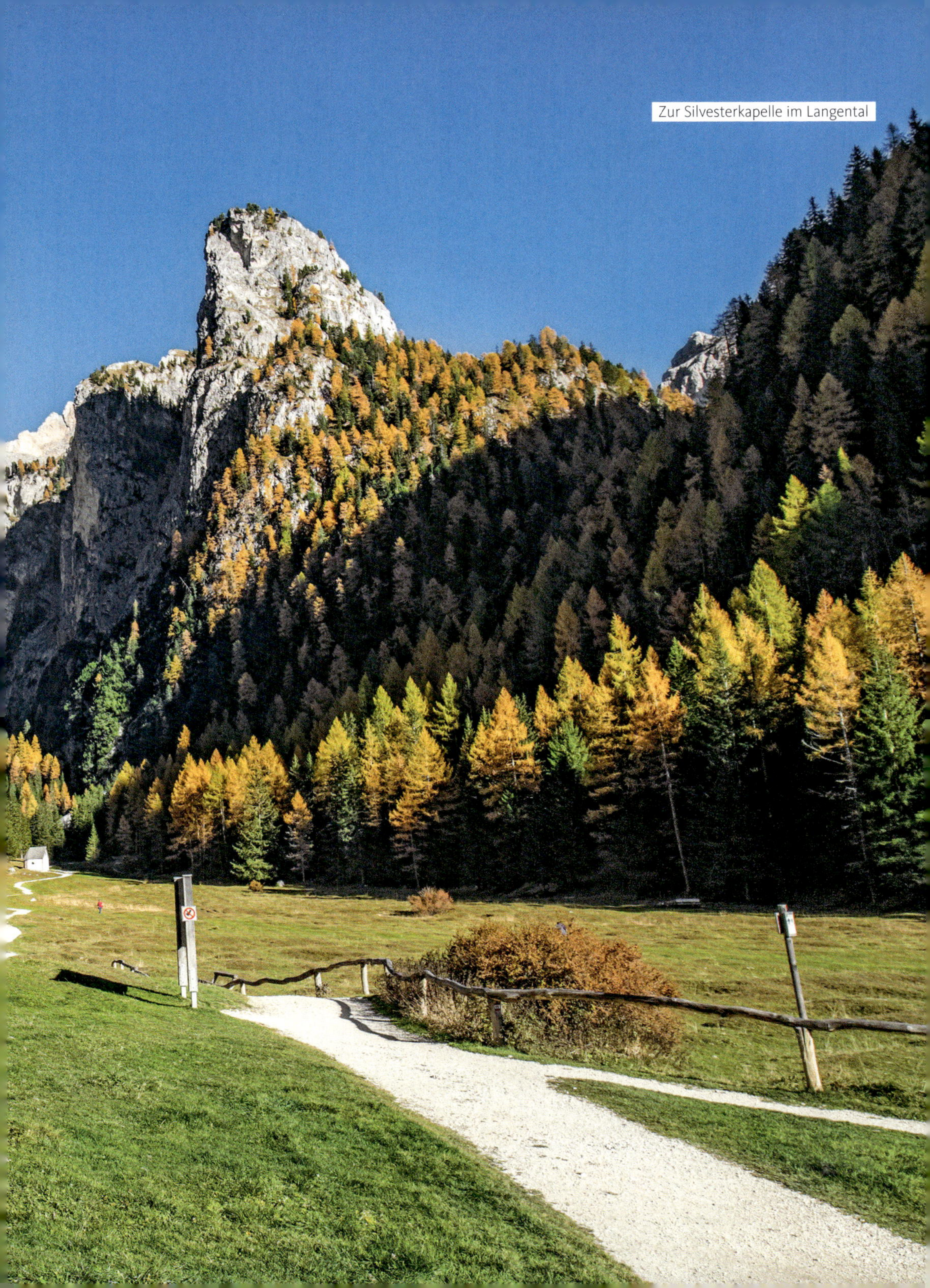
Zur Silvesterkapelle im Langental

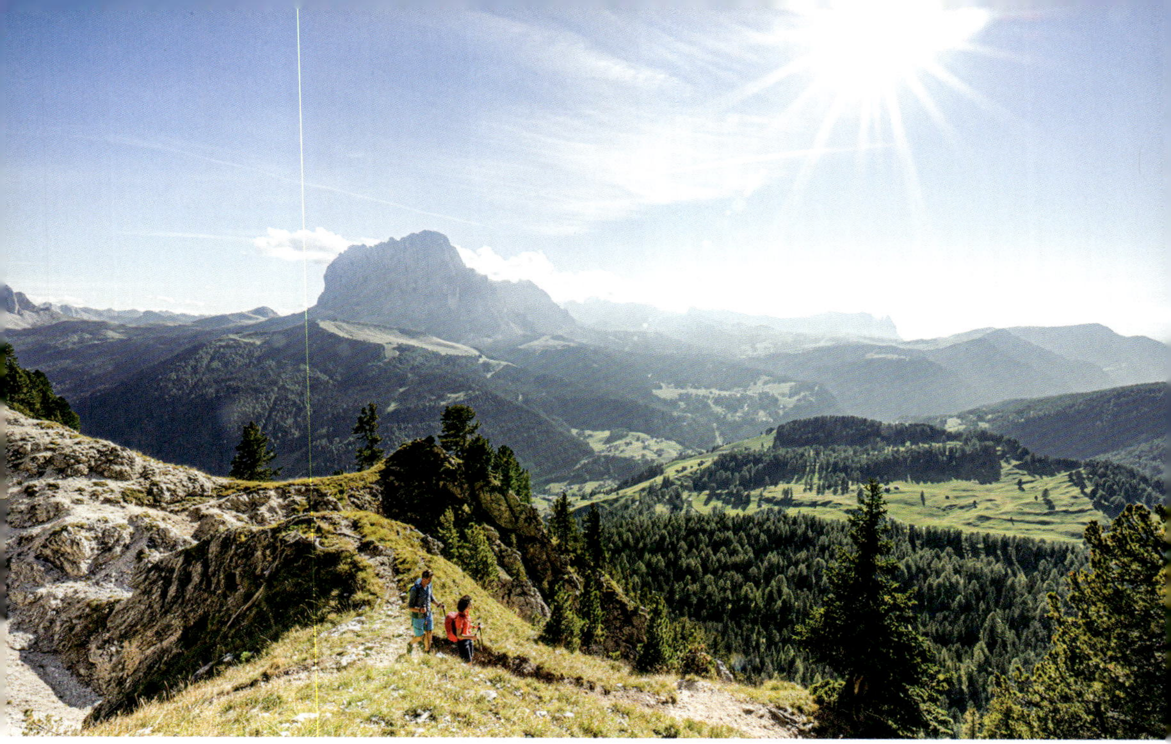

Im Aufstieg zur Steviahütte

30 ÜBER DIE STEVIA-HOCHFLÄCHE

Diese nicht besonders schwierige, aber wegen ihrer Länge nicht zu unterschätzende Tour, überschreitet die nordöstlich von Wolkenstein aufragende Steviagruppe. Direkt am Südende der Stevia-Hochfläche liegt die gleichnamige Hütte. Von der Hochfläche bietet sich ein grandioser Ausblick auf den nahen Sellastock und die Langkofelgruppe.

Tourenlänge
ca. 11,2 km

Gehzeit
ca. 6–6 ½ Stunden

Höhenunterschied
ca. 1390 m im Aufstieg

Höhenunterschied
ca. 620 m im Abstieg

Info Bahn

Anfahrt
Von Wolkenstein mit dem Linienbus bis zum Weiler Daunëi

Routenverlauf: Häusergruppe „Daunëi" (Bushaltestelle) – Juàc-Hütte – Silvesterscharte – Steviahütte – Pizascharte – Regensburger Hütte – Trojerhütte – Bergstation Seceda-Seilbahn

Wegverlauf: Vom Weiler Daunëi (1670 m) über den Weg Nr. 3 gemütlich aufwärts Richtung Juàc-Hütte (1907 m). Kurz vor der Hütte rechts abbiegen auf Weg Nr. 7 und über einen gut angelegten, aber zum Teil steilen Weg aufwärts in die Silvesterscharte (2280 m). An dieser inks weiter (Weg Nr. 17) zur Steviahütte (2322 m). Über die Stevia-Hochfläche dem Weg Nr. 17 bis zur

Pizascharte (2492 m) folgen. Abstieg nach links über den Weg Nr. 17 B. Zuerst noch steil über Serpentinen (Handseile), dann gemächlich weiter, bis man auf eine Weggabelung trifft. Rechts weiter zur nahen Regensburger Hütte (2046 m). Von der Hütte über den Weg Nr. 1 zur Trojerhütte (2250 m). Bei der nächsten Weggabelung kurz nach links dem Weg Nr. 1 folgen, um an der darauffolgenden Abzweigung geradeaus auf Weg Nr. 1 zur Bergstation der Seceda-Seilbahn (2518 m) weiterzuwandern. Abfahrt mit der Seilbahn nach St. Ulrich und Rückfahrt mit dem Linienbus.

(TIPP!) Die Wanderung kann man verkürzen, indem man von der Regensburger Hütte zur Bergstation des Col-Raiser-Liftes wandert und mit diesem ins Tal fährt.

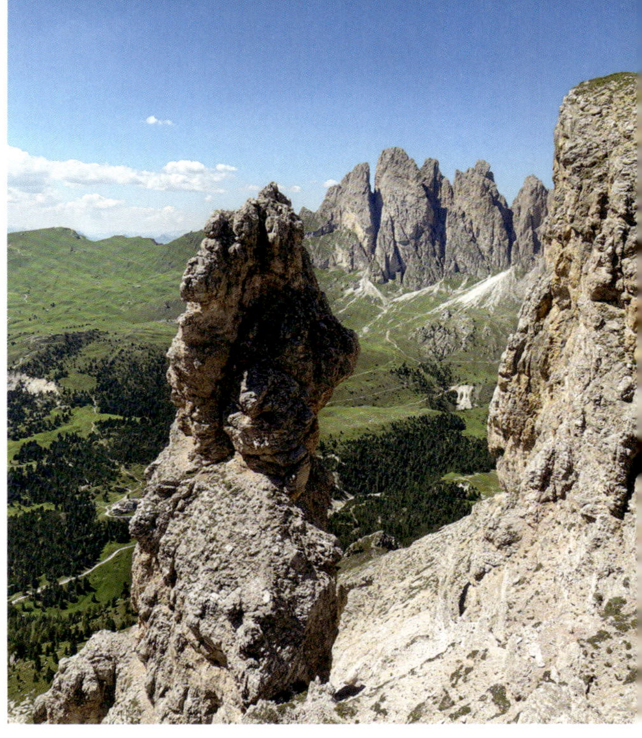

Die Pizascharte

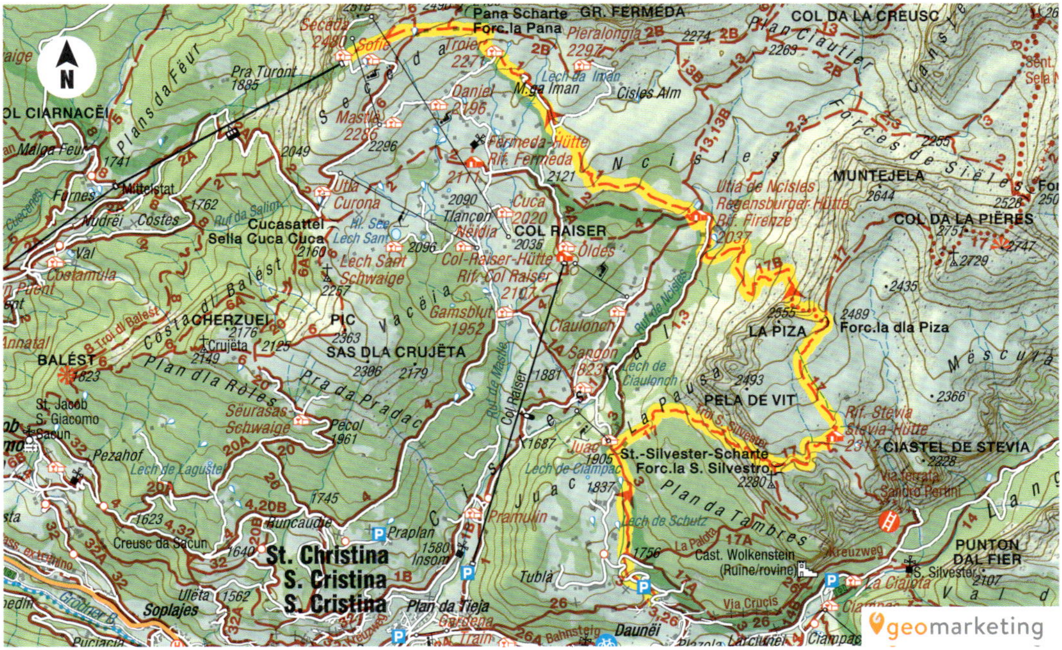

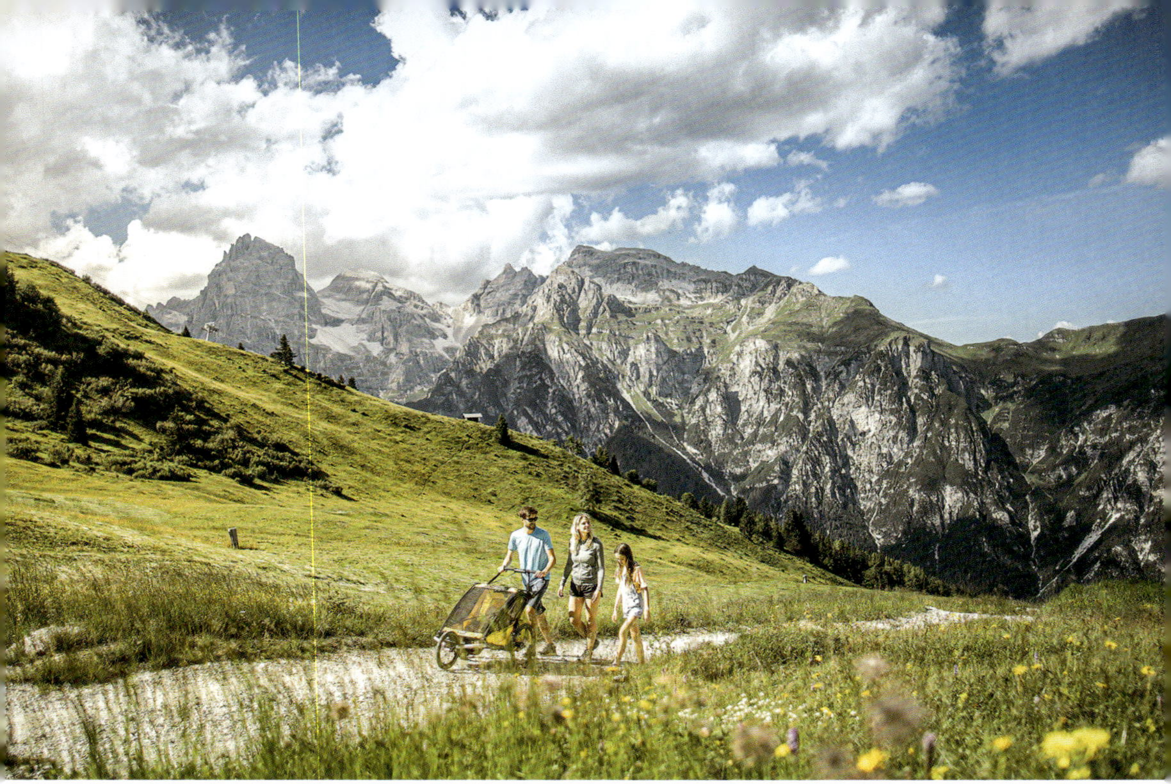

Wandergebiet Ladurns mit Blick auf den Tribulaun

31

GEMÜTLICHE ALMENWANDERUNG IM PFLERSCHER TAL

Diese einfache Wanderung, die durch eine verhältnismäßig ruhige Mittelgebirgslandschaft führt, bietet sehr schöne Ausblicke auf die wilde Bergwelt des Pflerscher Tales. Entlang des Weges bieten sich sowohl die Edelweißhütte als auch die Allrissalm zu einer gemütlichen Einkehr an.

Tourenlänge
ca. 9,4 km

Gehzeit
ca. 3 ½–4 Stunden

Höhenunterschied
ca. 370 m im Aufstieg

Höhenunterschied
ca. 850 m im Abstieg

Anfahrt
Mitten im Pflerscher Tal liegt die Kabinenbahn Ladurns, die von Gossensaß mit dem Linienbus erreicht werden kann.

Info Bahn

Routenverlauf: Bergstation Kabinenbahn Ladurns – Ladurnerhütte – Edelweißhütte – Teisljöchl – Toffringalm – Allrissalm – St. Anton

Wegverlauf: Von der Bergstation der Kabinenbahn Ladurns (1715 m), vorbei an der Ladurnerhütte (1730 m), in leichtem Anstieg über den Weg Nr. 34 zur Edelweißhütte (1982 m) und weiter auf dem Weg mit der Markierung Nr. 34 bis zum Teisljöchl (1980 m). Man zweigt rechts ab und folgt dem Weg Nr. 35.

Kurz darauf links weiter entlang des Dolomieuweges zur Toffringalm (1695 m) und zur Allrissalm (1534 m). Dort beginnt entlang des Weges mit der Markierungsnummer 27 der Abstieg nach St. Anton (1225 m). Rückfahrt zur Talstation der Kabinenbahn mit dem Linienbus.

(TIPP!) Besuch beim Kräuterhof Botenhof im Pflerschtal! Dort werden Heil- und Würzkräuter nach biologischen Richtlinien gepflegt und zu hochwertigen Produkten veredelt.

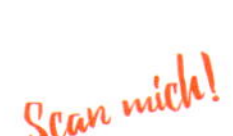

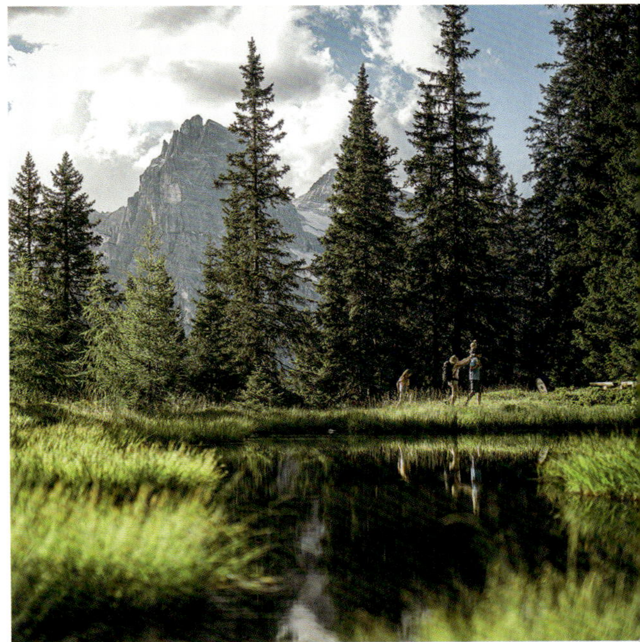

Das Biotop „Ladurner Lacken“

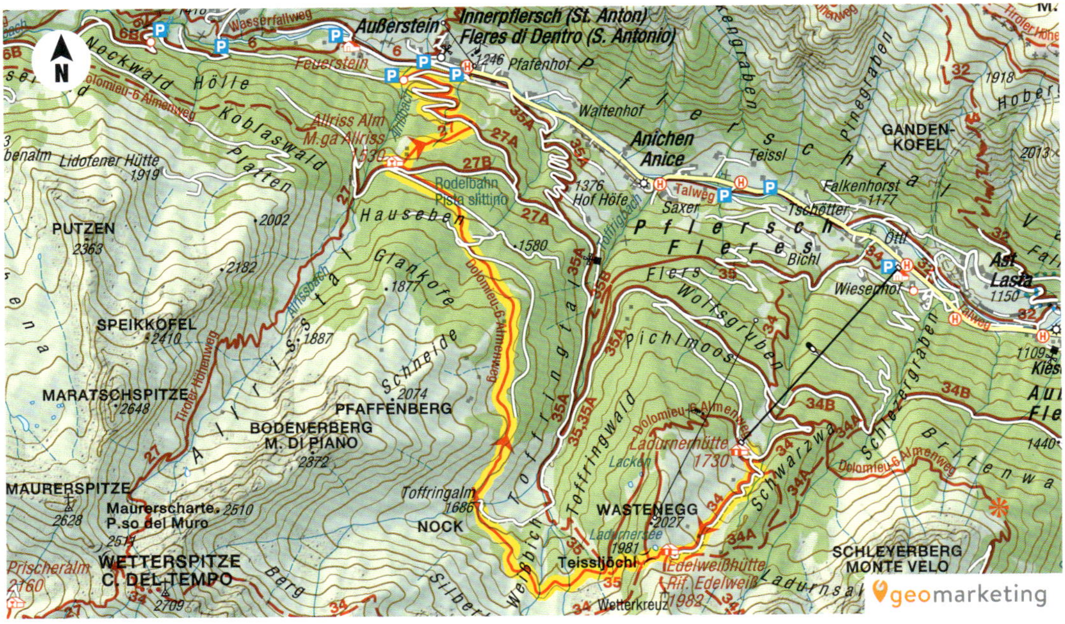

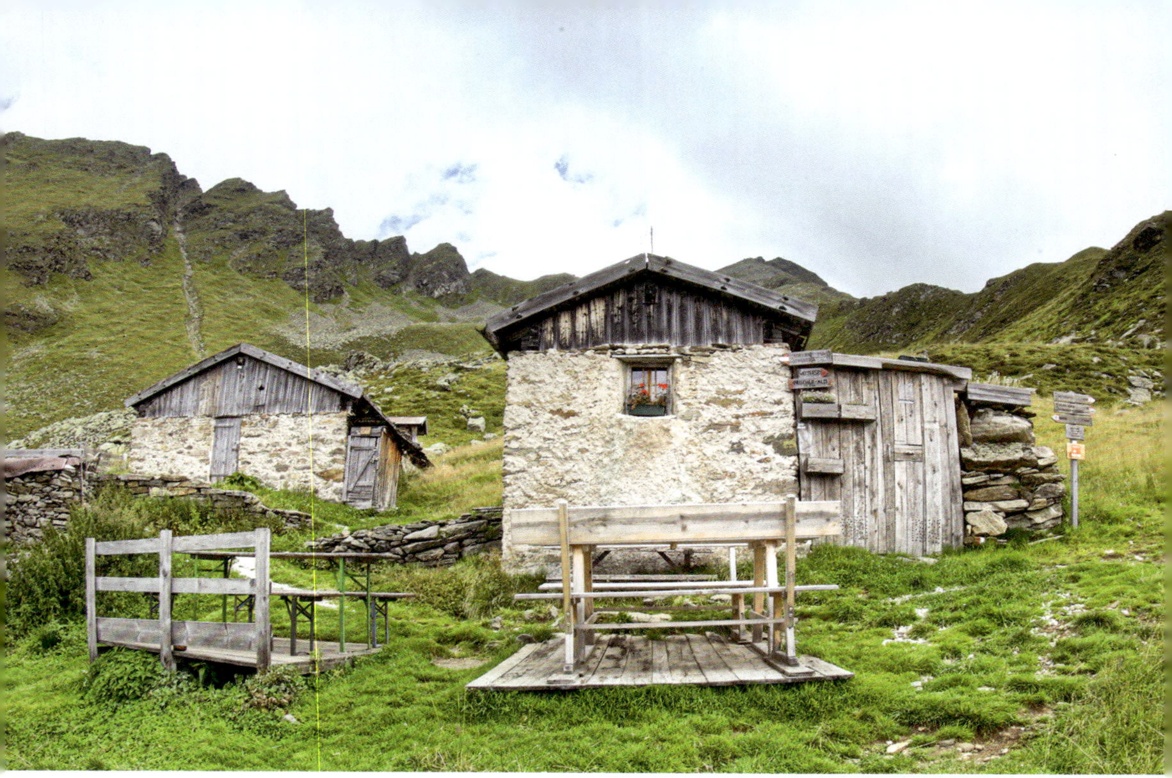

Auf dem Ridnauner Höhenweg zur Prischeralm

32

DER RIDNAUNER HÖHENWEG

Diese lange Höhenwanderung kann von gut trainierten Bergwanderern bei frühzeitigem Start noch vor einem Nachmittagsgewitter bewältigt werden. Die sonnseitige Route führt unter der Telfer Weißen, der Seeber- und der Wetterspitze vorbei, die steilen Gras- und Schrofenhänge auf schmalem Wege querend, bis in den Talschluss von Ridnaun, von wo mit imposantem Blick auf die Eiskulisse des Übeltalferners ins Bergwerksdörfchen Maiern abgestiegen wird.

Tourenlänge
ca. 12,7 km

Gehzeit
ca. 5–5 ½ Stunden

Höhenunterschied
ca. 630 m im Aufstieg

Höhenunterschied
ca. 1100 m im Abstieg

Anfahrt

Mit dem Zug oder Bus nach Sterzing. Weiter mit dem Citybus zur Talstation der Gondelumlaufbahn Rosskopf

Info Bahn

Routenverlauf: Bergstation Gondelumlaufbahn Rosskopf – Ochsenalm – Prischeralm – Maiern

Wegverlauf: Der Ridnauner Höhenweg (als solcher beschildert) beginnt direkt an der Bergstation der Gondelumlaufbahn (1860 m) und führt über einen fast ebenen Weg durch die Südflanke des Rosskopf. Von der Bergstation folgt man dem Weg Nr. 24 bis zur ersten Weggabelung, um dann auf der Nr. 23 weiterzuwandern. Bei der darauffolgenden Wegverzweigung nicht rechts abbiegen, sondern weiter über den Ridnauner Höhenweg zur Ochsenalm (1908 m). Nach der Alm wird der Weg schmaler und führt im Anstieg durch die Südflanke der Telfer Weißen. Vorbei am Wetterkreuz (2118 m) bis zur nächsten Weggabelung. Weiter über den Weg Nr. 7 (Ridnauner Höhenweg) und ohne allzu großen Höhenunterschied taleinwärts, bis die Nr. 7 rechts ab zur Seeberspitze führt. Bei der Weggabelung wiederum auf dem Ridnauner Höhenweg bleiben. Nach etlichen Kilometern Wanderung durch abschüssige, von Gräben durchzogene Wiesenhänge, trifft der Weg auf den Aufstieg zur Wetterspitze (Nr. 27). Über die Nr. 27 zur Prischeralm (2155 m) und weiter nach Maiern absteigen. Zurück mit dem Linienbus nach Sterzing.

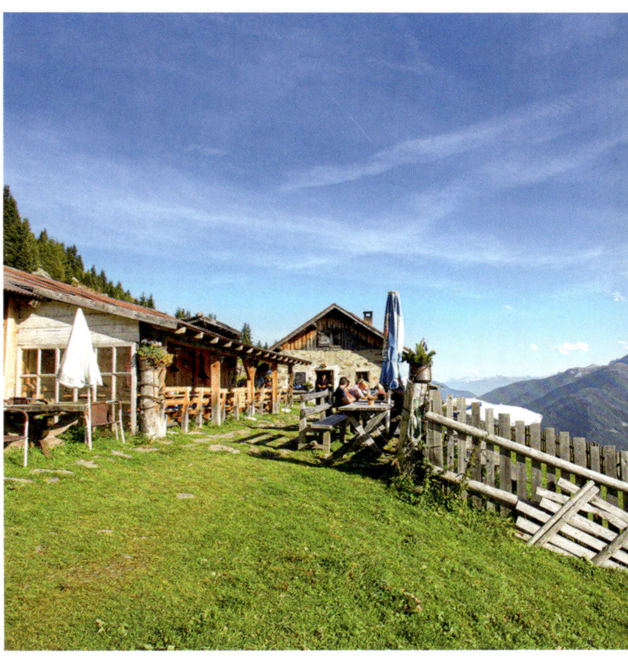

Die Ochsenalm mit einmaligem Ausblick auf das Eisacktal

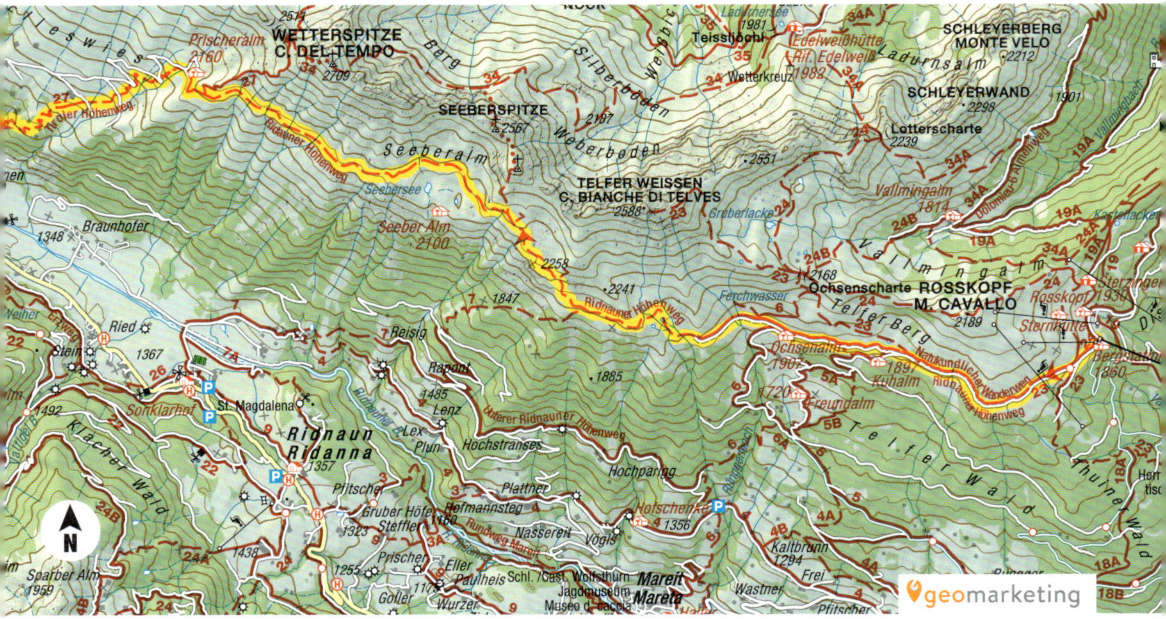

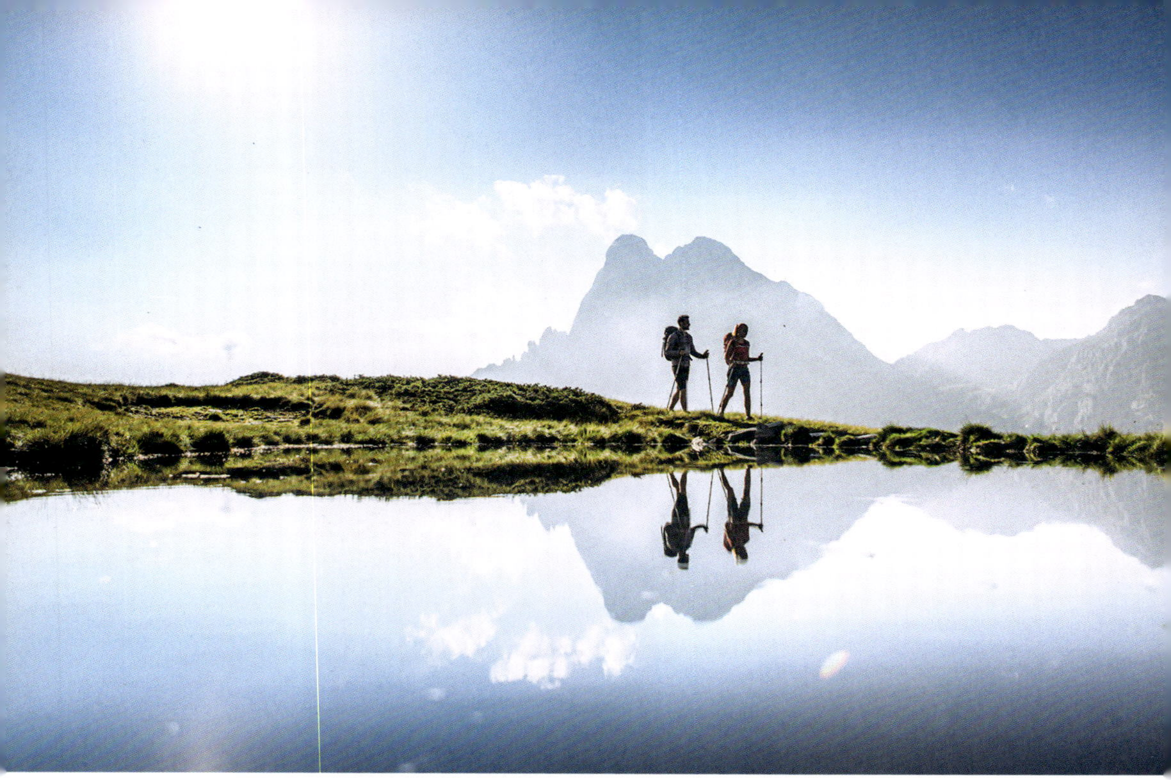

Auf der Plose

33

VOM WÜRZJOCH AUF DIE PLOSE

Die 2465 Meter hohe Plose ist Brixens Hausberg, von dessen Gipfelkuppe der Aussicht kaum Grenzen gesetzt sind. Der Plosestock besteht aus mehreren Gipfeln: dem Telegraph (2504 m), der Pfannspitze (2547 m) und dem Gabler (2562 m). Diese sanfte Berglandschaft ist ein weitläufiges Wandergebiet, in dem mehrere Hütten und Almen entlang der weitverzweigten Wege immer wieder zu Rast und Einkehr verleiten.

Tourenlänge
ca. 12 km

Gehzeit
ca. 4 ½–5 Stunden

Höhenunterschied
ca. 720 m im Aufstieg

Höhenunterschied
ca. 670 m im Abstieg

Info Bahn

Anfahrt
Mit dem Linienbus zum Würzjoch

Routenverlauf: Würzjoch – Lüsner Scharte – Plosehütte – Bergstation Kabinenbahn Plose

Wegverlauf: Vom Parkplatz am Würzjoch (1982 m) kurz entlang der Straße abwärts Richtung Brixen. Dann links weiter auf dem Weg Nr. 8, bis man neuerlich auf die Straße trifft, der man kurz folgt. Weiter abwärts auf Weg Nr. 8. Nach der Querung des Baches rechts auf den Weg Nr. 9 abbiegen, vorbei an der

Enzianhütte und bei der nächsten Weggablung, noch vor Erreichen der Schatzerhütte (1984 m), rechts ab auf den Weg Nr. 4 (auch Dolomiten-Höhenweg) und hinauf zur Lüsner Scharte (2373 m). Von der Scharte steigt man über den Dolomiten-Höhenweg (auch Wegnummer 6/7) zur Plosehütte (2447 m) ab und geht, immer dem Dolomiten Höhenweg folgend, zur Bergstation der Kabinenbahn Plose (2050 m).
Abfahrt mit der Bahn nach St. Andrä, wo es eine Bushaltestelle gibt.

(TIPP!) Von der Bergstation Abfahrt ins Tal mit den Mountaincarts!

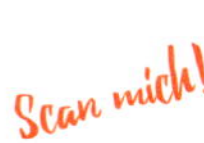

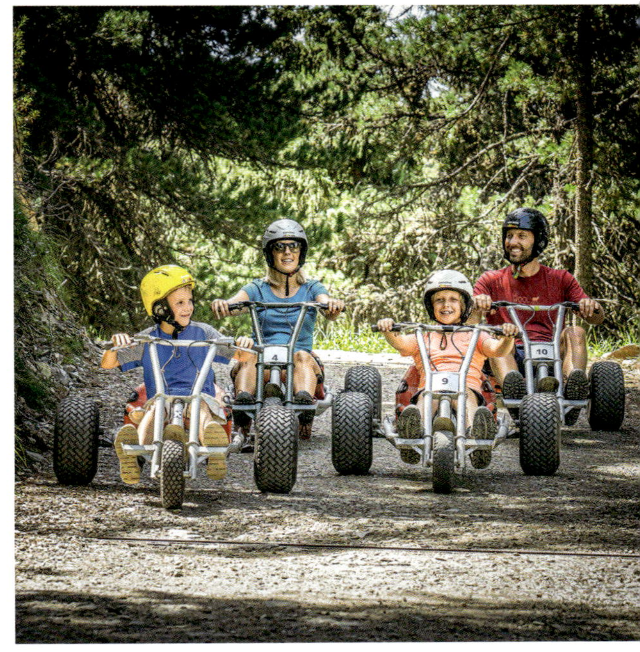

Fahrspaß pur mit den Mountaincarts

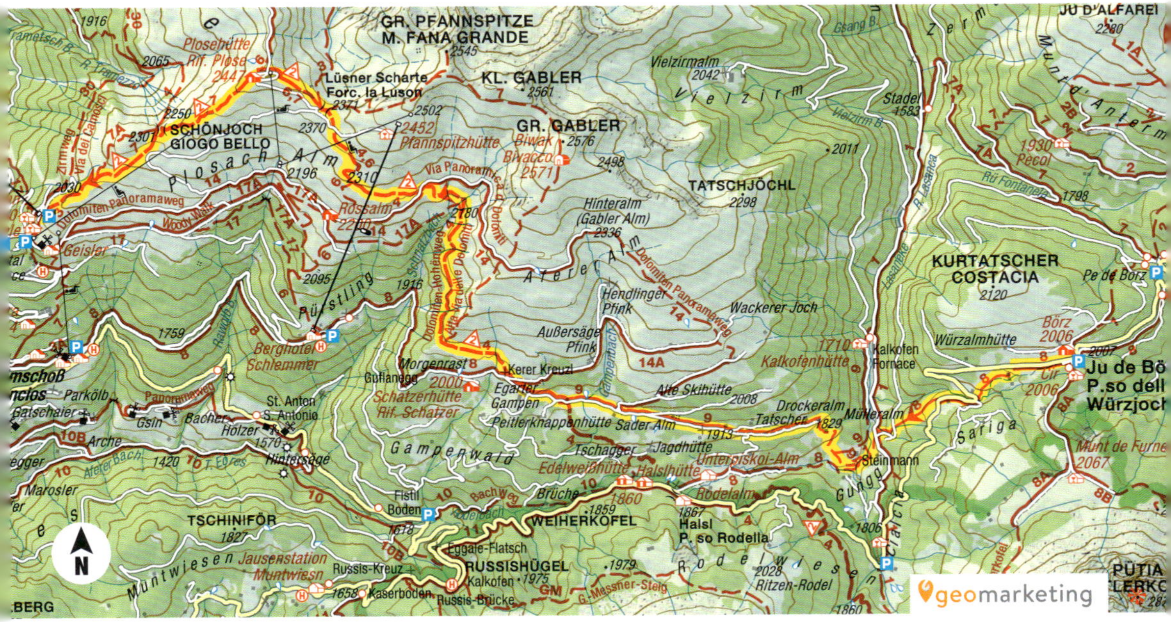

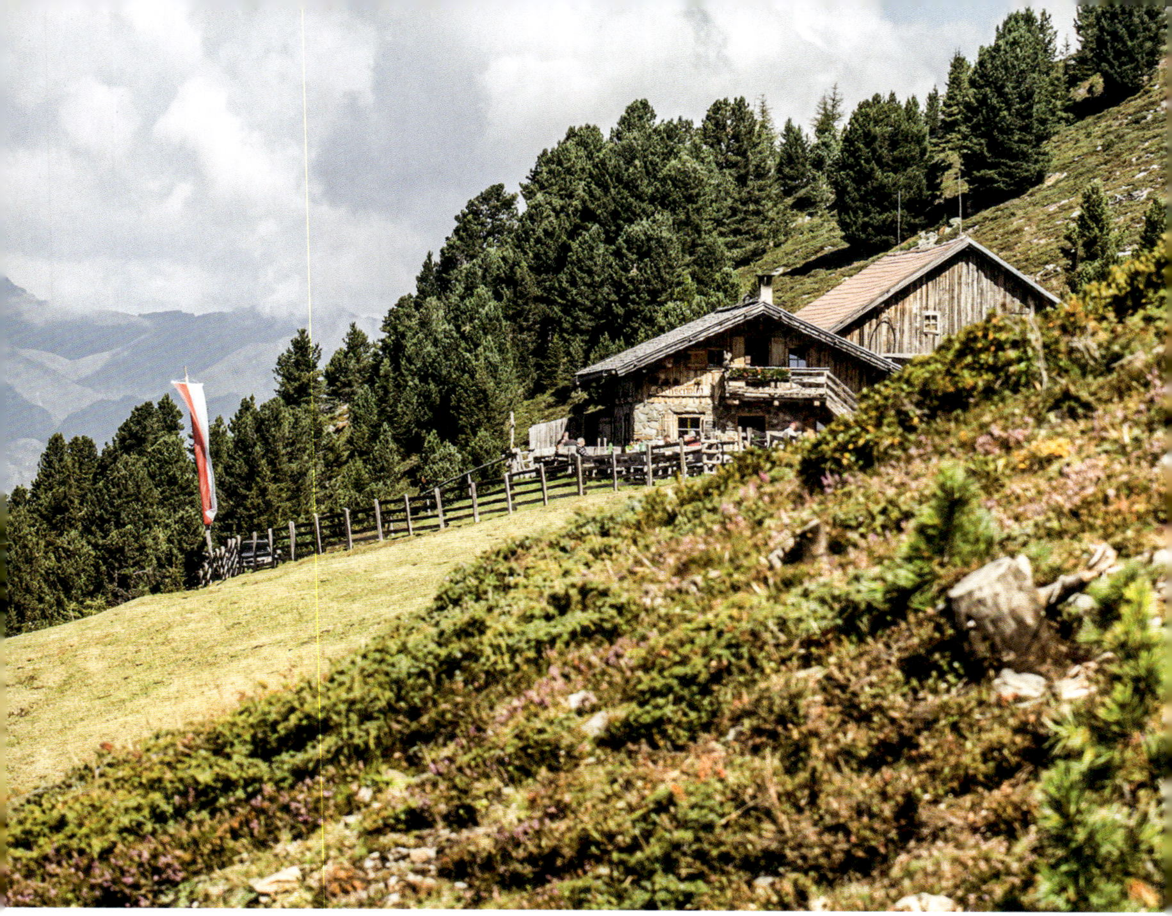

Die Ochsenalm

34 ZUR OCHSENALM UND ABSTIEG NACH LÜSEN

Tourenlänge
ca. 15 km

Gehzeit
ca. 5 Stunden

Höhenunterschied
ca. 290 m im Aufstieg

Höhenunterschied
ca. 1350 m im Abstieg

Anfahrt
Von Brixen mit dem Linienbus nach St. Andrä und mit der Kabinenbahn auf die Plose

Info Bahn

Der erste Abschnitt dieser Wanderung führt über den Brixner Höhenweg, auch Zirmhöhenweg genannt, der hoch über Brixen die Westflanke der Plose durchquert. Der Weg verläuft teilweise an der Waldgrenze, teilweise etwas höher bis hin zur Ochsenalm. Der Brixner Höhenweg ist gut ausgebaut und einfach zu begehen.

Routenverlauf: Bergstation Kabinenbahn Plose – Brixner Höhenweg – Ochsenalm – Ackerboden – Kircheralm – Nivenol – Lüsen

Wegverlauf: Der Brixner Höhenweg ist ab der Bergstation der Kabinenbahn (2050 m) mit der Markierung Nr. 30 gekennzeichnet. Über diesen Weg gemütlich zur Ochsenalm (2071 m).
Die Abzweigung zum Ackerboden liegt ca. 150 Meter von der Alm entfernt, doch empfiehlt es sich vor dem langen Abstieg noch eine Pause einzulegen. Anderenfalls kann man direkt über den Weg Nr. 6 Richtung Ackerboden absteigen. Am linken Ausläufer der Waldlichtung, in der die Ackerbodenalm (1762 m) liegt, trifft man auf eine Weggabelung. Über den Weg Nr. 3A vorbei an der Ackerbodenalm und durch den Wald bis zur versteckten Kircheralm.
Immer auf demselben Weg bis nach Nivenol (1584 m) absteigen. Der Weg Nr. 3B führt von hier hinunter nach Lüsen, wobei das letzte Stück bis in die Ortschaft auf einer Naturstraße gewandert wird.
In der Ortschaft Lüsen, wo sich die Naturstraße mit der Hauptstraße trifft, kurz talauswärts zur Haltestelle des Linienbusses gleich nach der Brücke.
Rückfahrt nach Brixen mit dem Linienbus.

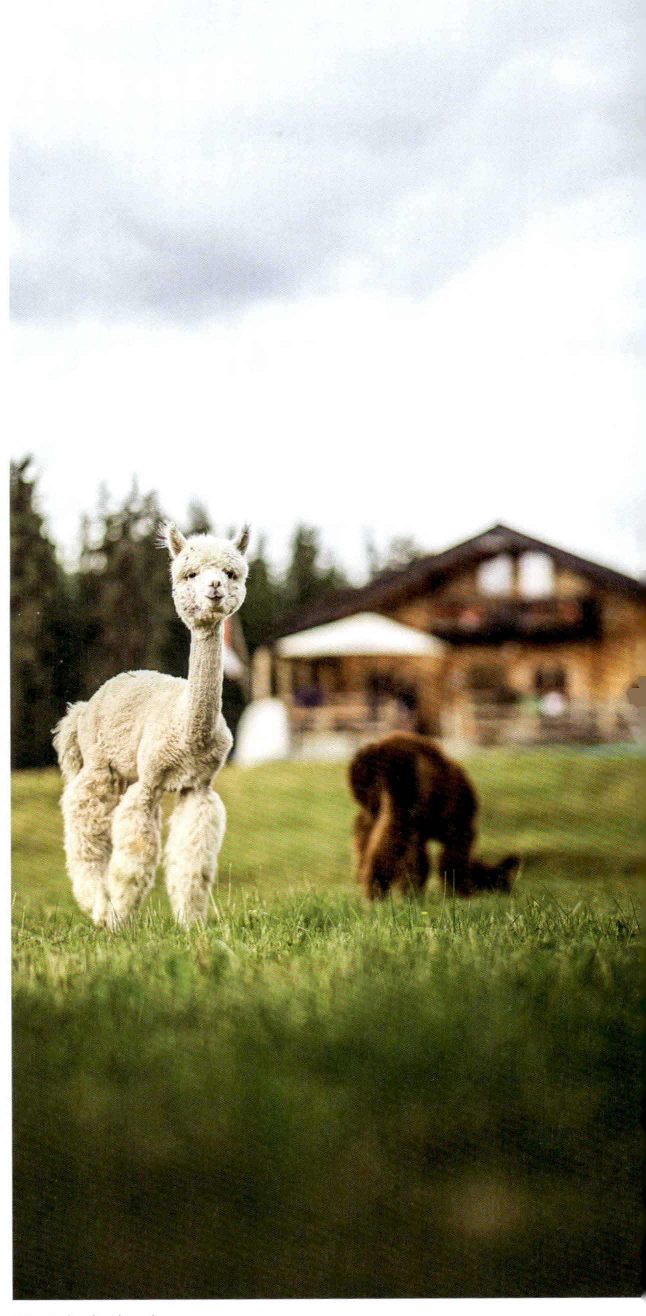

Die Ackerbodenalm

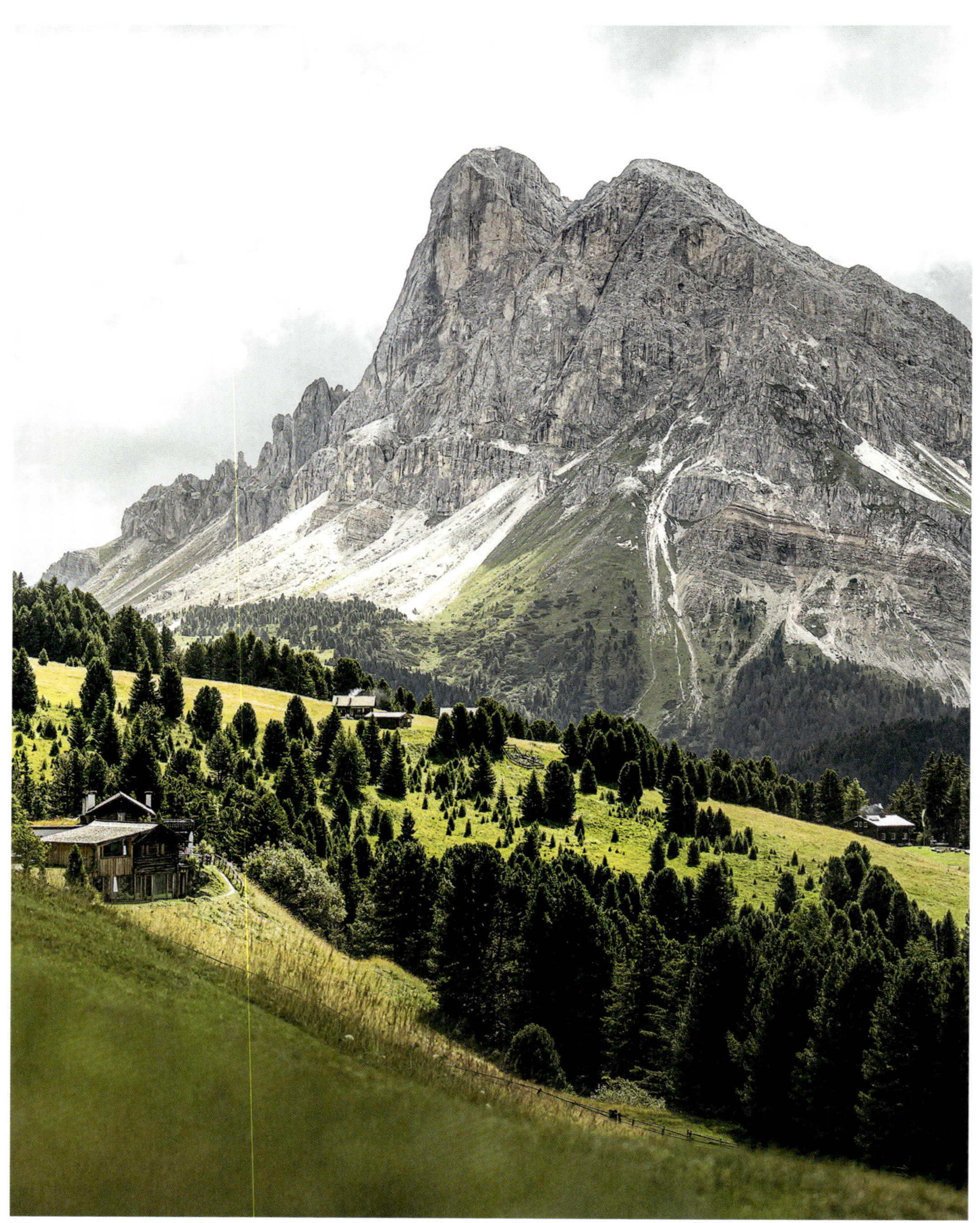

Blick auf die Nordwand des Peitlerkofels

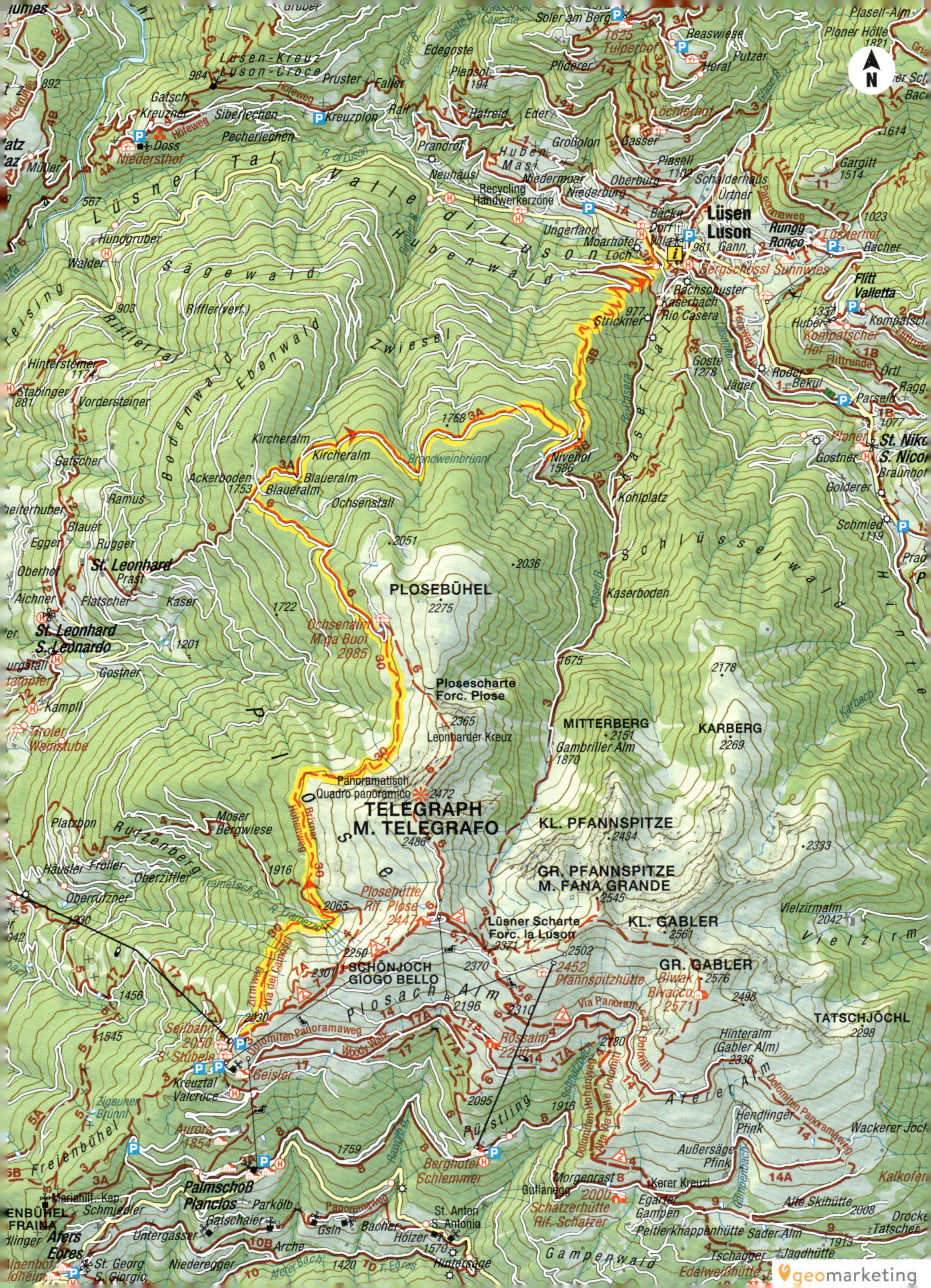
Lüsen-Kreuz
Luson-Croce
Prantl
Faller
Edegoste
Soler am Berg
Tulperhof
Reaswiese
Heral
Putzer
Ploner Hölle
Gatsch
Kreuzner
Siberlechen
Kreuzplon
Rafreid
Eder
Löcherhof
Doss
Niedersthof
Pecherlechen
Prandrol
Huben
Masi
Großplon
Gasser
Plasell
Gargitt
Lüsner Tal
Valle di Luson
Neuhäusl
Niedermoar
Niederburg
Oberburg
Schalderhaus
Ürtner
Recycling
Handwerkerzone
Hubenwald
Ungerland
Moarhofer
Loch
Lüsen
Luson
Rungg
Ronco
Gann
Bacher
Lüsnerhof
Hundgruber
Walder
Sägewald
Bergschlössl Sunnwies
Bachschuster
Kaserbach
Rio Casera
Flitt
Valletta
Kompatscher Hof
Riffler (verf.)
Zwiesel
Strickner
Ebenwald
Bodenwald
Hintersteiner
Stabinger
Vordersteiner
Goste
Jäger
Roder
Bekul
Parseid
Kircheralm
Blaueralm
Ochsenstall
Brandweinbrünnl
Nivehof
Ackerboden
Gatscher
Ramus
Blauer
Egger
Rugger
Oberhof
St. Leonhard
Prast
Aichner
Flatscher
Kaser
Kohlplatz
Schlüsselwald
Plonerhof
St. Niko
S. Nicol
Gostner
Braunhof
Golderer
Schmied
PLOSEBÜHEL
Kaserboden
St. Leonhard
S. Leonardo
Gostner
Ochsenalm
M.ga Buoi
Ploscharte
Forc. Plose
Leonharder Kreuz
Tiroler Weinstube
Kampl
MITTERBERG
Gambriller Alm
KARBERG
Panoramatisch
Quadro panoramico
TELEGRAPH
M. TELEGRAFO
KL. PFANNSPITZE
Moser
Bergwiese
Platzbon
Rutzenberg
Häusler
Fröller
Oberzifler
Oberrutzner
GR. PFANNSPITZE
M. FANA GRANDE
Plosehütte
Rif. Plose
Lüsner Scharte
Forc. la Luson
KL. GABLER
Vielzirmalm
Vielzirm
SCHÖNJOCH
GIOGO BELLO
Pfannspitzhütte
GR. GABLER
Biwak
Bivacco
Plosach Alm
Via Panoramica
TATSCHJÖCHL
Seilbahn
S. Stübele
Dolomiten Panoramaweg
Rossalm
Hinteralm
(Gabler Alm)
Afererstal
Kreuztal
Valcroce
Geisler
Zigeuner Brünnl
Freienbühel
Aurora
Pürstling
Hendlinger
Pfink
Wackerer Joch
Außersäge
Pfink
Palmschoß
Plancios
Berghotel Schlemmer
Morgenrast
Kerer Kreuzl
Kalkofen
Mariahilf-Kap.
Schmiedler
Parköib
Gufianegg
Schatzerhütte
Rif. Schatzer
Egarter
Gampen
Alte Skihütte
ENBÜHEL
FRAINA
Afers
Eores
Gatschaier
Untergasser
Gsln
Bacher
Holzer
St. Anton
S. Antonio
Peitlerknappenhütte
Sader Alm
Drocker
Tatscher
St. Georg
S. Giorgio
Niederegger
Arche
Hintersäge
Gampenwald
Tschagger
Jagdhütte
Edelweißhütte
geomarketing

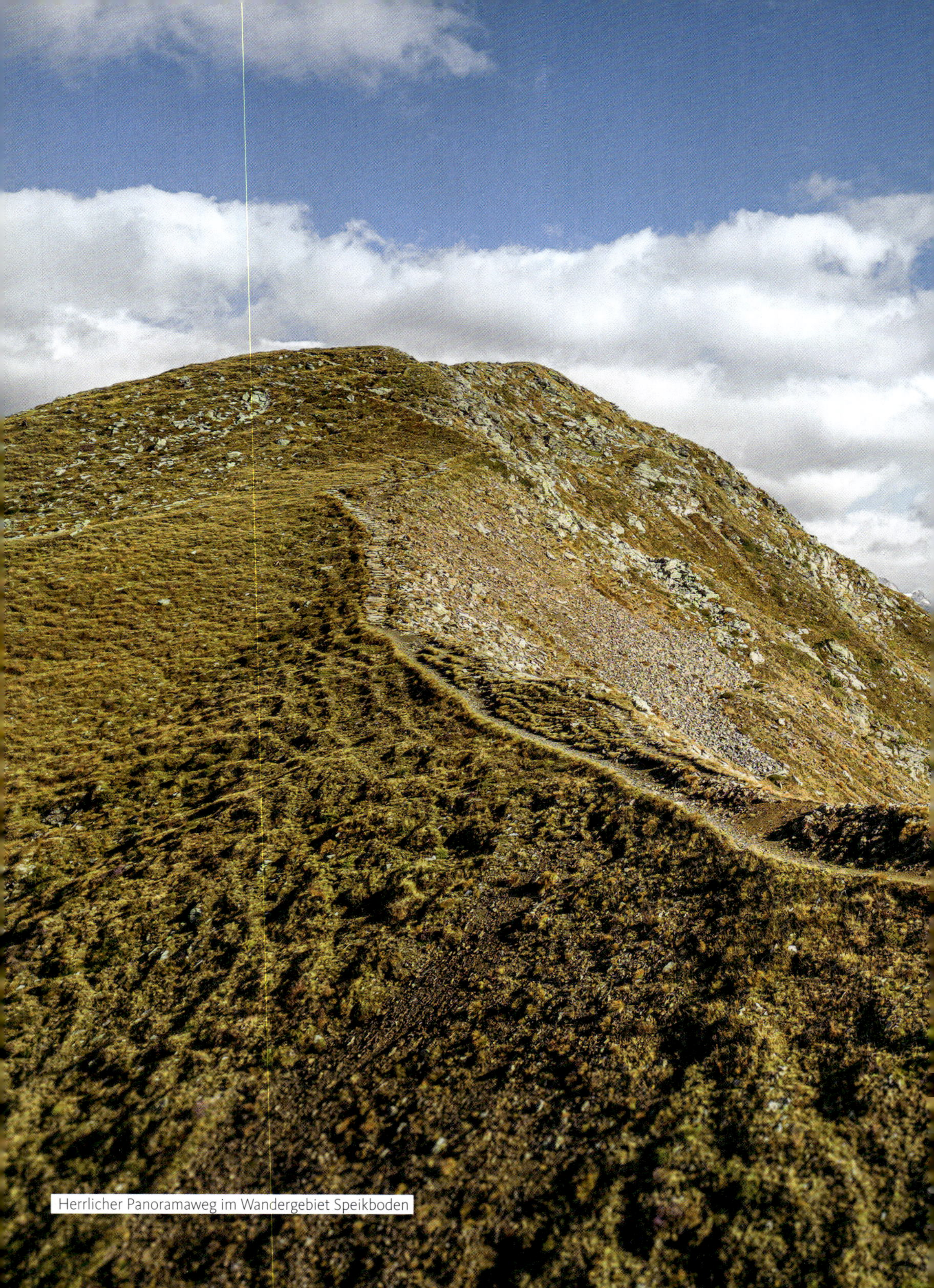

Herrlicher Panoramaweg im Wandergebiet Speikboden

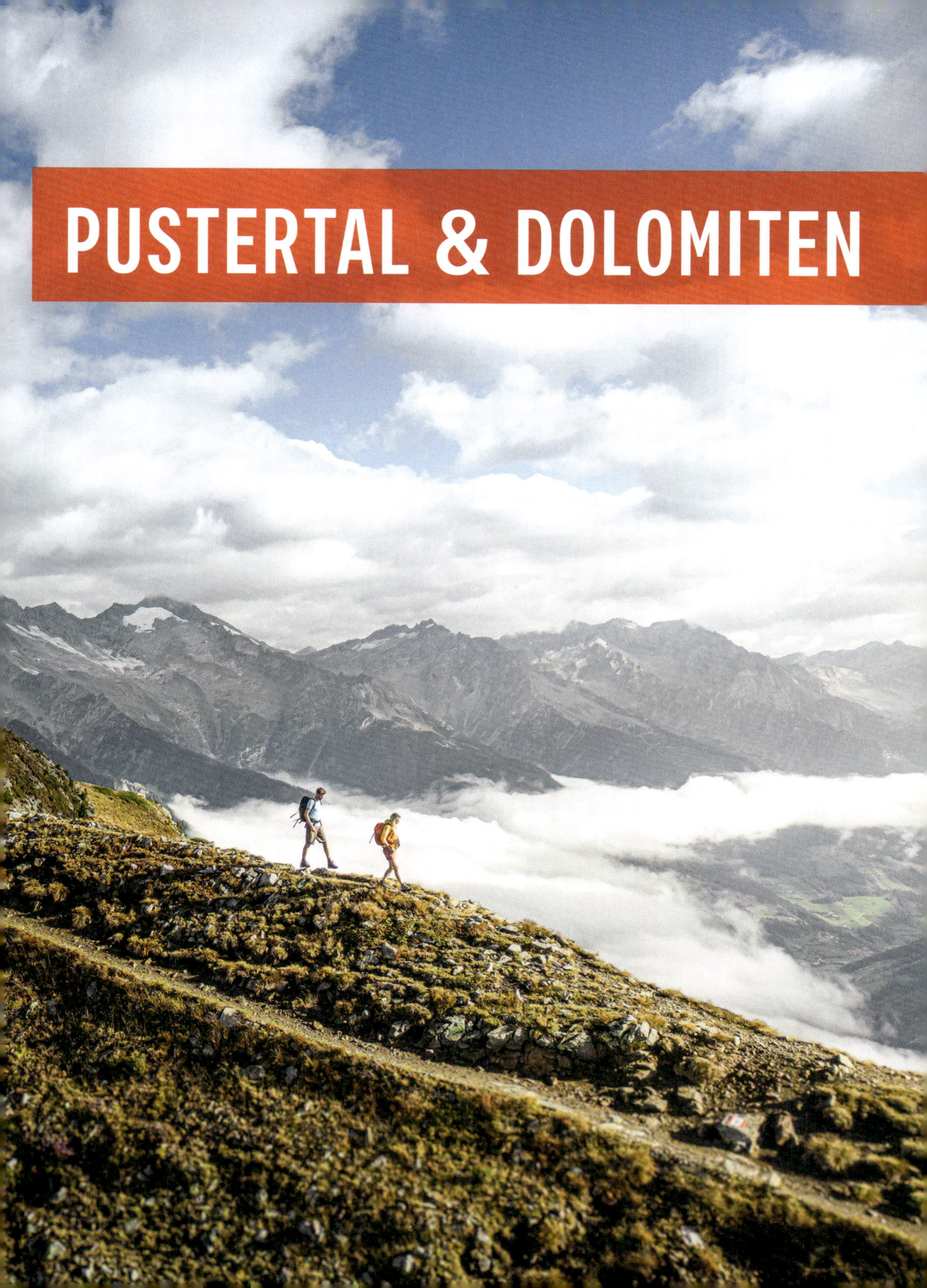
PUSTERTAL & DOLOMITEN

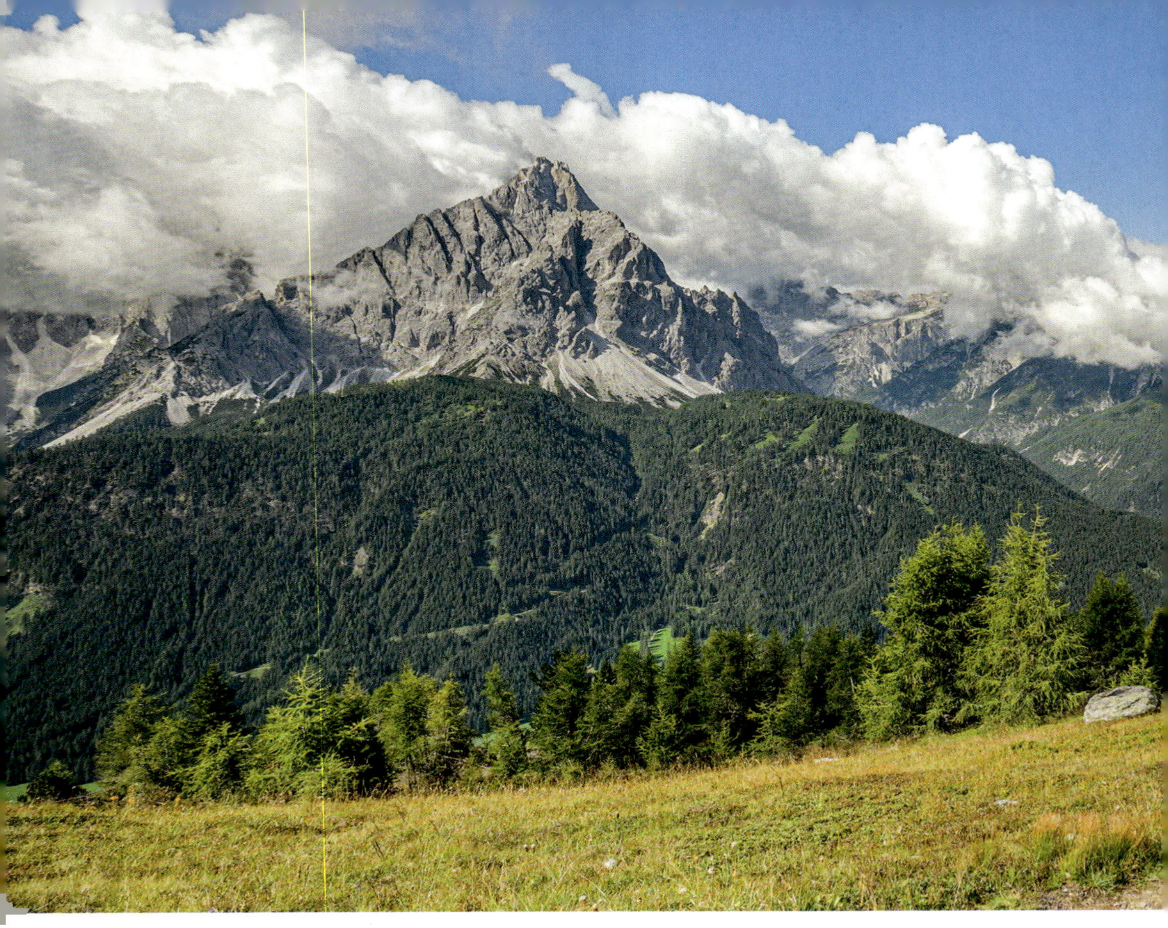

Tourenlänge
ca. 23,6 km

Gehzeit
ca. 9 Stunden

Höhenunterschied
ca. 1050 m im Aufstieg

Höhenunterschied
ca. 1450 m im Abstieg

Anfahrt

Mit dem Linienbus nach St. Veit in Sexten zur Talstation der Helm-Seilbahn oder mit dem Zug zur Haltestelle Vierschach-Helm

Info Bahn

2-TAGES-TOUR: LANGE HÖHENWANDERUNG AM KARNISCHEN KAMM

Der Helm liegt geografisch am Beginn des Karnischen Kammes und ist deshalb auch ein idealer Ausgangspunkt für eine mehrtägige Wanderung, die an der Gebirgsgrenze zwischen Italien und Österreich verläuft. Die hier beschriebene Wanderung ist eine abgeänderte Etappe entlang des Karnischen Kammes, bei der mehrere Gipfel überschritten werden. Die Sillianer Hütte bietet sich bestens für eine gemütliche Übernachtung an. Somit kann die hier beschriebene Etappe auch in zwei Tagen bewältigt werden.

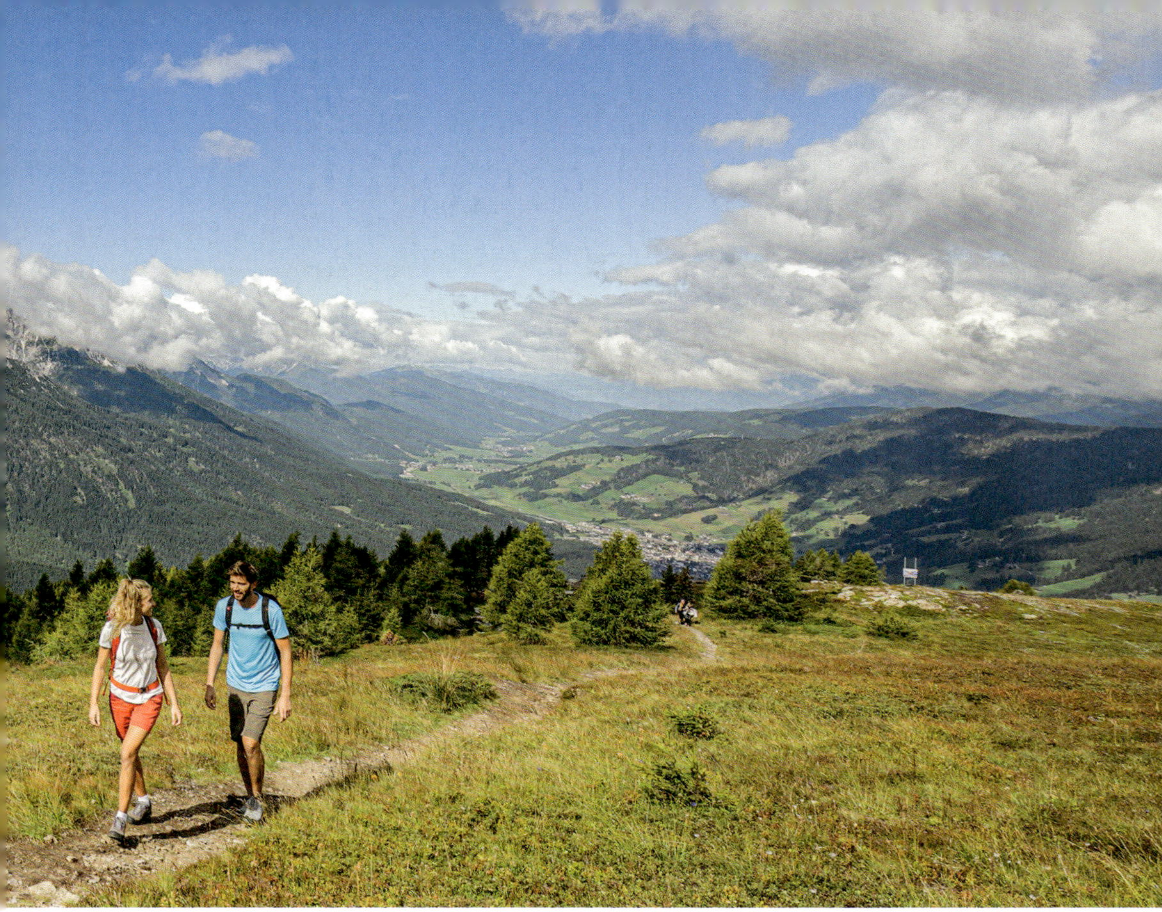

Auf dem Schmugglersteig unterwegs zur Hahnspielhütte –
im Hintergrund die Sextner Dolomiten

Routenverlauf: Bergstation Helm-Seilbahn – Hahnspielhütte – Sillianer Hütte – Obermahdsattel – Hornischegg – Hochgräntensee – Demut – Schöntalhöhe – Eisenreich – Sella Frugnoni – Kniebergsattel – Malga Rinfreddo – Malga Coltrondo – Kreuzbergpass

Wegverlauf: Von der Bergstation der Helm-Seilbahn (2044 m) über den Weg Nr. 4/20 zur Hahnspielhütte (2152 m). Gleich nach der Hütte weiter auf dem Weg Nr. 3/20. Der Weg trifft sich an der nächsten Weggabelung mit dem Weg Nr. 4, der zur Sillianer Hütte (2455 m) führt (Weggabelung ca. 250 Meter vor der Hütte; auf dem oberen Weg weiterwandern).
Übernachtungsmöglichkeit auf der Hütte (Bergstation Helm-Seilbahn – Sillianer Hütte, 1½–2 Std. Gehzeit, 410 m Höhenunterschied).

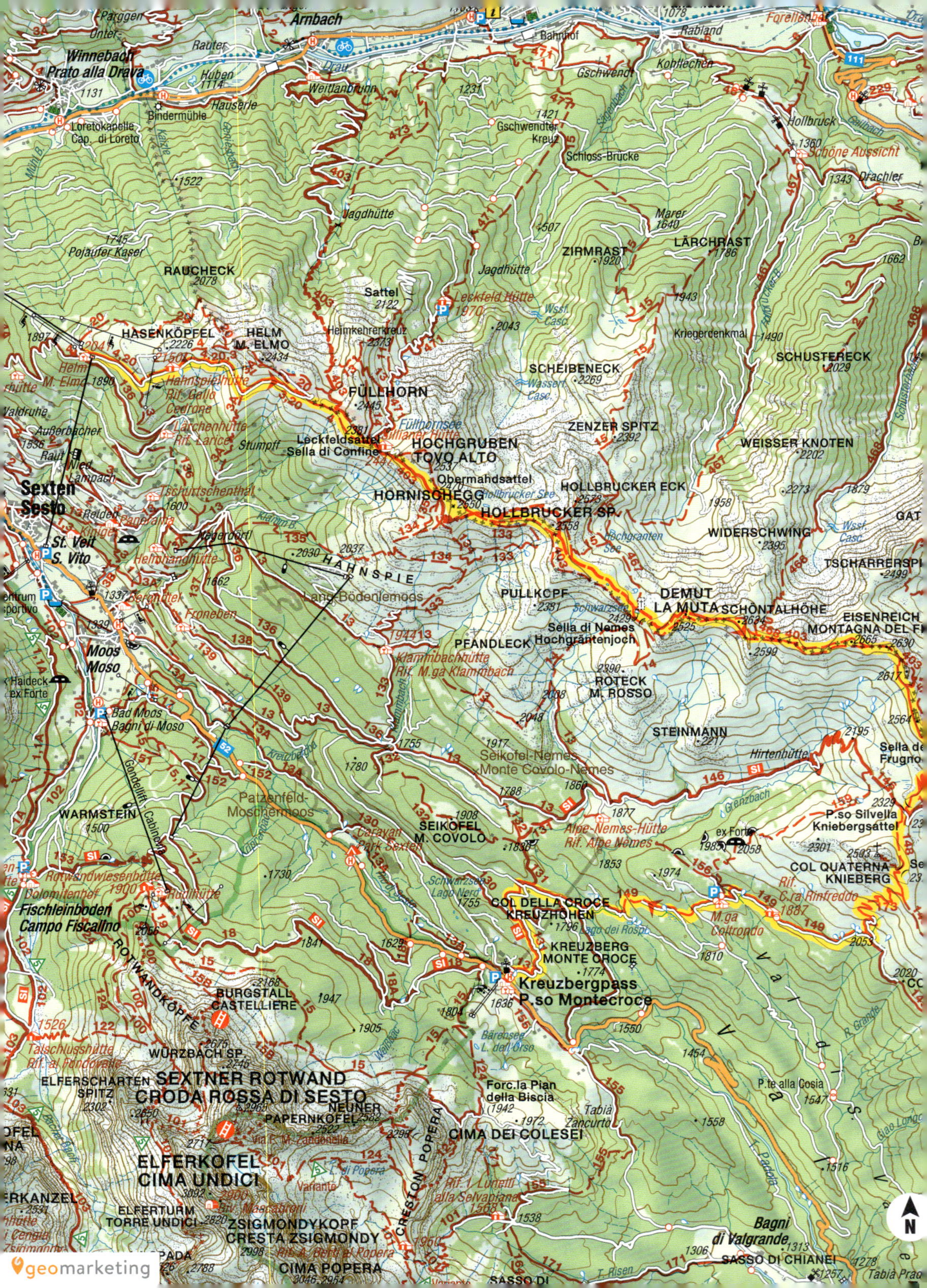

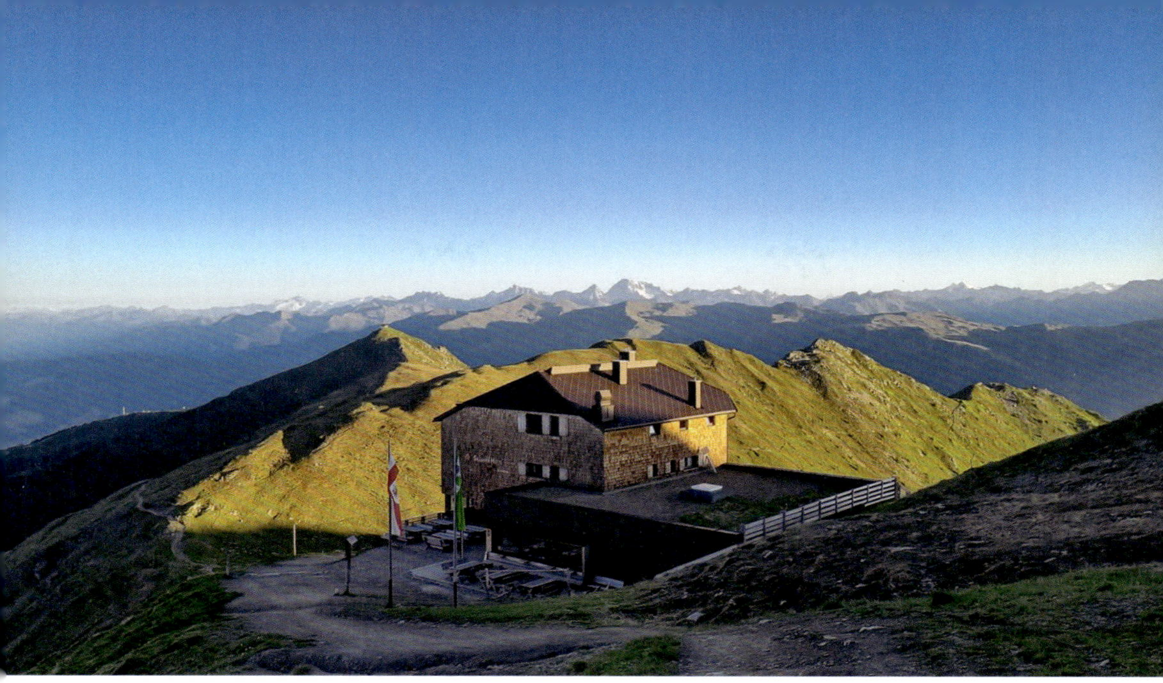

Die Sillianer Hütte

Von der Sillianer Hütte führt der Weg Nr. 133/403 über den Obermahdsattel (2462 m) und auf den gegenüberliegenden Gipfel des Hornischegg (2547 m). Hier ist Trittsicherheit angesagt, denn der Weg Nr.133 leitet über einfaches Felsengelände zum höchsten Punkt. Der Gipfel liegt etwas abseits des Weges und muss deshalb auch nicht unbedingt bestiegen werden. Weiter über den Weg Nr. 133/403 bis zur nächsten Weggabelung. Weiter über den Weg Nr. 403 bis zum Hochgräntensee (2422 m). Vom See führt die Wanderung zuerst über die Demutspitze (2593 m), dann weiter Richtung Schöntalhöhe (2636 m, Weg Nr. 403) bis zum Eisenreich (2668 m), dem höchsten Gipfel des Karnischen Höhenweges. Hier beginnt auch der Abstieg zur Sella Frugnoni (2541 m). Der Weiterweg bis zum Kniebergsattel (2329 m) ist mit der Nr. 160 gekennzeichnet. Vom Sattel bis zur Malga Rinfreddo (1882 m) folgt man der Markierung Nr. 148. Ab der Abzweigung zum Knieberg ändert sich die Markierung und wird zur Nr. 173, die schließlich bei der Abzweigung nach Casamazzagno in die Nr. 149 übergeht. Der Weg Nr. 149 führt an der Malga Rinfreddo und der Malga Coltrondo (1879 m) vorbei, bis er auf den Weg Nr. 131 zum Kreuzbergpass (1637 m) trifft.
Rückfahrt zum Ausgangspunkt mit dem Linienbus.

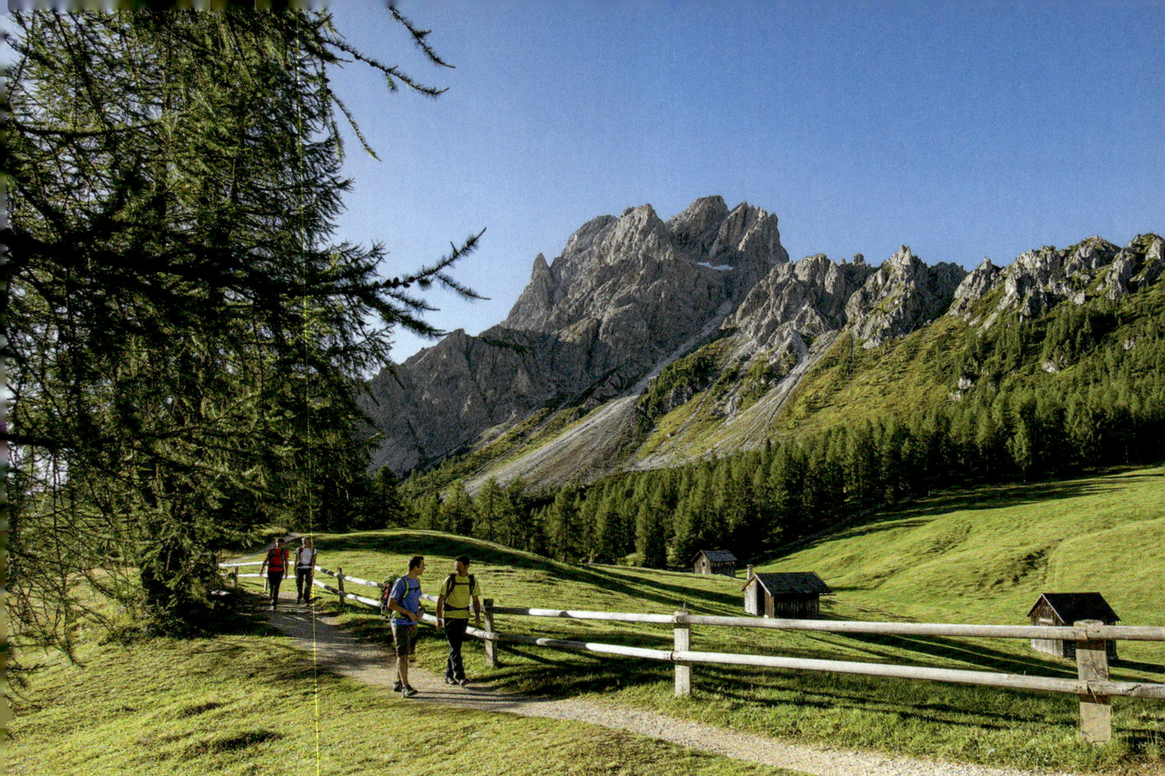

Idyllischer Rundwanderweg auf den Rotwandwiesen

36

AUSFLUG ZUM FREILICHTMUSEUM „ANDERTER ALPE“

Direkt unter den steilen Felsabbrüchen der Rotwand liegt in der weiten Senke des Elferkars die *Anderter Alpe*. Hier befindet sich auch der erste Abschnitt des Freilichtmuseums *1. Weltkrieg Rotwand*. Die beeindruckenden Reste von freigelegten Laufgräben, Schützengräben, Schießscharten, Kavernen und Seilbahnstationen zeugen heute noch vom Ausmaß dieses ersten, industrialisierten Krieges.

Routenverlauf: Bergstation Kabinenumlaufbahn Rotwand – Rotwandwiesenhütte – Freilichtmuseum „Anderter Alpe“ – Rotwandköpfe – Bergstation Kabinenumlaufbahn Rotwand

Wegverlauf: Von der Bergstation der Kabinenumlaufbahn Rotwand (1930 m) in leichtem Abstieg der Beschilderung zur Rotwandwiesenhütte (1899 m) folgen. Von dort über die Alm-

Tourenlänge
ca. 5,2 km

Gehzeit
ca. 2–2 ½ Stunden

Höhenunterschied
ca. 350 m im Aufstieg

Höhenunterschied
ca. 350 m im Abstieg

Info Bahn

Anfahrt
Mit dem Linienbus bis nach Sexten-Moos. Auffahrt mit der Umlaufbahn Rotwand

wiesen bis zur ersten Weggabelung und links haltend über den Gamssteig, der durch den sogenannten Kuhwald führt, weiter (Markierung Nr. 100) bis sich das Gelände in der Senke des Elferkars endlich lichtet. Hier befindet sich auf ca. 2000 m Meereshöhe das Freilichtmuseum Anderter Alpe. Über die latschenbewachsenen Hänge der Anderter Alpe weiter aufwärts bis zu den Rotwandköpfen (2068 m, Markierung Nr. 1, bei einer Wegverzweigung nicht geradeaus, sondern dem Weg Nr. 100 scharf links, Richtung Sexten folgen). Von den Rotwandköpfen immer auf dem Weg Nr. 100, zuerst noch leicht ansteigend und dann im Abstieg bis zur Bergstation des Rotwandwiesen-Skiliftes. Nun über den Rotwandwiesen-Rundweg zurück zum Ausgangspunkt.

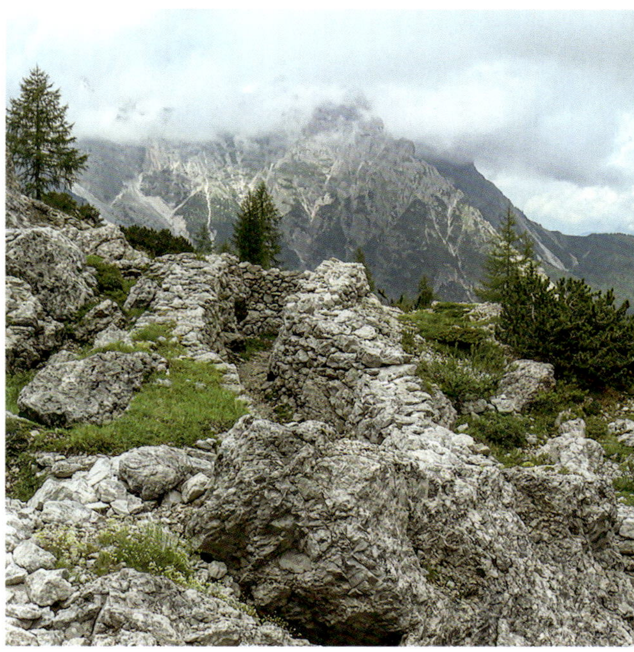

Das Freilichtmuseum „Anderter Alpe“

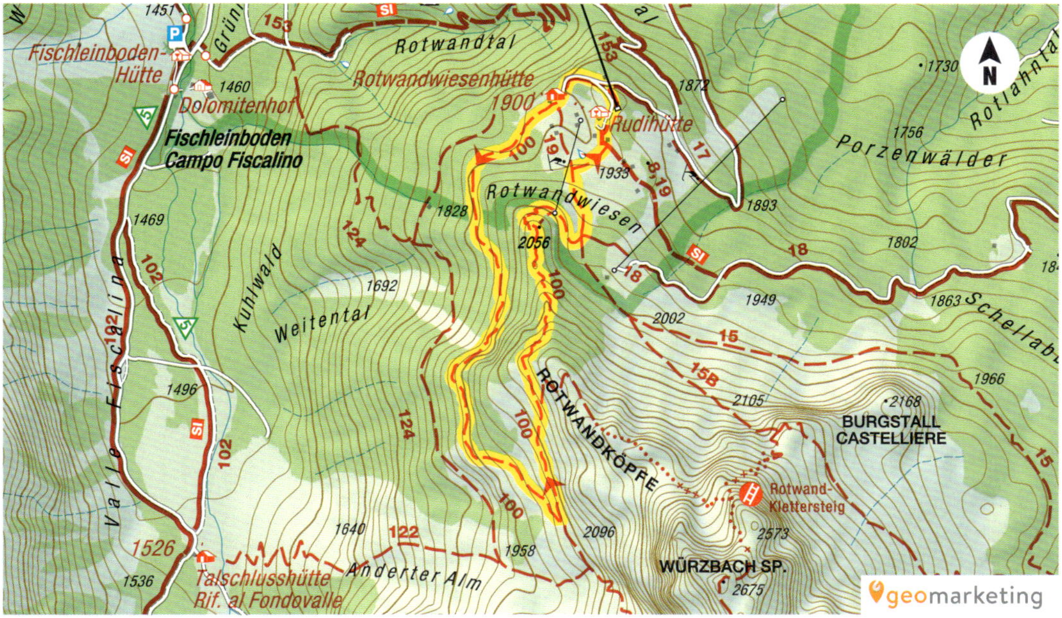

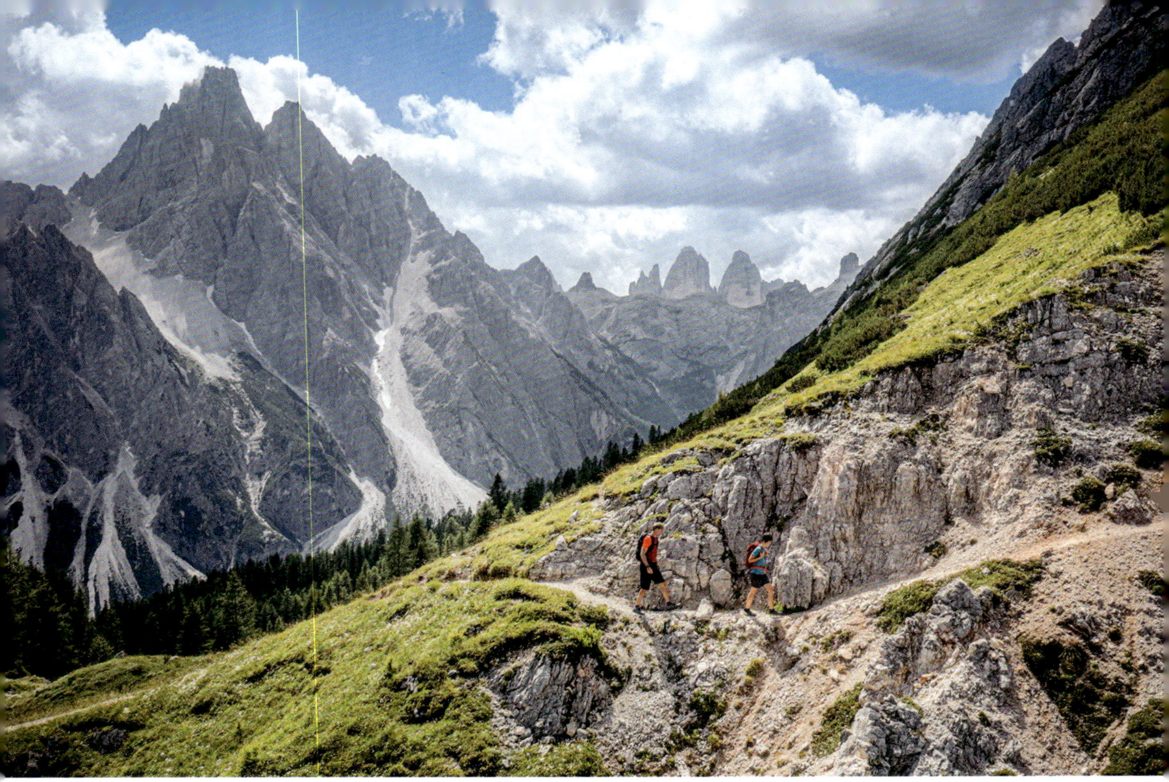

Wandersteig in Richtung Haunoldköpfl

37

AUF DAS HAUNOLDKÖPFL

Das Wandergebiet Haunold ist das ideale Ausflugsziel für Familien. Die Bergstation der Haunoldbahn ist Ausgangspunkt für viele einfache Wanderungen. Überragt wird die liebliche Landschaft einmal vom Gipfel des 2966 Meter hohen Haunold, aber auch das Haunoldköpfl mit seinen 2158 Metern bietet ein beeindruckendes Rundumpanorama.

Tourenlänge
ca. 9,5 km

Gehzeit
ca. 5 Stunden

Höhenunterschied
ca. 830 m im Aufstieg

Höhenunterschied
ca. 830 m im Abstieg

Anfahrt
Mit dem Zug oder Bus nach Innichen. Von dort in drei Gehminuten zur Talstation Haunoldbahn

Info Bahn

Routenverlauf: Bergstation Haunoldbahn – Riese-Haunold-Hütte – Gemeindekaser – Haunoldköpfl – Bergstation Haunoldbahn

Wegverlauf: Von der Bergstation der Haunoldbahn (1500 m) auf Weg Nr. 7 Richtung Gemeindekaser auf 1708 Meter. In östlicher Richtung geht es weiter über den Weg Nr. 7 zu einer kleinen Lichtung, dem „Ertagrastl". Dort zweigt links der Weg ins Innerfeldtal ab und rechts geht es etwas steiler hoch zum Haunoldköpfl (2158 m). Die Anstrengung lohnt sich, da sich ein wunderbares Panorama bereits unterhalb des Haunoldköpfls eröffnet: die Drei Zinnen im Süden, die Dreischusterspitze im Osten sowie die Defregger-Alpen und die Tauern im Hintergrund. Der Rückweg erfolgt über denselben Weg oder man biegt am „Ertagrastl“ rechts ab Richtung Innerfeldtal, wo man mit dem Linienbus zurück nach Innichen kommt.

(TIPP!) Besuch des Zwergendorfes in der Nähe der Riese-Haunold-Hütte an der Bergstation.

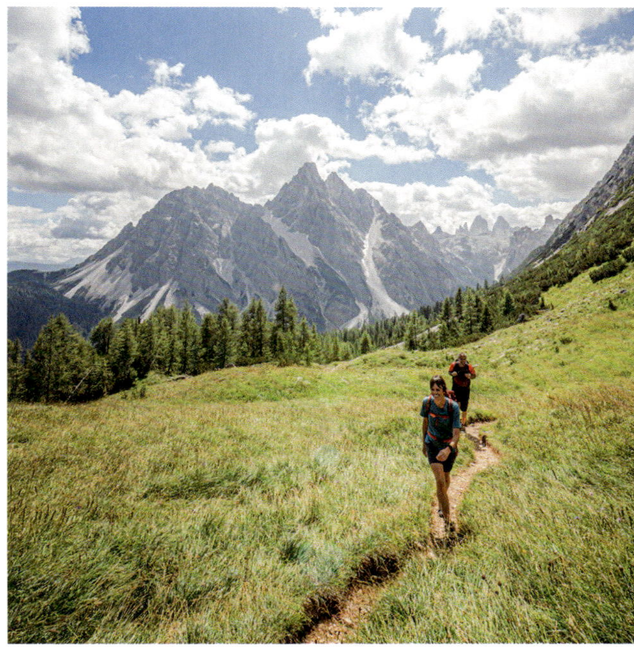

Der Haunold bietet ein herrliches Wandergebiet.

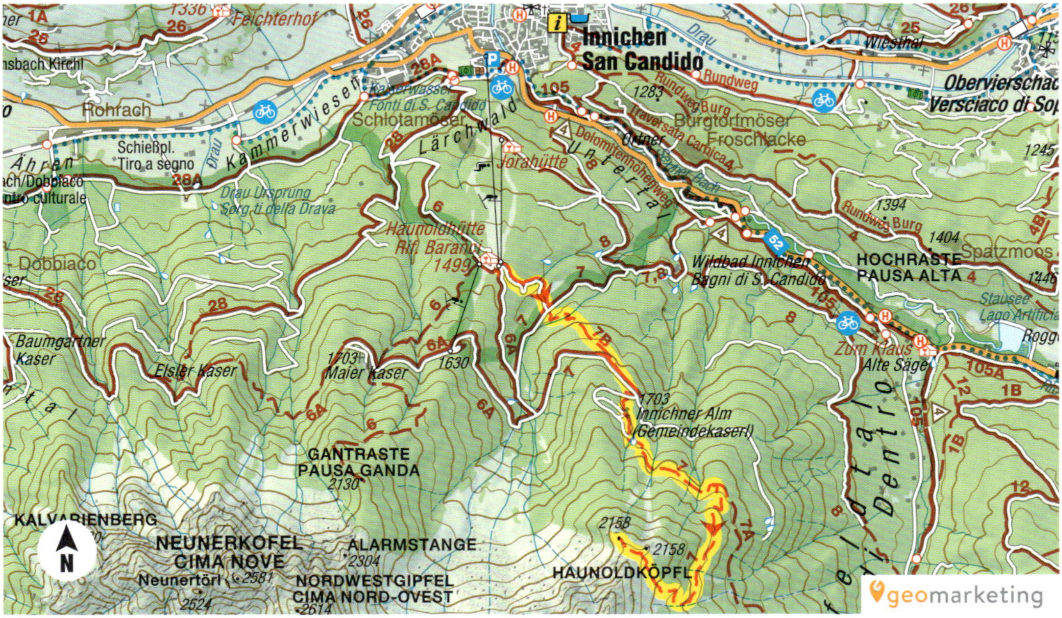

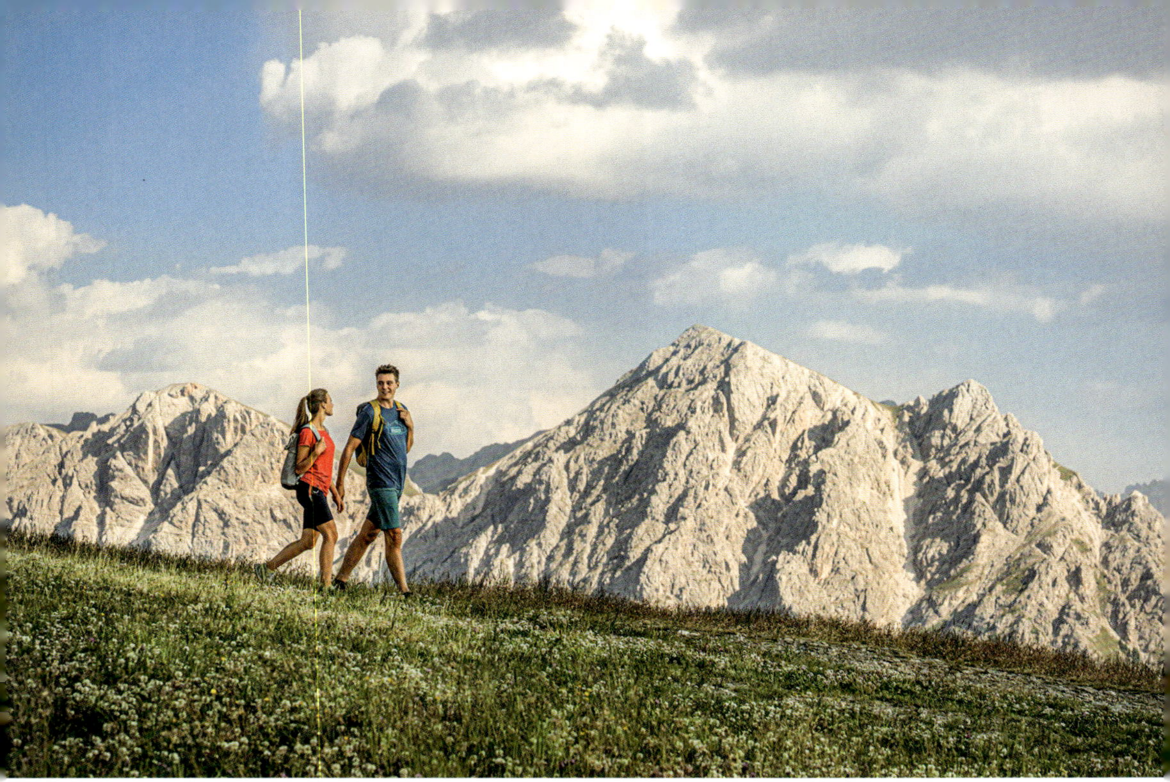

Kronplatz: Naturerlebnis mit traumhaftem Panorama

38

360-GRAD-PANORAMA AM KRONPLATZ

Dieser verhältnismäßig lange Abstieg vom Gipfel des Kronplatz führt weg vom großen Rummel und durch eine relativ ruhige Mittelgebirgslandschaft hinunter in die Ortschaft St. Lorenzen. Der vielbesuchte Kronplatz ist einer der schönsten 360-Grad-Aussichtspunkte im ganzen Land.

Tourenlänge
ca. 11,7 km

Gehzeit
ca. 4 Stunden

Höhenunterschied
ca. 60 m im Aufstieg

Höhenunterschied
ca. 1450 m im Abstieg

Anfahrt
Mit dem Zug nach Bruneck, weiter mit dem Citybus nach Reischach zur Talstation der Kabinenbahn Kronplatz

Info Bahn

Routenverlauf: Bergstation Gondelbahn Kronplatz – Speicherbecken „Hirschlacke" – Moosener-Kaser-Alm – St. Lorenzen

Wegverlauf: Von der Bergstation Kronplatz (2275 m) wandert man über den Weg Nr. 8 (Panoramaweg), vorbei am Speicherbecken „Hirschlacke", zur Moosener Kaser-Alm (1811 m) hinab. Von der Alm zuerst noch entlang des Wirtschaftsweges, der Weg ist weiterhin mit der Nr. 8 gekennzeichnet, bis dieser endet. Der Abstieg erfolgt über den Weg Nr. 8, zum Teil auch über die Forststraße, bis man eine Abzweigung oberhalb einer Wiese (Birchhof) erreicht. Man wendet sich nach rechts und geht über den Weg (anfangs noch Forststraße) mit der Markierungsnummer 1 abwärts, bis man im freien Gelände oberhalb von St. Lorenzen gelangt. Über den Weg Nr. 1 hinunter zur Bushaltestelle in St. Lorenzen (850 m) und Rückfahrt mit dem Linienbus zum Ausgangspunkt.

(TIPP!) Besuch des Messner Mountain Museums „Corones" am Gipfel des Kronplatzes.

Scan mich!

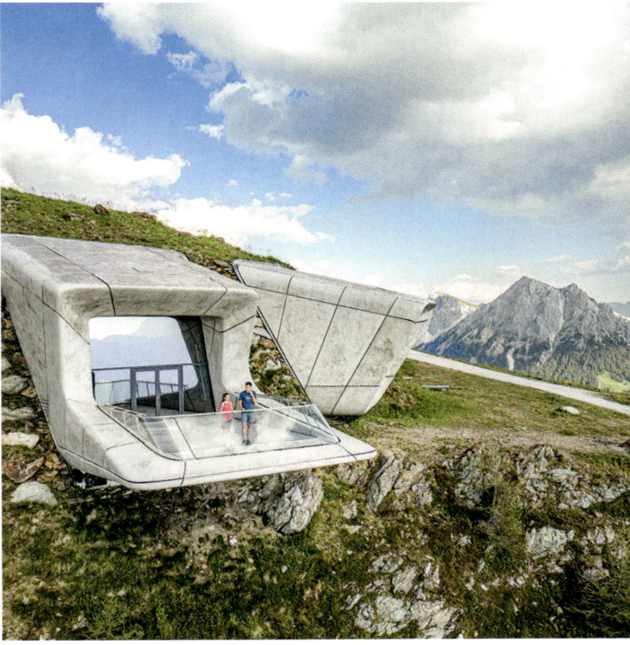

Das Messner Mountain Museum Corones

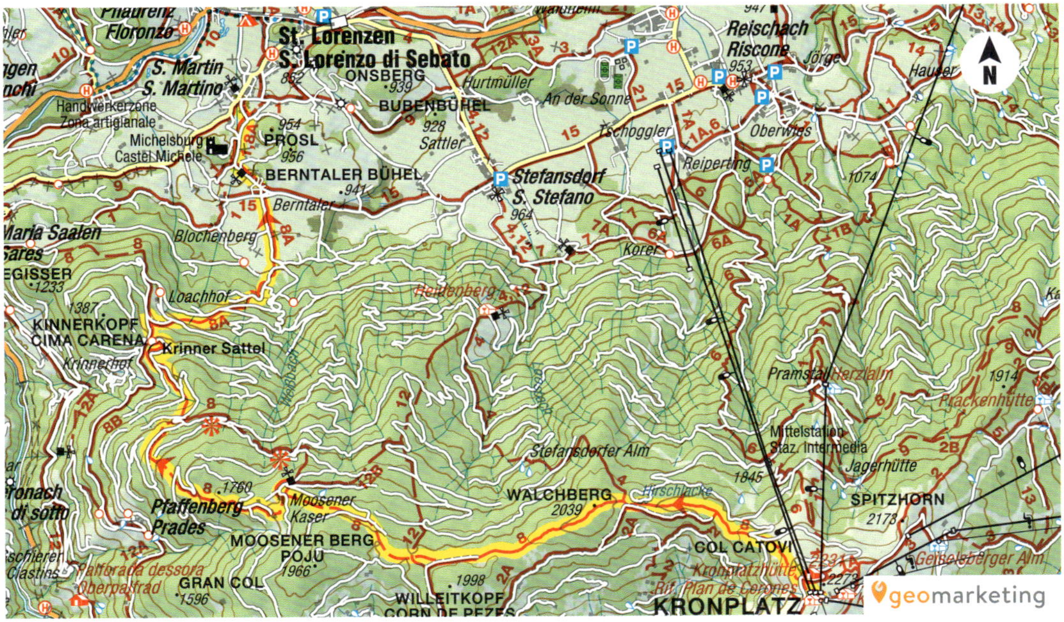

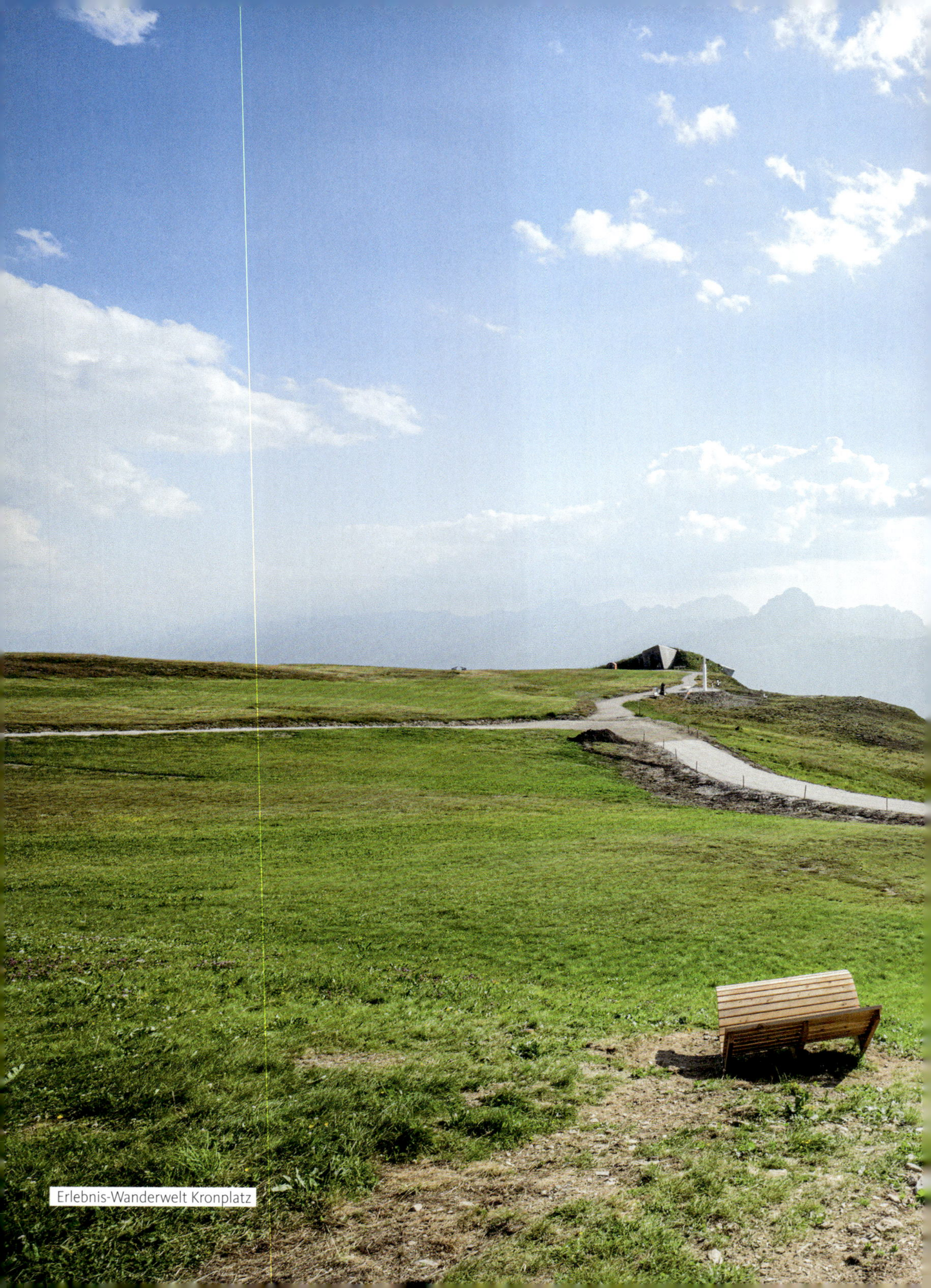

Erlebnis-Wanderwelt Kronplatz

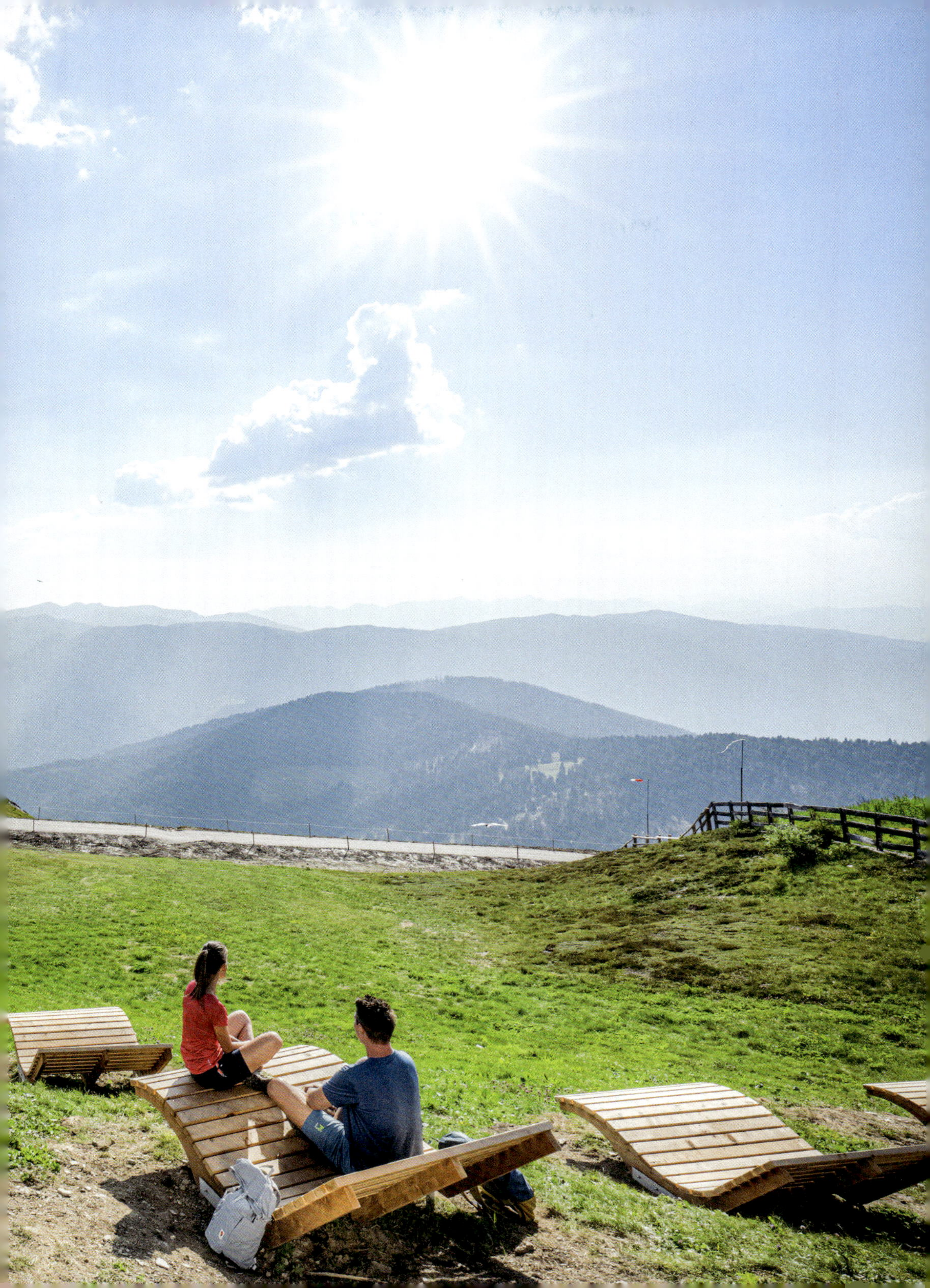

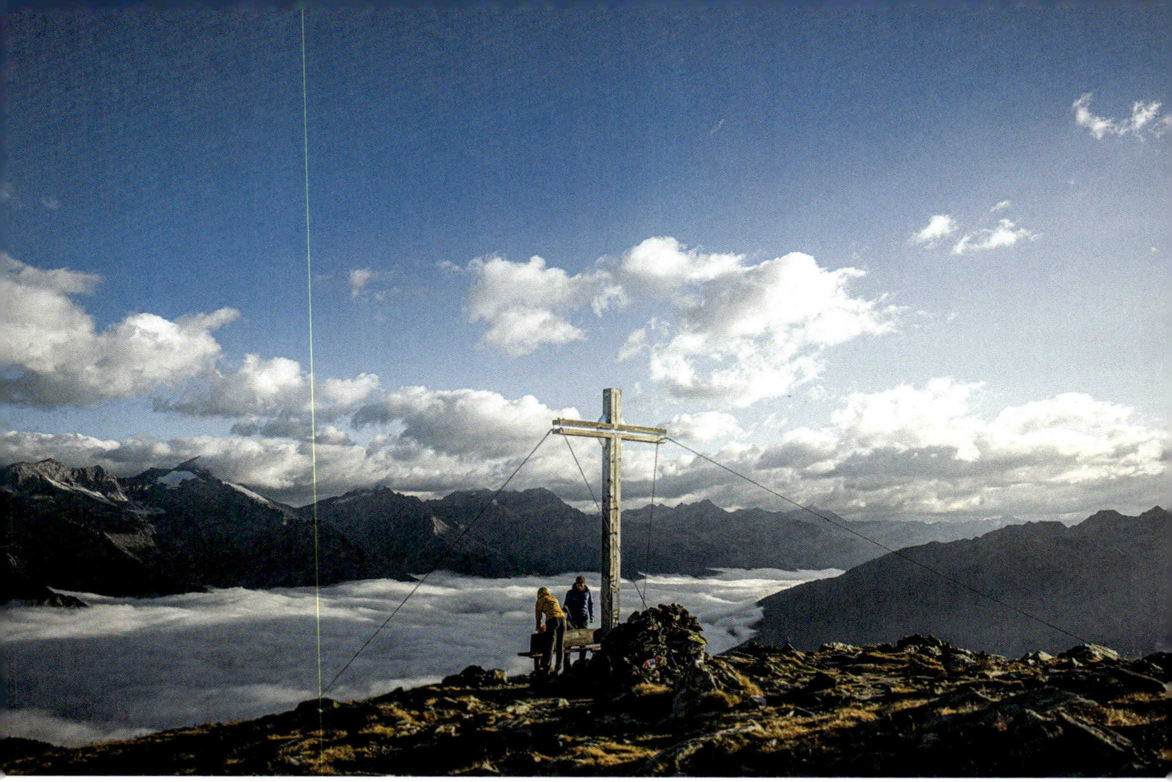

Kleiner Abstecher zum Sonnklar-Nock

39

DER VIER-GIPFEL-PANORAMAWEG AM SPEIKBODEN

Tourenlänge
ca. 7,5 km

Gehzeit
ca. 3½–4 Stunden

Höhenunterschied
ca. 570 m im Aufstieg

Höhenunterschied
ca. 570 m im Abstieg

Anfahrt

Mit dem Linienbus zur Kabinenumlaufbahn Speikboden, deren Talstation zwei Kilometer nach Sand in Taufers direkt an der Hauptstraße ins Ahrntal liegt

Info Bahn

Der eigentlich recht unscheinbare Gipfel des Speikbodens ist so zentral gelegen, dass der Ausblick fast über das gesamte Tauferer Ahrntal reicht. Im Norden erkennt man die vergletscherten Gipfel des Zillertaler Hauptkammes; der Blick reicht vom Hochfeiler im Westen bis hin zur Dreiherrenspitze. Im Osten liegt das Reintal mit dem Großen Moosstock und der Großen Windschar direkt über dem Taleingang. Im Süden zeigen sich die Dolomiten und am westlichen Horizont die Pfunderer Berge. Diese Rundwanderung, die nicht nur über den Gipfel des Speikbodens führt, sondern drei weitere, relativ einfach zu besteigende Gipfel mit einbezieht, ist eine Panoramawanderung erster Klasse.

Routenverlauf: Bergstation Kabinenbahn Speikboden – Speikboden – Seewassernock – Großer Nock – Kleiner Nock – Bergstation Kabinenbahn

Wegverlauf: Von der Bergstation (2000 m) auf Weg Nr. 27 (Daimerweg) aufwärts bis zur ersten Weggabelung. Dann rechts auf Weg Nr. 18 „Panoramaweg Speikboden" (auch Nr. 27) zum Gipfel des Speikboden (2517 m) ansteigen. Im leichten Abstieg weiter auf Weg Nr. 18 Richtung Seewassernock (2434 m). Über den langgezogenen Blockgrat (Nr. 18) Richtung Großer Nock (2400 m), der sich etwas links des eigentlichen Weges erhebt. Nach Besteigung des Gipfels wiederum auf demselben Weg weiterwandern. Bald schon führt rechter Hand ein Serpentinenabstieg hinunter ins Skigebiet. Am Kamm entlang bis zur nächsten Weggabelung. Dann der Gratschneide (Nr. 18) zum Gipfel des Kleinen Nock (2227 m) folgen. Nach dessen Besteigung auf demselben Weg zurück zur Weggabelung. Dort beginnt der Abstieg auf Weg Nr. 18A hinunter zur Bergstation der Gondelbahn.

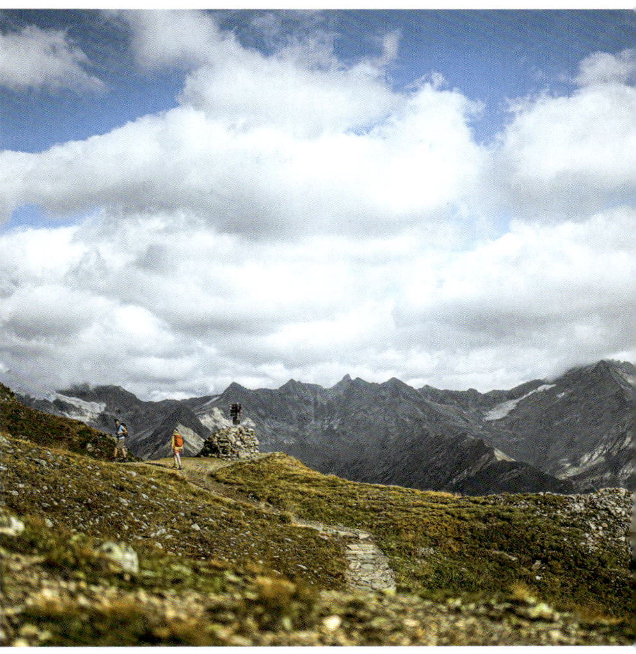

Panoramaweg am Speikboden

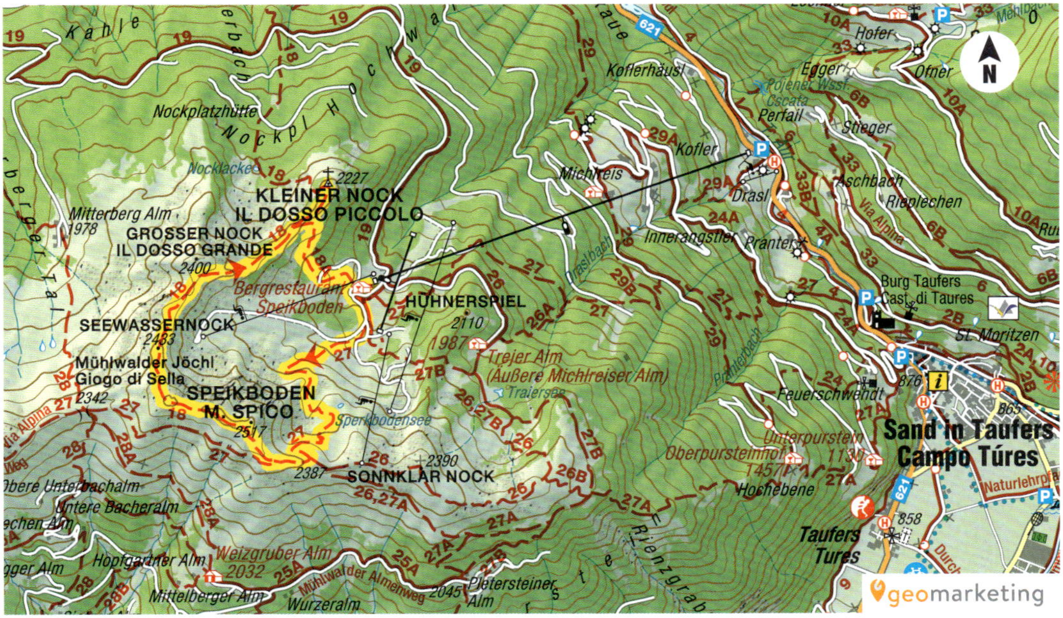

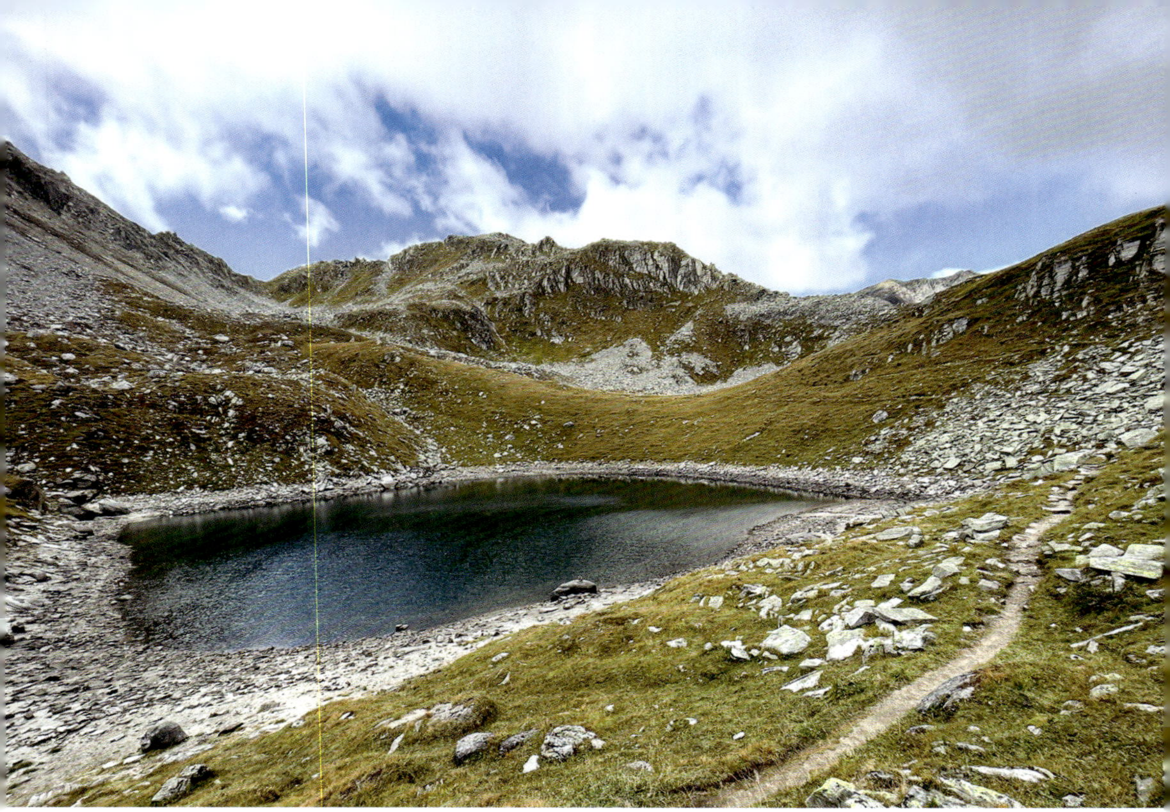

Der Tristensee

Tourenlänge
ca. 22,5 km

Gehzeit
ca. 7–7 ½ Stunden

Höhenunterschied
ca. 680 m im Aufstieg

Höhenunterschied
ca. 1600 m im Abstieg

Anfahrt

Mit dem Linienbus zur Kabinenumlaufbahn Speikboden, deren Talstation zwei Kilometer nach Sand in Taufers direkt an der Hauptstraße ins Ahrntal liegt

Info Bahn

ÜBER DEN KELLERBAUERWEG ZUR CHEMNITZER HÜTTE

Der Kellerbauerweg ist eine der aussichtsreichsten Höhenwege im Gebiet zwischen Mühlwalder und Weißenbachtal. Die Wanderung über diesen Höhenweg zur Hütte und der darauffolgende Abstieg sind ein ernst zu nehmender Ausflug in die alpine Welt.

Routenverlauf: Bergstation Sessellift Sonnklar – Mühlwalder Jöchl – Fadnerjoch – Gorner Joch – Wurmtaler Joch – Tristensee – Chemnitzer Hütte – Neves Stausee – Lappach

Wegverlauf: Von der Bergstation (2000 m) kurz hinüber zum Sessellift Sonnklar und Auffahrt bis zur Bergstation (2401 m). Auf dem Weg Nr. 26 gegen Westen wandern, bis dieser in den Weg Nr. 27 (Kellerbauerweg) mündet. Zuerst geht es leicht absteigend bis zum Mühlwalder Jöchl (2345 m), dann führt der Weg ohne große Höhendifferenz bis zum Fadner Joch (2446 m). Weiter geht es im leichten Abstieg bis zum Gorner Joch (2286 m). Dort besteht die Möglichkeit, auf dem Weg Nr. 25, vorbei an der Gorner Hütte, nach Innermühlwald und Mühlwald abzusteigen. Der Weiterweg über den Kellerbauerweg führt zuerst hinauf auf das Wurmtaler Joch (2293 m) und weiter Richtung Lappacher Jöchl, in dessen Nähe sich die Wege verzweigen. Um zur Chemnitzer Hütte zu gelangen, wandert man auf der Nr. 27 vorbei am Tristensee. Der lange Abstieg von der Hütte führt zuerst hinunter zum Neves-Stausee und dann weiter nach Lappach (Weg Nr. 24 bis oberhalb von Lappach, dann auf dem „Weg übers Dorf"). Rückfahrt mit dem Linienbus.

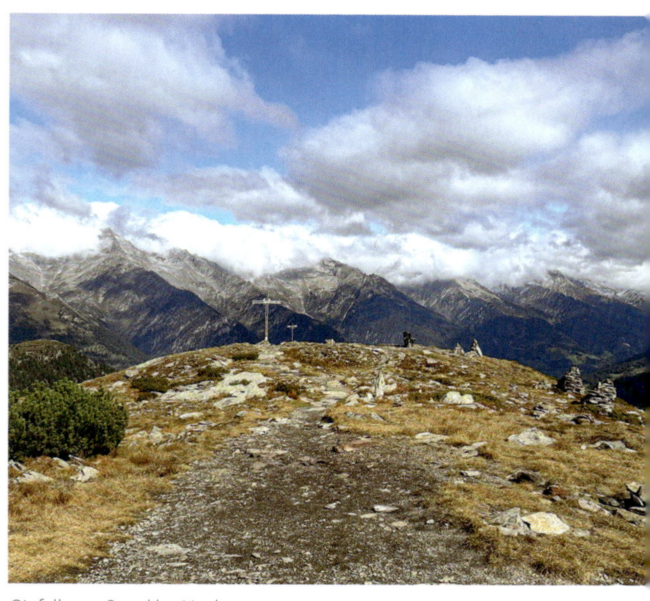

Gipfelkreuz Sonnklar-Nock

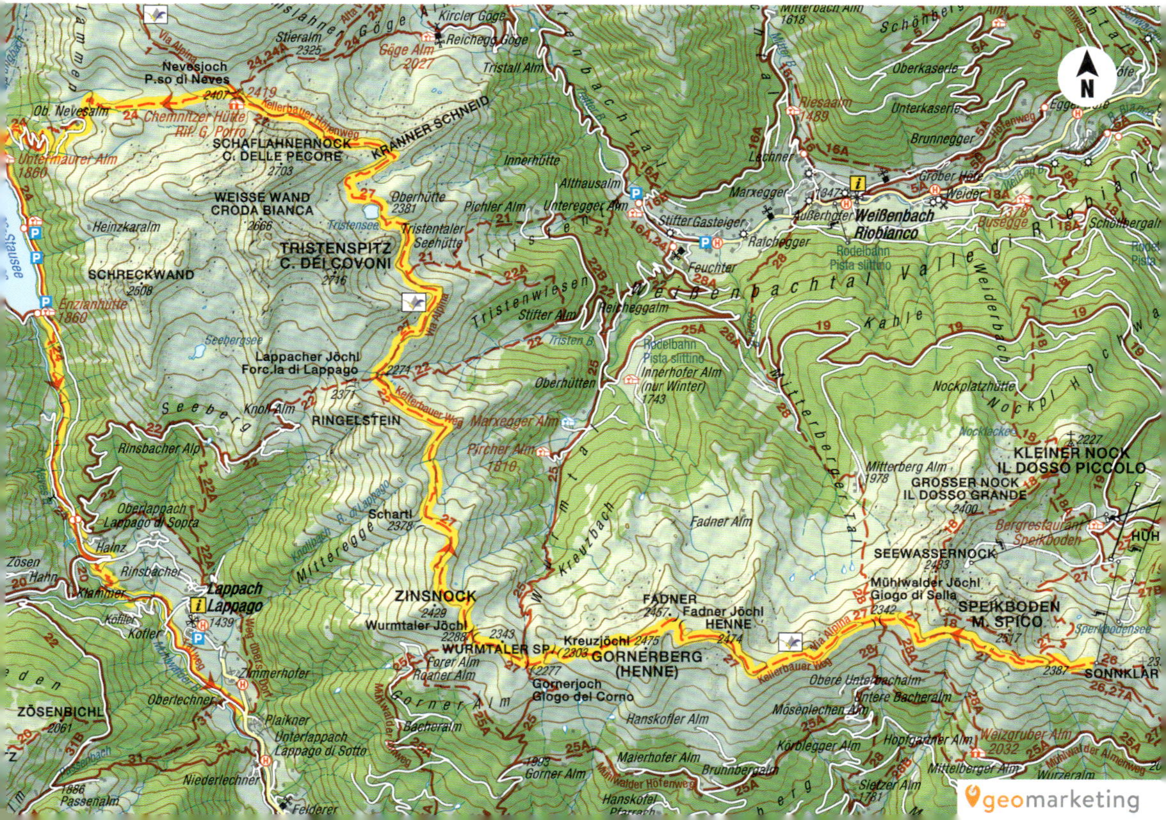

HINWEIS: Alle Angaben in diesem Wanderführer wurden vom Autor sorgfältig recherchiert. Sollten Sie bei Ihren Touren dennoch Unstimmigkeiten bemerken, nimmt der Verlag Ihre Hinweise gerne entgegen (buchverlag@athesia.it). Die Benutzung dieses Führers erfolgt auf eigenes Risiko. Eine Haftung für etwaige Unfälle und Schäden wird weder vom Autor noch vom Verlag übernommen.

BILDNACHWEIS

Florian Andergassen 62–63; **Athesia-Tappeiner Verlag** 44, 66, 67, 75, 81; **Klaus Auer** 69; **Fabian Dalpiaz** 88–89; **Werner Dejori** 94; **Dietmar Denger** 92; **Roberto De Pellegrin** 86 u.l.; **Patrick Egger** 40, 41 o.; **Ferienregion Ortlergebiet-Madritsch** (Malte Wöhler) 17, 18; **Matthias Gasser Photography** 106; **Maria Gufler** 84, 86 u.r.; **Michael Guggenberg** 34–35, 52–53, 53 u., 54; **Thomas Grüner** 116; **IDM Südtirol** (Frieder Blickle) 19 o., (Alex Filz) 77 o., (Harald Wisthaler) 2–3; **Michael Kasslatter** 95; **Manuel Kottersteger** 49 u., 64, 65, 100, 101, 108, (Tourismusverein Brixen) 110–111, (Tourismusverein Taufers) 82–83, 104, 107, 124, 125; **Christjan Ladurner** 4, 9, 10–11, 20, 21, 22–23, 26, 27, 28, 31, 37, 47, 50; **Ronald Oberhofer** 41 u.; **Viktoria Maurer** 115; **Hanspaul Menara** 15, 78; **Helmut Moling** 105; **Thomas Monsorno** 43, 93; **Diego Moroder** 96–97; **Laurin Moser** 45; **www.peer.tv** 117; **Manni Pernthaler** 70–71, 76, 77 u.; **Benjamin Pfitscher** 48–49, 56, 57, 58, 59; **Sophie Pichler** 72; **Gert Pöder** 39; **Helmuth Rier** 16, 19 u., 30, 32–33, 85, 86 o., 87; **Schöneben-Haideralm** 12, 14; **Stefan Schütz** 24, 25; **Angelika Schwarz** 36; **Seiser Alm Marketing** (Claudia Hirschberger) 89 u.; **Cilli Staffler** 38; **stock.adobe.com** (BS foto-media) 13, (chillibiene) 60, (Andrzej 2012) 74; **Streitweideralm** 61; **Bernhard Thaler** 90; **Tourismusverein Algund** (Frieder Blickle) 46; **Tourismusverein Partschins** (Hans Peter Weiss) 29; **Tourismusverein Ratschings** (Giulio Trivani) 102, 103; **Tourismusverein Ritten** (Dr. Rolf Pechmann) 73; **Tourismusverein Sarntal** (Alberto Campanile) 80; **Tourismusverein Taufers** (Pierre Sieberin) 126, 127; **valgardena.it** 99; **Harald Wisthaler** 98, 112–113, 118, 119, 120, 121, 122–123; **Clemens Zahn** 68.

1. Auflage 2024

Umschlaggestaltung: FAVORITBUERO, München
Satz & Korrektorat: Cilli Staffler
Kartografie & 3D: geomarketing, www.geo-marketing.eu
Bildbearbeitung: Typoplus, Frangart
Druck: Athesia Druck, Bozen
Papier: Innenteil Gardamatt Ultra

Gesamtkatalog unter
www.athesia-tappeiner.com

Fragen und Hinweise bitte an
buchverlag@athesia.it

ISBN 979-12-80864-13-0

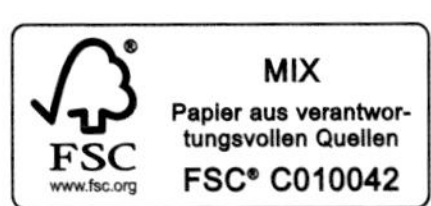

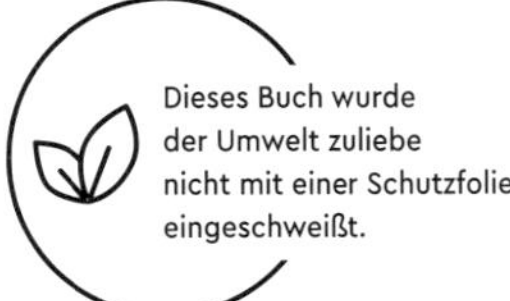

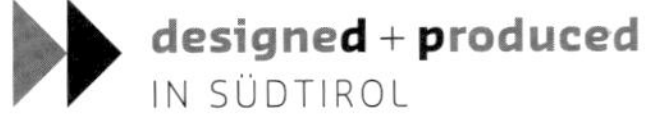

Titelseite: Die neue Cabrio-Seilbahn Tiers, © Helmuth Rier